# 数字电子技术实验指导书

## （第二版）

孙淑艳　柳赟　主编

黄晓明　赵东　刘春颖　编写

戴振刚　主审

中国电力出版社
CHINA ELECTRIC POWER PRESS

# 内 容 提 要

本书为"十三五"普通高等教育本科规划教材。全书包括常用电子仪器仪表、NI Multisim12 使用指南、数字电路基础实验、数字电路仿真实验四章内容，其中包含验证型、综合型和设计型实验。

本书采用实验报告原始数据便携式设计，学生做完实验可以将实验原始数据、实验波形等直接填写在原始数据记录处，然后裁下贴在上交的实验报告中，方便高效。

本书可作为高等院校电气、电子、信息、通信、自动化、测控、计算机等专业的教材，同时也可作为参加各类电子设计竞赛学生，以及相关工程技术人员的参考书目。

**图书在版编目（CIP）数据**

数字电子技术实验指导书/孙淑艳，柳赟主编；黄晓明，赵东，刘春颖编写．—2版．—北京：中国电力出版社，2017.11

"十三五"普通高等教育本科规划教材

ISBN 978-7-5198-1100-6

Ⅰ．①数…　Ⅱ．①孙…②柳…③黄…④赵…⑤刘…　Ⅲ．①数字电路–电子技术–实验–高等学校–教材Ⅳ．①TN79–33

中国版本图书馆 CIP 数据核字（2017）第 212651 号

出版发行：中国电力出版社
地　　址：北京市东城区北京站西街 19 号（邮政编码 100005）
网　　址：http：//www.cepp.sgcc.com.cn
责任编辑：陈　硕（010-63412532）　马雪倩
责任校对：常燕昆
装帧设计：赵姗姗
责任印制：吴　迪

印　　刷：北京雁林吉兆印刷有限公司
版　　次：2010 年 3 月第一版　2017 年 11 月第二版
印　　次：2017 年 11 月北京第四次印刷
开　　本：787 毫米×1092 毫米　16 开本
印　　张：12.75
字　　数：308 千字
定　　价：28.00 元

# 前　言

为贯彻科学发展观，进一步加强普通高等教育教材建设，确保高质量教材进课堂，根据高等院校的教学需要，在总结"十二五"规划教材建设经验的基础上，组织编写了"十三五"普通高等教育本科规划教材。华北电力大学电子技术课程组总结多年实践教学经验，编写了一套电子技术基础实践课程系列教材，包括《模拟电子技术实验指导书（第二版）》、《数字电子技术实验指导书（第二版）》《电子技术基础实验指导书（第二版）》以及《电子技术综合实验指导书（第二版）》。本套教材充分体现工程技术教育的特点，力求达到教学与实验相结合、硬件电路与软件仿真相结合、理论与应用相统一，培养学生运用电子技术解决实际问题的工程能力和实践能力。其主要内容覆盖模拟电子技术、数字电子技术、电子电路的测试技术以及计算机辅助分析和设计方法等。

《数字电子技术实验指导书（第二版）》是该套教材中的一本。《数字电子技术实验指导书（第一版）》于 2010 年 1 月出版，随着常用电子仪器仪表、数字电子实验系统的更新换代以及 EDA 技术的迅猛发展，指导书已有很多地方跟不上现在的教学理念、教学方法和技术平台的发展，为了适应这些新的变化和解决以上问题，决定对第一版内容进行修订。第二版主要从以下方面对教材内容进行修改。

"数字电子技术基础"课程是电气信息类及其他相近专业的一门重要技术基础课程，具有较强的工程实践性，并渗透到专业教学的环节中，是学生基本素质形成和发展的关键课程。"数字电子技术基础实验"课程是针对"数字电子技术基础"课程设置的一门独立的实践课程，目的是通过数字电子技术实验使学生加深对所学"数字电子技术基础"理论知识的理解，培养学生对数字电子电路的实验研究能力，正确使用常用的电子仪器仪表，初步掌握数字电子电路的测试技术以及计算机辅助分析和设计方法。熟悉各单元电路的工作原理、门电路、集成电路的逻辑功能和使用方法，从而有效地培养学生理论联系实际和解决实际问题的能力。

在内容编排上，通过电子技术实验层次化教学和实验室管理模式的改革，除了选择学生必做的经典项目之外，还增加了部分综合型、设计型实验内容，实验内容与理论课程紧密相连，既可以培养学生的基本动手能力、基本分析和解决问题的能力，还为具有超前意识、科学态度严谨的大学生创造了实践环境。通过设计性实践教学训练，可激发学生参加各类电子设计竞赛，并为此选拔、培养和输送人才创造了条件。

教学内容从实现方法和内容上分两个层次：

（1）基础实验的分析与设计。主要是借助数字电路实验系统的资源，使用不同的集成电路对典型的数字电子电路进行分析和测试。

（2）计算机辅助分析与设计。主要是借助 NI Multisim12 仿真平台，使用 Multisim 中的各种分析方法和虚拟仪器仪表对典型的数字电子电路进行辅助分析和设计。

本书仿真实验部分的电路图，元器件符号均采用欧洲标准（DIN），所以为便于学生理解和使用，本书第 3 章和第 4 章涉及的电路图均按软件最终显示电路绘制。

　　本书由孙淑艳、柳赟任主编，戴振刚担任本书的主审。其中孙淑艳编写了第 1 章、第 3 章、附录 G，柳赟编写了第 2 章、第 4 章、附录 F，黄晓明编写了第 4 章、附录 D、附录 E，赵东编写了第 1 章、附录 B、附录 C，刘春颖编写了第 3 章，附录 A。本书的编写得到华北电力大学电气与电子工程学院电工电子中心多位教师的帮助，在此向他们表示感谢。

　　本书尚有许多待改进之处，敬请读者在使用本书时，将发现的问题及时指出，并将意见和建议及时反馈给我们，以便今后不断完善。编者邮箱为 sshy@ ncepu. edu. cn。

编　者

2017 年 1 月于华北电力大学

# 目　录

# 绪　　论

数字电子技术实验课程是与数字电子技术基础课程配套的重要专业基础实践课程。课程的重点是通过数字电子技术实验使学生加深对所学理论知识的理解，培养学生对数字电子电路的实验研究能力，正确使用常用的数字集成电路，初步掌握数字电子电路的设计方法和测试技术。

**一、实验总体目标**

数字电子技术基础课程是电子、信息、电气、计算机和控制等工科专业的重要技术基础课程，具有较强的工程实践性，并渗透于各专业教学的环节中，是学生基本专业素质形成和发展的关键课程。实验课程是培养学生动手、实践能力的必要环节。实验内容有验证型、综合设计型。通过验证型实验，在巩固和加深本学科的基本理论的基础上，重点培养学生掌握实验工具（包括仪器、仪表和计算机辅助工具等）、电路的基本测量技术、基本实验方法，培养基本实验技能，为以后进行更复杂的实验打下基础。这类实验不再过分强调验证基础理论，而是以培养基本能力为主。同时在基础实验中，渐进安排设计型和综合型的内容，以开拓思路，提高学生电路分析和设计能力。综合设计型实验一般是提出实验任务与要求，给定功能和技术指标，由学生自己拟定实验实施方案，并完成实验任务。除此之外，增加了自主设计型实验，要求学生利用所学习的理论知识，自拟一个综合设计型题目，并按照设计要求逐项实现，从中全面提高学生的素质和创新能力，为以后进行更复杂的实验打下基础。

**二、实验总体要求**

数字电子技术实验分为实物实验和仿真实验。学生在实验前要进行预习，完成每个实验的预习要求，要写出预习报告，内容包括实验目的、预习要求、实验原理、实验电路、实验所需仪器设备、实验内容以及指导书上所要求的必要的理论计算结果，切实地掌握理论知识和实验原理，尽量做到带着问题来做实验。对于综合设计型实验，还需要预先设计好电路，画出电路原理图和器件引脚连接图，最好能够在 Multisim12 等仿真环境下先进行计算机仿真，然后再拟定实验方法和步骤，设计实验表格，估算实验结果，撰写预习实验报告。

（1）实物实验两人一组进行，实验中要细心连接电路，通电前须仔细检查电路的电源电压和接地情况，检查无误后通电；出现问题时要冷静地分析、查找原因；对实验过程中出现的现象、电路调整的过程以及测量结果要认真客观的记录。

实验中不得随意交换或搬动其他实验台上的仪器、仪表和设备，实验仪器的使用必须严格按照实验指导书中说明的方法操作。

实验中必须要如实记录实验数据，积极思考，注意实验数据是否符合理论分析。实验完成后，实验结果经指导教师检查无误并签字后方可切断电源，拆除电路，整理实验台面，离开实验室。

实验结束后，撰写实验报告，分析和整理实验数据，加深对理论知识和实验原理的理解，增强利用理论知识，解决设计问题的能力。

（2）仿真实验一人一组进行，进入实验室找到机位，启动 Multisim 仿真软件，构建实验电路原理图，采取适当的方法对实验电路进行辅助分析与设计。

### 三、实验报告撰写

实验报告是培养学生科学实验的总结能力和分析能力的有效手段，也是一项重要的基本功训练，它能很好地巩固实验成果，加深对基本理论的认识和理解。

实验报告是一份技术总结，应根据实验目的、实验数据及在实验中观察到的现象，经过分析和整理之后得出结论及心得体会。

（1）实物实验报告一人一份独立完成，实验报告要有理论分析、要实事求是，要求字迹清楚、文理通顺、图表整洁、结论明确。实物实验报告内容主要有：

1）实验名称、专业班级、姓名、实验台号、实验日期、指导教师。

2）列出本次实验所用电子仪器仪表的数量和型号。

3）简单扼要地写出实验步骤。

4）使用便撕式原始数据记录表。

5）整理数据并绘制曲线，数据要真实，曲线要光滑，最好用坐标纸绘制。

6）分析实验数据，得出合理结果，给出明确结论。

（2）仿真实验报告是边实验边撰写，实验完成后，将实验电路和实验报告打包，然后通过教学平台提交给教师机。

### 四、实验成绩考核

采取多段式、多方位实验考核方式。多段式是指总的实验考核成绩来自于整门课程进行中的各个阶段成绩；多方位是指每个阶段的成绩来自实验过程中的多个方面，包括：

（1）实验项目原理理解与电路原理图设计。

（2）实际电路连接是否正确。

（3）能否正确选择元器件。

（4）能否正确使用电子仪器仪表。

（5）实验电路调试及实验结果是否正确。

（6）实验数据记录与整理。

# 第1章 常用电子仪器仪表

## 1.1 示 波 器

示波器是一种电子图示测量仪器，它可以把电压的变化作为一个时间函数描绘出来。可以说，示波器是电压表的一种特殊形式，而且它比一般电压表可提供更多的信息。

示波器可以用来显示被观测信号电压的波形，还可对信号做时间和幅度方面的定量测试，以及波形间相位的测量，在电子电路的调试和电子设备检测中是非常重要而有效的工具。

现代示波器分模拟示波器和数字示波器两类。模拟示波器的使用可以参阅实验实训规划教材《模拟电子技术实验指导书》附录 C 的介绍，在此对 DS2000A 系列数字存储示波器的特点、面板、用户界面、功能和使用方法做简要说明。

### 一、数字存储示波器的特点

DS2000A 是一款基于 Ultra Vision 技术的高性能、低带宽数字示波器，它具有极高的存储深度、超宽的动态范围、优异的波形捕获率和全面的触发功能，同时兼具硬件波形录制功能和良好的显示效果，是通信、国防、计算机、教育和研究等众多行业和领域不可多得的调试仪器，是 200MHz 带宽以内数字示波器中功能最齐全、指标最为优秀的代表。

DS2000A 系列数字存储示波器体积小巧、操作灵活、功耗较低，有 2 个模拟通道，而且模拟通道波形亮度可调，带宽为 70MHz；有独创 Ultra Vision 技术；实时采样率最高达 2GSa/s、存储深度最高达 14Mbit/s，波形捕获率达每秒 50000 个波形；硬件实时的波形录制、回放、常开、分析功能，最多可录制 65000 帧；256 级灰度显示；采用 8in 超宽屏彩色 TFT－LCD，色彩逼真，功耗低，寿命长；波形显示可以自动设置；高达 16 种触发功能，包含多种协议触；标配并行解码，提供多种串行解码选件；自动测量 24 种波形参数，带统计的测量功能；精细的延迟扫描功能；内嵌 FFT 功能；通过/失败检测功能；多重波形数学运算功能；配有 USB Device、USB Host、LAN 等接口，支持远程命令控制；符合 LXI-C 类仪器标准，能够快速、经济、高效地创建和重新配置测试系统；支持 U 盘存储和 PictBrige 打印机；支持多国语言输入；嵌入式在线帮助系统，方便信息获取、用户操作和使用。

### 二、DS2000A 系列数字存储示波器面板和用户界面简介

在使用 DS2000A 系列数字存储示波器以前，首先需要了解示波器的操作面板，以下内容对 DS2000A 系列的前面板、用户界面和仪器背部的操作及功能做简单的介绍和描述，能使用户在最短的时间内熟悉和使用 DS2072A 系列数字存储示波器。

1. 前面板

DS2000A 系列数字存储示波器面板上包括旋钮和功能按键。显示屏左侧按键为测量菜单操作键，右侧按键为功能菜单操作键，通过这些按键用户可以设置当前菜单的不同选项。其他按键为功能键，通过这些按键，用户可以进入不同的功能菜单或直接获得特定的功能应用。DS2000A 系列数字存储示波器前面板如图 1.1.1 所示。

图 1.1.1　DS2000A 系列数字存储示波器前面板

编号说明如下：

① 测量菜单软键；②液晶显示屏；③万能旋钮；④功能菜单键；⑤导航旋钮；⑥全部清除键；⑦波形自动显示；⑧运行/停止控制键；⑨单次触发控制键；⑩内置帮助/打印键；⑪电源键；⑫通用串行总线接口；⑬水平控制区；⑭功能菜单设置软键；⑮垂直控制区；⑯模拟通道输入区；⑰波形录制/回放控制键；⑱触发控制区；⑲外触发输入端；⑳探头元件。

2. 后面板

DS2000A 系列数字存储示波器后面板如图 1.1.2 所示。

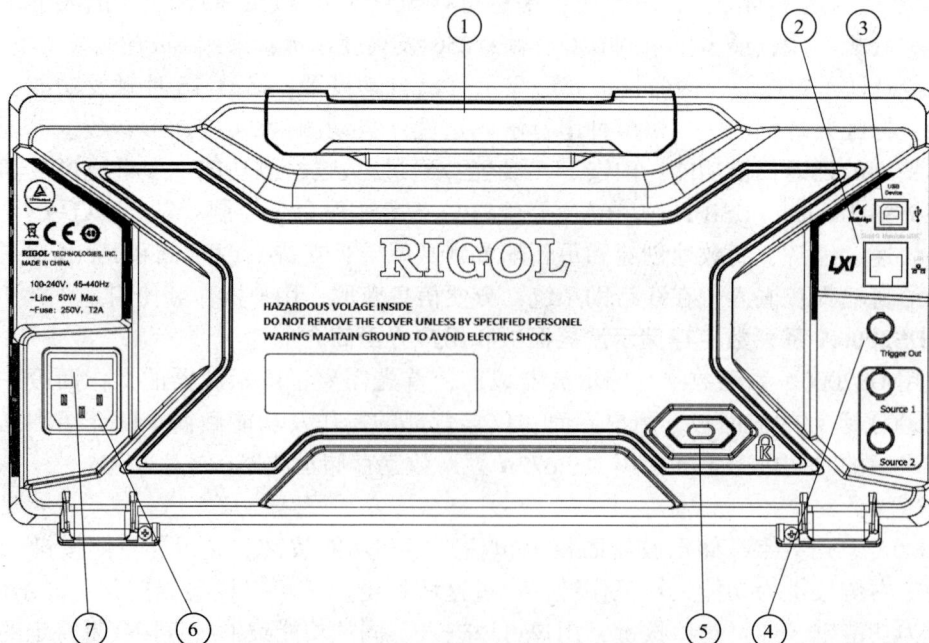

图 1.1.2　DS2000A 系列数字存储示波器后面板

编号功能说明如下：

① 手柄：垂直拉起该手柄，可方便提携示波器；不需要时，向下轻按手柄即可。

② 局域网接口（LAN）：通过该接口将示波器连接到网络中，对其进行远程控制。本示波器符合 LXI CORE 类仪器标准，可快速搭建测试系统。

③ 通用串行总线接口（USB Device）：通过该接口可将示波器连接至打印机以打印波形数据，或连接计算机，通过上位机软件对示波器进行控制。

④ 触发输出：示波器产生一次触发时，可通过该接口输出一个反映示波器当前捕获率的信号。

⑤ 锁孔：可以使用安全锁，通过该锁孔将示波器锁定在固定位置。

⑥ 交流（AC）电源插孔：交流电源输入端。本示波器的供电要求为 100～240V，45～440Hz。请使用附件提供的电源线将示波器连接到交流电源中，按下前面板电源键即可开机。

⑦ 保险丝：如需更换保险丝，请使用符合规格的保险丝。本示波器的保险丝规格为 250V、T2A。

操作方法如下：关闭仪器，断开电源，拔出电源线；使用小一字螺丝刀插入电源插口处的凹槽，轻轻撬出保险丝座；取出保险丝，更换指定规格的保险丝，然后将保险丝座安装回原处。

3. 用户界面

DS2000A 系列数字存储示波器界面显示区如图 1.1.3 所示。

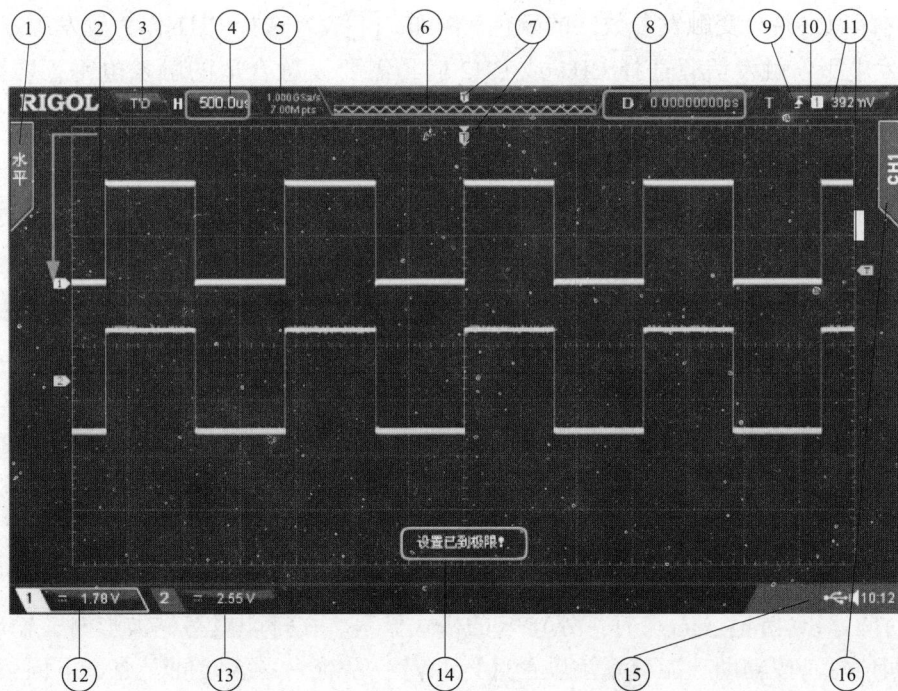

图 1.1.3  DS2000A 系列数字存储示波器界面显示区

编号功能说明如下：

① 自动测量选项：提供 12 种水平（Horizontal）测量参数和 12 种垂直（Vertical）测量

参数。按下屏幕左侧的软键即可打开相应的测量项。连续按下菜单【MENU】软键，可切换水平和垂直测量参数。

② 通道标记/波形：不同通道用不同的颜色标识，通道标记和波形的颜色一致。

③ 运行状态：可能的状态包括 RUN（运行）、STOP（停止）、T'D（已触发）、WAIT（等待）和 AUTO（自动）。

④ 水平时基：表示屏幕水平轴上每格所代表的时间长度；使用水平刻度⊙ SCALE 可以修改该参数，可设置范围为 2ns~1ks。

⑤ 采样率/存储深度：显示当前示波器的实时采样率以及存储深度；使用水平刻度⊙ SCALE 可以修改该参数。

⑥ 波形存储器：提供当前屏幕中的波形在存储器中的位置示意图，如图 1.1.4 所示。

⑦ 触发位置：显示波形存储器和屏幕中波形的触发位置。

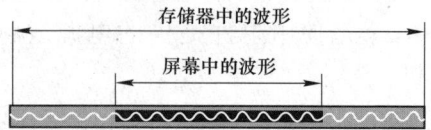

图 1.1.4　波形在存储器中的位置示意图

⑧ 水平位移：使用水平位置⊙ POSITION 可以调节该参数。按下旋钮时参数自动设置为 0。

⑨ 触发类型：显示当前选择的触发类型及触发条件设置。选择不同触发类型时显示不同的标识。例如，▟表示在"边沿触发"的上升沿处触发。

⑩ 触发源：显示当前选择的触发源（CH1-CH2、EXT 或市电）。选择不同触发源时，显示不同的标识，并改变触发参数区的颜色。例如，▢表示选择 CH1 作为触发源。

⑪ 触发电平：触发信源选择 CH1 或 CH2 时，需要设置合适的触发电平；屏幕右侧的▟为触发电平标记，右上角为触发电平值；使用触发旋钮⊙ LEVEL 修改触发电平时，触发电平值会随▟的上下移动而改变。

**注意**：斜率触发、欠幅脉冲触发和超幅触发时，有 2 个触发电平标记（▟1和▟2）。

⑫ CH1 垂直挡位：显示屏幕垂直方向 CH1 每格波形所代表的电压；使用垂直⊙ SCALE 可以修改该参数；此外还会根据当前的通道设置给出如下标记：通道耦合（如▭）、带宽限制（如▣）。

⑬ CH2 垂直挡位：显示屏幕垂直方向 CH2 每格波形所代表的电压；使用垂直⊙ SCALE 可以修改该参数；此外还会根据当前的通道设置给出如下标记：通道耦合（如▭）、带宽限制（如▣）。

⑭ 消息框：显示提示消息。

⑮ 通知区域：显示系统时间、声音图标和 U 盘图标。

系统时间：以"hh：mm（时：分）"的格式显示。在打印或存储波形时，输出文件将包含该时间信息。按辅助功能与系统设置【Utility】→系统→系统时间，通过下面格式设置：yyyy-mm-dd；hh-mm-ss（年-月-日；时-分-秒）。

声音图标：声音打开时，该区域显示◀；按辅助功能与系统设置【Utility】→声音，可以打开或关闭声音。

U 盘图标：当示波器检测到 U 盘时，该区域显示⟷。

⑯ 操作菜单：按下任一软键可激活相应的菜单。下面的符号可能显示在菜单中：

　　↻：表示可以旋转多功能旋钮↻修改参数值。多功能旋钮↻的背光灯在参数选择有效时变亮。

　　↻：表示可以用↻修改参数值。↻的背灯在参数输入有效时变亮。

　　⊙：表示可以用导航旋钮快速调节/定位参数。

　　↻：表示使用↻调节参数，然后按下↻选中参数。

　　◀：表示当前菜单有若干选项。

　　▼：表示当前菜单有下一层菜单。

　　↵：按下该键可以返回上一级菜单。

　　**注意**：操作菜单左下角的网格中也可能出现方向键▼（表示可以打开下一页菜单）和△（表示可以打开上一页菜单）。

### 三、探头

DS2000A 系列数字存储示波器探头如图 1.1.5 所示。

进行任何测量前，将探头连接到示波器并将接地端接地。在使用探头时避免触电，应使手指保持在探头主体上防护装置的后面，在探头连接到电压电源时不可接触探头顶部的金属部分。示波器测量的信号是对"地"的参考电压，接地端请正确接地、不可造成短路。

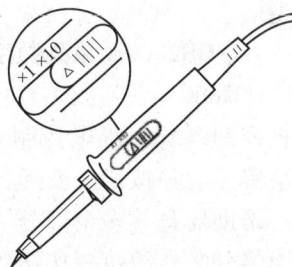

图 1.1.5　DS2000A 系列
数字存储示波器探头

如图 1.1.5 所示的探头衰减开关控制探头有不同的衰减系数，它影响信号的垂直刻度。"探头检查"功能验证探头衰减选项是否与探头的衰减匹配。可按下垂直菜单按钮（例如【CH1】按钮），选择与探头衰减系数匹配的探头选项。示波器探头选项默认的设置为 10×，确保探头上的"衰减"开关与示波器中的"探头"选项匹配。如当"衰减"开关设置为×1 时，探头将示波器的带宽限制到 10MHz（各探头规格不一）。要使用示波器的全带宽，确保将开关设定到×10。

### 四、DS2000A 系列数字存储示波器的功能检查

为了验证示波器是否正常工作，执行一次快速功能检查。DS2000A 系列数字存储示波器提供了频率为 1kHz、峰峰值约为 3V 的方波信号作为自检信号，可以通过 CH1～CH2 通道显示该自检信号。操作步骤进行如下：

（1）打开示波器电源，示波器执行所有自检项目，并确认通过自检。按下 Storage 按钮。探头选项默认的衰减设置为 10×。

（2）将示波器探头上的开关设定到×1，并将探头与示波器的通道 1（CH1）连接。将探头连接器上的插槽对准 CH1 同轴电缆输入连接器（BNC）的凸键，按下去即可连接，然后

补偿信号输出端
接地端

图 1.1.6　功能检测连接示意图

向右旋转以拧紧探头。将探头基准导线（黑夹子）连接到"探头元件"接地端，将探头端部（红夹子或钩子）连接到"探头元件"补偿信号输出端上，如图 1.1.6 所示。

（3）按下 AUTO 按钮。几秒钟内，屏幕会显示频率为 1kHz，电压约为 3V 峰峰值的方波，如图 1.1.7 所示，CH1 通道的显示波形颜色为黄色。

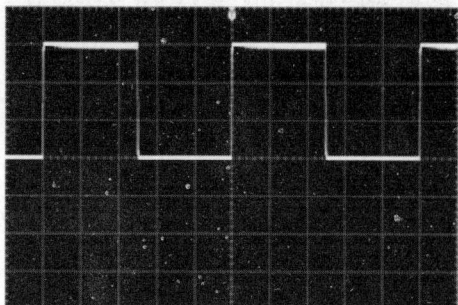

图 1.1.7　功能检查方波输出显示

（4）用同样方法检查其他通道。如实际显示的方波形状与上图不相符，请执行"探头补偿"。

**五、探头补偿**

首次使用探头时，应进行探头补偿调节，使探头与示波器输入通道匹配。未经补偿或补偿偏差的探头会导致测量偏差或错误。探头补偿步骤如下：

（1）执行上述"功能检查"中的步骤（1）、（2）和（3）。

（2）检查所显示的波形形状并与图 1.1.8 所示波形进行对比。

（3）用非金属质地的改锥调整探头上的低频补偿调节孔，直到显示的波形如图 1.1.8 所示"补偿适当"。

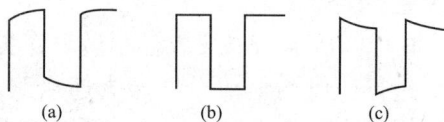

图 1.1.8　探头补偿对比波形
（a）欠补偿；（b）补偿适当；（c）过补偿

**六、DS2000A 系列数字存储示波器的功能简介**

DS2000A 系列数字存储示波器整个操作区分为垂直控制系统、水平控制系统、触发控制系统、功能菜单、清除按钮、波形自动设置、运行控制、单次触发控制、万能旋钮、导航旋钮、打印以及帮助信息等多个部分。为了方便用户更加快速的熟悉和使用 DS2000A 数字存储示波器，下面将分区介绍每一按钮的功能。

1. 垂直控制系统

垂直控制系统如图 1.1.9 所示，各按钮的功能介绍如下。

Ⅰ、Ⅱ：模拟输入通道。2 个通道标签用不同颜色标识，且屏幕中波形颜色和输入通道连接器的颜色相对应。按下通道按键可打开相应通道及其菜单，连续按 2 次可关闭该通道。

MATH：按下该键打开数学运算菜单，可进行加、减、乘、除、FFT、逻辑、高级运算。

REF：按下该键打开参考波形功能。可将实测波形和参考波形比较，以判断电路故障。

垂直位置旋钮 POSITION：修改当前通道波形的垂直位移。顺时针转动增大位移，逆时针转动减小位移。修改过程中波形会上下移动，同时屏幕左下角弹出的位移信息（如 POS: 930.0mV ）实时变化，按下该旋钮可快速将垂直偏移归零。

垂直刻度旋钮 SCALE：修改当前通道的垂直挡位。顺时针转动减小挡位，逆时针转动增大挡位。修改过程中波形显示幅度会增大或减小，同时屏幕下方的挡位信息（如 1 = 500mV ）实时变化。按下该旋钮可快速切换垂直挡位调节方式为"粗调"或"微调"。

Decode1、Decode2：解码功能按键。按下相应的按键打开解码功能菜单（DS2000A 支持并行解码和协议解码）。

2. 水平控制系统

水平控制系统如图 1.1.10 所示，各按钮的功能介绍如下。

图 1.1.9　垂直控制系统

MENU：按下该键打开水平控制菜单。可开关延迟扫描功能，切换不同的时基模式，切换挡位的"微调"或"粗调"，以及修改水平参考设置。

水平位置旋钮 POSITION：修改触发位移。转动旋钮时触发点相对屏幕中心左右

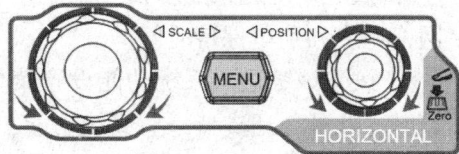

图 1.1.10　水平控制系统

移动。修改过程中，所有通道的波形左右移动，同时屏幕右上角的触发位移信息（如 D 5.80000000ns ）实时变化。按下该旋钮可快速复位触发位移（或延迟扫描位移）。

水平刻度旋钮 SCALE：修改水平时基。顺时针转动减小时基，逆时针转动增大时基。修改过程中，所有通道的波形被扩展或压缩显示，同时屏幕上方的时基信息（如 H 5.000ns ）实时变化。按下该旋钮可快速切换至延迟扫描状态。

3. 触发控制系统

触发控制系统如图 1.1.11 所示，各按钮的功能介绍如下。

MODE：按下该键切换触发方式为自动（Auto）、标准（Normal）或单次（Single），当前触发方式对应的状态背光灯会变亮。

触发电平旋钮 LEVEL：修改触发电平。顺时针转动增大电平，逆时针转动减小电平。修改过程中，触发电平线上下移动，同时屏幕左下角的触发电平消息框（如 Trig Level 1.88 V ）中的值实时变化。按下该旋钮可快速将触发电平恢复至零点。

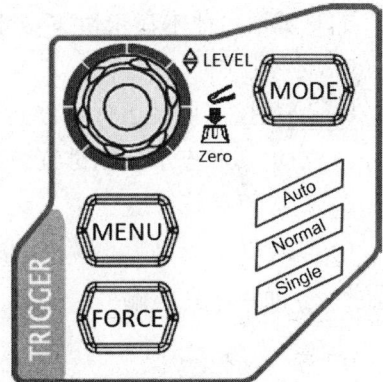

图 1.1.11　触发控制系统

MENU：按下该键打开触发操作菜单。本示波器提供丰富的触发类型。

FORCE：在标准（Normal）和单次（Single）触发方式下，按下该键将强制产生一个触发信号。

图 1.1.12　功能菜单

4. 功能菜单

功能菜单如图 1.1.12 所示，各按钮的功能介绍如下。

Measure：按下该键进入测量设置菜单。可设置测量设置、全部测量、统计功能等。按下屏幕左侧的【MENU】软件，可打开 24 种波形参数测量菜单，然后按下相应的菜单软键快速实现"一键"测量，测量结果将出现在屏幕底部。

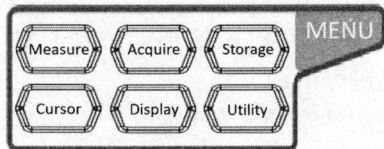

(Acquire)：按下该键进入采样设置菜单。可设置示波器的获取方式、存储深度和抗混叠功能。

(Storage)：按下该键进入文件存储和调用界面。可存储的文件类型包括轨迹存储、波形存储、设置存储、图像存储和 CSV 存储。支持内、外部存储和磁盘管理。

(Cursor)：按下该键进入光标测量菜单。示波器提供手动测量、追踪测量和自动测量三种光标模式。

(Display)：按下该键进入显示设置菜单。设置波形显示类型、余辉时间、波形亮度、屏幕网格、网格亮度和菜单保持时间。

(Utility)：按下该键进入系统功能设置菜单。设置系统相关功能或参数，例如接口、扬声器、语言等。此外，还支持一些高级功能，例如通过/失败测试、波形录制和打印设置等。

5. 全部清除

(CLEAR)：按下该键清除屏幕上所有的波形。如果示波器处于运行"RUN"状态，则继续显示新波形。

6. 波形自动显示

(AUTO)：按下该键启用波形自动设置功能。示波器将根据输入信号自动调整垂直挡位、水平时基以及触发方式，使波形显示达到最佳状态。

**注意**：应用自动设置要求被测信号的频率不小于 50Hz，占空比大于 1%，且幅度至少为 20mVpp。如果超出此参数范围，按下该键后会弹出自动设置失败（"Auto 失败！"）消息框，而且菜单可能不显示快速参数测量功能。

7. 运行控制

(RUN STOP)：按下该键运行或停止波形采样。运行（RUN）状态下，该键黄色背光灯点亮；停止（STOP）状态下，该键红色背光灯点亮。

8. 单次触发控制

(SINGLE)：按下该键将示波器的触发方式设置为单次触发"Single"。单次触发方式下，按(FORCE)键立即产生一个触发信号。

9. 万能旋钮

调节波形亮度：非菜单操作时（菜单隐藏），转动该旋钮可调整波形显示的亮度（亮度可调范围为 0%~100%）。顺时针转动增大波形亮度，逆时针转动减小波形亮度。按下旋钮将波形亮度恢复至 50%。也可按(Display)→波形亮度调节波形亮度。

多功能旋钮：菜单操作时，该旋钮背光灯变亮，按下某个菜单软键后，转动该旋钮可选择该菜单下的子菜单，然后按下旋钮可选中当前选择的子菜单。该旋钮还可以用于修改参数、输入文件名等。

10. 导航旋钮

对于某些可设置范围较大的数值参数，该旋钮提供了快速调节/定位的功能。顺时针（逆时针）旋转增大（减小）数值；内层旋钮可微调，外层旋钮可粗调。

例如，在回放波形时，使用该旋钮可以快速定位需要回放的波形帧（"当前帧"菜单）。类似的菜单还有触发释抑、脉宽 设置、斜率时间等。

11. 波形录制、回放/暂停和停止

⬤：录制。按下该键开始波形录制，按键背灯为红色。此外，打开录制常开模式时，该按键背灯点亮。

▮▮▶：回放/暂停。在停止或暂停的状态下，按下该键回放波形，再次按下该键暂停回放，按键背灯为黄色。

▮：停止。按下该键停止正在录制或回放的波形，按键背灯为橙色。

12. 打印

🖨：按下该键打印屏幕或将屏幕保存到 U 盘中。若当前已连接打印机，并且打印机处于闲置状态，按下该键将执行打印功能；若当前未连接打印机，但连接 U 盘，按下该键则将屏幕图形以指定格式保存到 U 盘中；同时连接打印机和 U 盘时，打印机优先级较高。

**注意：**DS1000Z 仅支持 FAT32 格式的 Flash 型 U 盘。

13. 帮助信息

Help：按下该按键开启帮助信息功能。在此基础上依次按下各功能菜单键即可显示相应菜单的帮助信息。若要显示各功能菜单下子菜单的帮助信息，则需先打开当前菜单界面，然后按下帮助（HELP）键，选中相应的子菜单键。再次按下该按键可关闭帮助信息功能。

**七、信号的测量**

示波器将显示电压相对于时间的图形，并帮助用户测量显示波形。测量方法有刻度测量、光标测量和自动测量三种。

1. 刻度测量

使用刻度测量方法能快速、直观地做出估计。可以观察被测波形的幅度和周期，通过计算相关的横、纵刻度分度并乘以垂直挡位或水平挡位来进行简单的测量。例如，如果计算出波形的峰峰之间有五个纵垂直刻度分度，并且已知垂直挡位为 100mV/分度，则可按照下列方法来计算峰–峰值电压：

$$5 \text{ 分度} \times 100\text{mV/分度} = 500\text{mV}$$

如果计算出波形 2 个前沿或 2 个后沿之间有 4 个横水平刻度分度，并且水平时基挡位为 250μs/分度，则可按照下列方法来计算信号周期：

$$4 \text{ 分度} \times 250\mu\text{s/分度} = 1000\mu\text{s} = 1\text{ms}$$

2. 自动测量

DS2000A 系列数字存储示波器提供 24 种波形参数的自动测量以及对测量结果的统计和分析功能。此外，还可以用频率计实现更精确的频率测量。

（1）AUTO 后的快速测量。正确连接示波器后，输入有效信号，按下 AUTO 键自动设置波形并打开如图 1.1.13 所示的功能菜单。功能菜单显示的各波形的含义如下：

⊓⊔单周期：对当前信源进行单周期的"周期"和"频率"测量，并在屏幕下方显示测量结果。

⊓⊔⊓⊔多周期：对当前信源进行多周期的"周期"和"频率"测量，并在屏幕下方显示测量结果。

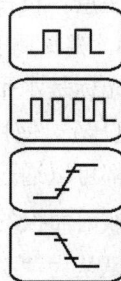

图 1.1.13　AUTO 后的功能菜单

上升沿：对当前信源的“上升时间”进行测量，并在屏幕下方显示测量结果。

下降沿：对当前信源的“下降时间”进行测量，并在屏幕下方显示测量结果。

**注意：**【AUTO】功能要求被测信号的频率不小于 50Hz，占空比大于 1%，且幅度至少为 20mVpp。若被测信号参数超出此限定范围，按下该键后，弹出菜单可能不显示快速参数测量选项。

（2）一键测量 24 种参数。按屏幕左侧的 MENU 软键下面对应的软键，可快速测量 24 种波形参数，实现“一键”测量，测量结果将出现在屏幕底部。

测量项中的时间和电压参数图标，以及屏幕中的测量结果，总是使用与当前测量通道（【Measure】→信源选择）一致的颜色标记，而延迟和相位测量项总是用绿色标记，如图 1.1.14 所示。

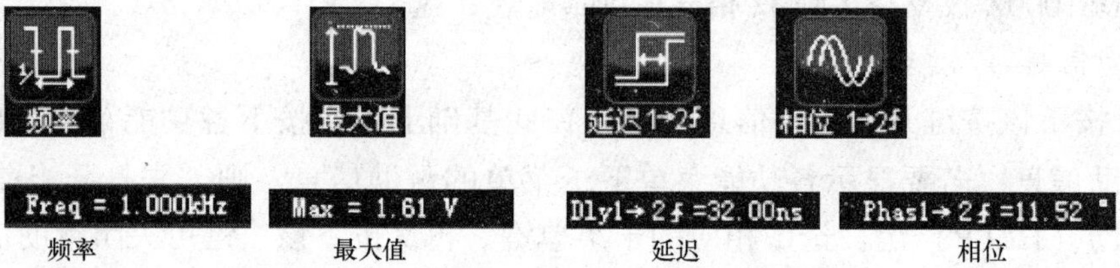
频率
最大值
延迟 1→2f
相位 1→2f
Freq = 1.000kHz
Max = 1.61 V
Dly1→2f =32.00ns
Phas1→2f =11.52 °
频率
最大值
延迟
相位

图 1.1.14　参数图标及对应的测量结果（与当前测量通道颜色一致）

**注意：**若测量显示为“ ***** ”，表明当前测量源没有信号输入，或测量结果不在有效范围内（过大或过小）。

（3）清除测量。如果当前已经打开 24 种测量参数中的任一项或多项，那么可以单独“删除”或“还原”前面 5 项参数，也可以“删除”或“还原”所有已打开的测量项。

注意：前 5 项参数是根据打开测量项的顺序决定的，不会因为删除了一个或多个测量项而改变。

按【Measure】→清除测量→测量项 $n$，可以“删除”或“还原”指定的测量项。删除或还原一个测量项时，屏幕底部的测量结果会左移或右移一项显示。

按【Measure】→清除测量→所有测量项，可以“删除”或“还原”所有已打开的测量项。

**注意：**长按【Measure】键也可以快速清除或还原所有已打开的测量项。

3. 光标测量

光标是水平和垂直的标记。使用光标可以测量所选波形的 $X$ 轴值（如时间）和 $Y$ 轴值（如电压）。使用光标测量前，请将信号连接至示波器并获得稳定的显示。所有“自动测量”参数都可以通过光标测量实现。

按前面板的功能菜单光标按键【Cursor】→光标模式，使用万能旋钮选择所需的光标模式（默认为“关闭”），然后按下旋钮选中该模式。可选的模式包括手动、追踪和自动测量。

（1）光标手动测量方式。该模式下，将出现一对光标。可以手动调节光标测量指定源（CH1、CH2 或 MATH）波形中的一对 $X$（或 $Y$）值，光标间的 $X$ 增量（或 $Y$ 增量），以及 $X$ 增量的倒数。

1）按【Cursor】→模式→手动，打开手动光标测量功能，测量结果将以如图 1.1.15 所示的形式显示在屏幕左上角。

A→X：光标 A 处的 X 值，以触发位置为基准，以 "s" 或 "Hz"（测量 FFT 波形时）为单位。

A→Y：光标 A 处的 Y 值，以通道接地点为基准，使用与当前信源单位一样的单位。

B→X：光标 B 处的 X 值，以触发位置为基准，以 "s" 或 "Hz"（测量 FFT 波形时）为单位。

B→Y：光标 B 处的 Y 值，以通道接地点为基准，使用与当前信源单位一样的单位。

△X：光标 A 和 B 的水平间距。

1/△X：光标 A 和 B 的水平间距的倒数。

△Y：光标 A 和 B 的垂直间距。

2）光标手动测量参数的步骤。

a. 选择光标类型。按【光标类型】软键，选择 "X" 或 "Y"。X 型光标为一对垂直虚线，通常用于测量时间参数，而 Y 型光标为一对水平虚线，通常用于测量电压参数。

b. 选择测量源。按【信源】软键，选择模拟通道（CH1 或 CH2）、数学运算结果（MATH）中的波形进行测量。选择 "无光标" 则不显示光标。

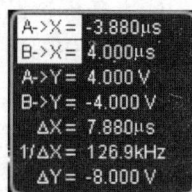

图 1.1.15　光标手动测量的结果

c. 选择 X（Y）轴单位。当光标类型为 "X" 时，按【水平单位】可以选择时间（s）、频率（Hz）、相位（°）或比例（%）。

（a）s：选择该单位后，测量结果中的光标 A→X、B→X 和 △X 以 "s" 为单位，1/△X 以 "赫兹" 为单位。

（b）Hz：选择该单位后，测量结果中的 A→X、B→X 和 △X 以 "Hz" 为单位，1/△X 以 "s" 为单位。

（c）°：选择该单位后，测量结果中的 A→X、B→X 和 △X 以 "°" 为单位。此时，按下【设置光标】软键，无论当前光标 A 和 B 处于什么位置，测量结果中 A→X 的值立即变为 "0°"，B→X 和 △X 的值立即变为 "360°"，同时屏幕上出现两条不可移动的光标线作为参考位置。

（d）%：选择该单位后，测量结果中的 A→X、B→X 和 △X 以 "%" 为单位。此时，按下【设置光标】软键，无论当前光标 A 和 B 处于什么位置，测量结果中 A→X 的值立即变为 "0%"，B→X 和 △X 的值立即变为 "100%"，同时屏幕上出现两条不可移动的光标线作为参考位置。

当光标类型为 "Y" 时，按【垂直单位】可以选择 "信源单位" 或 "%"。

（a）信源单位：选择该单位后，测量结果中的 A→X、B→X 和 △Y 的单位自动设置为当前信源的单位。

（b）%：选择该单位后，测量结果中的 A→X、B→X 和 △Y 以 "%" 为单位。此时，按下【设置光标】软键，无论当前光标 A 和 B 处于什么位置，测量结果中 A→X 的值立即变为 "0%"，B→X 和 △Y 的值立即变为 "100%"，同时屏幕上出现两条不可移动的光标线作为参考位置。

d. 调节光标位置（注意：在同一菜单页，也可以连续按下 ⟳ 旋钮切换当前光标）。

（a）调节光标 A：按【Cursor A】软键，使用🔄节光标 A 的位置，调节过程中测量结果将实时变化，可调节范围限制在屏幕范围内。

（b）调节光标 B：按【Cursor B】软键，使用🔄调节光标 B 的位置，调节过程中测量结果将实时变化，可调节范围限制在屏幕范围内。

（c）同时调节光标 A 和 B：按【Cursor AB】软键，使用🔄可同时调节光标 A 和 B 的位置，调节过程中测量结果将实时变化，可调节范围限制在屏幕范围内（注意：也可以连续按下🔄旋钮切换当前光标）。

3）光标手动测量的实例。用手动光标测量一个方波的周期（$\Delta X$）为 1ms，与自动测量周期相等，如图 1.1.16 所示。

（2）光标追踪测量。该模式下，将出现一对或两对光标。可以调节两个光标（光标 A 和光标 B）分别测量两个不同信源的 $X$ 值和 $Y$ 值。光标 A 和光标 B 上测量的点分别用一个橙色的矩形和菱形标记。水平移动光标时，该标记会自动在波形上定位，水平扩展或压缩波形时，该标记会跟踪最后一次调节光标时所标记的点。

1）按光标按键【Cursor】→模式→追踪，打开光标追踪功能，测量结果将以如图 1.1.17 所示的形式显示在屏幕左上角。

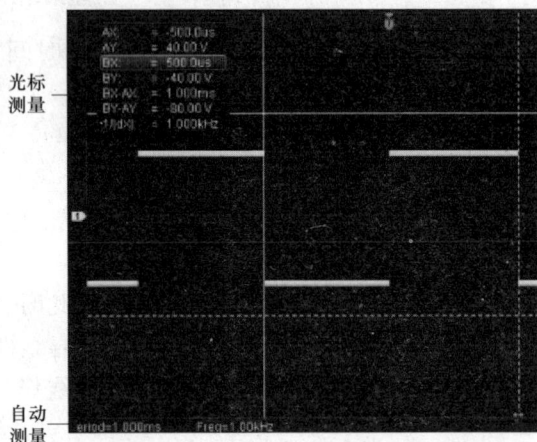

图 1.1.16　光标手动测量实例　　　　图 1.1.17　光标跟踪测量的结果

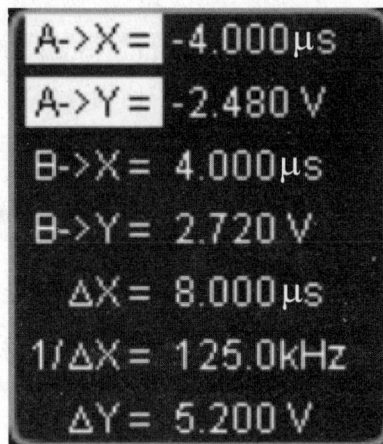

2）光标手动测量参数的步骤。

a. 选择测量源

按【光标 A】软键，选择模拟通道（CH1 或 CH2）或数学运算结果（MATH）中的波形为光标 A 的测量源（只有已打开的通道才可选）。也可以选择"无"，即不使用光标 A。

按【光标 B】软键，选择模拟通道（CH1 或 CH2）或数学运算结果（MATH）中的波形为光标 B 的测量源（只有已打开的通道才可选）。也可以选择"无"，即不使用光标 B。

b. 调节光标位置（注意：在同一菜单页，也可以连续按下🔄旋钮切换当前光标）。

调节光标 A：按【光标 A】软键，使用🔄调节光标 A 的位置，调节过程中测量结果将实时变化，可调节范围限制在屏幕范围内。

调节光标 B：按【光标 B】软键，使用🔄调节光标 B 的位置，调节过程中测量结果将实时变化，可调节范围限制在屏幕范围内。

同时调节光标 A 和 B：按【光标 AB】软键，使用🔄可同时调节光标 A 和 B 的位置，调节过程中测量结果将实时变化，可调节范围限制在屏幕范围内。

**注意**：垂直光标会实时追踪标记的点（即随着波形的瞬时变化而上下跳动），因此即使没有调节光标 Y 值也可能会变化。

3）测量实例。用光标 A 和光标 B 分别测量 CH1 和 CH2 中的波形，然后水平扩展或压缩波形，可以发现光标会跟踪所标记的点，如图 1.1.18 所示。

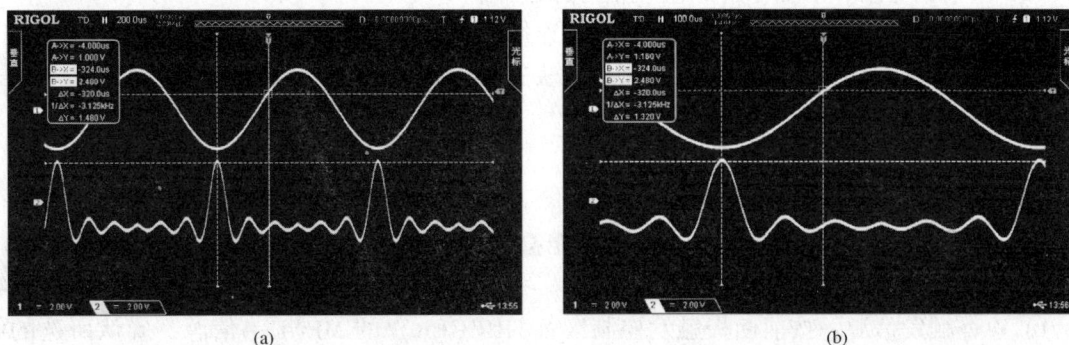

图 1.1.18　光标追踪测量水平扩展前后的显示结果
（a）光标追踪测量水平扩展前；（b）光标追踪测量水平扩展后

（3）光标自动测量。该模式下，将出现一个或多个光标。可以使用自动光标测量 24 种波形参数中的任一种。使用该模式前，需要打开至少一种自动测量参数，光标数量会随测量参数变化。

1）按【Cursor】→模式→自动，屏幕显示的光标个数由当前打开的测量参数决定（不同测量项所需光标数目不同）（注意：未选定自动测量参数或者测量源没有输入时均没有光标显示。水平扩展或压缩波形时，光标也会相应变化）。

如果后续又打开多个测量参数，可通过【测量参数】软键切换最后打开的最多五项测量所需的参数，当前选中的测量参数会突出显示在屏幕底部。

2）光标自动测量实例。图 1.1.19 所示为自动测量 CH2 正弦信号频率的实例。

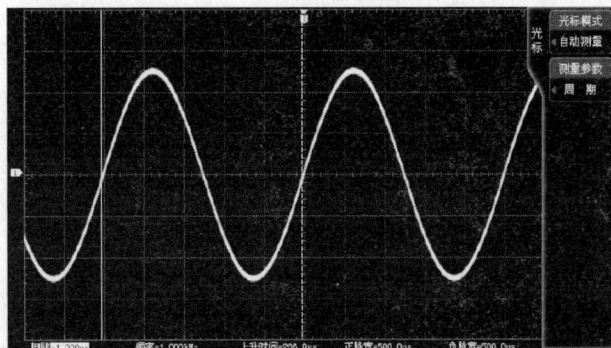

图 1.1.19　光标自动测量 CH2 正弦信号频率的实例

## 八、异常排除

示波器在使用过程中可能出现的故障及排查方法。当遇到这些故障时，请按照相应的步骤进行处理，如无法处理，与厂商联系。

（1）如果按下电源键示波器仍然黑屏，没有任何显示：

1）检查电源开关是否打开。

2）检查电源接头是否接好。

3）检查保险丝是否熔断。如需更换保险丝，请使用符合本产品规格的保险丝。

4）做完上述检查后，重新启动仪器。

（2）采集信号后，画面中并未出现信号的波形：

1）检查探头是否与示波器和待测物正常连接。

2）检查待测物是否有信号产生（可将探头补偿输出信号连接到有问题的通道确定是通道还是待测物的问题）。

3）再重新采集信号一次。

（3）测量的电压幅度值比实际值大或者小（一般在使用探头时才会出现）：检查通道的探头比设置是否与实际使用的探头衰减比例相符。

（4）有波形显示，但不能稳定下来：

1）检查触发信源：按前面板触发控制区（TRIGGER）的 MENU→信源，确认所选的触发信源是否与实际使用的信号通道相符。

2）检查触发类型：一般的信号应使用"边沿触发"方式，视频信号应使用"视频触发"方式。只有应用适合的触发方式，波形才能稳定显示。

3）检查触发电平：将触发电平调整至信号的中间位置。

4）改变触发释抑设置。

（5）按下 RUN/STOP 键无任何显示：检查前面板触发控制区（TRIGGER），确认触发方式是否为"普通"或"单次"挡，且触发电平是否超出波形范围。如果是，将触发电平居中或者按 MODE 将触发方式设置为"自动"挡。

注：使用自动设置 AUTO 按钮可自动完成以上设置。

（6）波形显示呈阶梯状：

1）水平时基挡位可能过低，增大水平时基以提高水平分辨率，可以改善显示。

2）若显示类型为"矢量"，采样点间的连线，可能造成波形阶梯状显示。按 Display→显示类型，设置为"点"显示方式，即可解决。

（7）通过 USB 连接计算机或打印机失败：

1）按 Utility→接口设置→USB 设备，检查当前设置是否与当前连接的设备匹配。

2）检查 USB 数据线是否与示波器和 PC 连接正常。

3）检查 USB 数据线是否完好，必要时重启示波器。

（8）U 盘设备不能被识别

1）检查 U 盘是否可以正常工作。

2）确认使用的为 Flash 型 U 盘，本仪器不支持硬盘型 U 盘。

3）确认使用的 U 盘容量是否过大，本示波器推荐使用不超过 8 GBytes 的 U 盘。

4）重新启动仪器后，再插入 U 盘设备进行检查。

# 1.2 信号发生器

信号发生器是为了模拟实际情况而设计的一种仪器，它可以产生各种形状信号，如正弦信号、三角波信号、方波信号、TTL 和 CMOS 电平逻辑信号等。

**一、信号发生器的原理**

信号发生器的基本结构如图 1.2.1 所示。

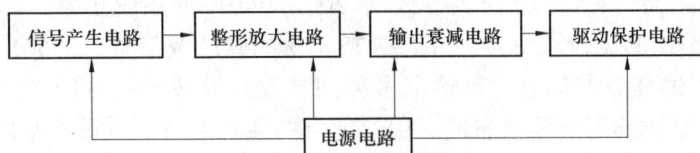

图 1.2.1 信号发生器基本结构

由图 1.2.1 可知，信号发生器由信号产生电路、整形放大电路、输出衰减电路、驱动保护电路以及电源电路等五个部分组成。

1. 信号产生电路

信号产生电路是信号发生器的核心部分。对于不同的信号发生器，它的工作原理不尽相同。一般来讲，通用的信号发生器的信号产生电路的工作原理主要三种：

（1）直接应用 RC（或 LC）形成。如 XD2 系列信号发生器采用由 RC 组成的文氏电桥振荡器。

（2）采用频率合成法实现，包括直接合成法和间接合成法。

1）直接合成法是利用一个（或几个）基准频率，通过一系列倍频器、分频器以及混频器来完成基本代数运算，以合成所需频率。

2）间接合成法是利用锁相技术把振荡器的输出频率与基准频率保持严格的有理数关系，被合成的输出频率最后取自受控的振荡器，而不是把基准频率进行直接代数运算。间接合成法又称"锁相合成法"，锁相环电路是实现间接合成法的基本电路。

（3）DDS 数字合成方式。此种方式没有用振荡元件，是用数字合成方法产生一连串数据流，再经过数模转换产生预先设定的模拟信号，即利用程序软件产生所需信号。

例如要产生一个正弦波，首先将函数 $y = \sin x$ 进行数字量化，再以 $x$ 为地址，$y$ 为量化数据，依次存入波形存储器。

这种方式可以产生连续或不连续、周期或非周期的任意信号，具有很高的应用价值，已广泛应用于通用信号发生器。

2. 整形放大电路

任何一个信号产生电路产生的波形，都存在着信号幅度小，波形有失真等缺点，需要进行再处理才能满足用户的要求。因此，根据不同信号产生电路的要求，有不同的整形放大电路。

对于直接应用用 RC（或 LC）形成的振荡电路而言，由于振荡器输出信号幅度小，波形失真小，因此它的整形放大电路主要的工作是放大信号。频率合成法以及 DDS 数字合成法实现的振荡器，其输出信号谐波分量较多，所以它的整形放大电路的工作除了放大信号外，还必须对信号进行滤波处理。

3. 输出衰减、驱动保护及电源电路

输出衰减电路是由一系列电阻阻值按比例串联分压产生的。为了提高信号发生器的带载能力，减小输出阻抗，降低负载对信号发生器的影响，部分信号发生器增加了电流放大驱动电路。电源电路是给整个信号发生器电路提供工作电源。

**二、DG1000Z 系列任意波信号发生器面板功能简介**

DG1000Z 系列任意波信号发生器是一种多功能、宽频带、采用 DDS 数字合成方式产生相应信号的信号发生器，它可以产生最大频率可达 30MHz 的正弦信号、$1\mu Hz \sim 25MHz$ 的方波信号、$1\mu Hz \sim 1MHz$ 的锯齿波信号、$1\mu Hz \sim 25MHz$ 的脉冲波信号、30MHz 的高斯噪声信号以及 $1\mu Hz \sim 10MHz$ 的任意波信号；可输出多种调制方式的波形；可用于设置辅助功能参数和系统参数；可存储或调用仪器状态或者用户编辑的任意波数据；设有帮助同时有 2 种语言界面显示以及嵌入式在线帮助系统，方便用户操作和使用；设有 3.5in 彩色液晶显示屏，可以显示当前功能的菜单和参数设置、系统状态以及提示消息等内容。

1. 前面板介绍

DG1000Z 系列任意波信号发生器的前面板如图 1.2.2 所示。

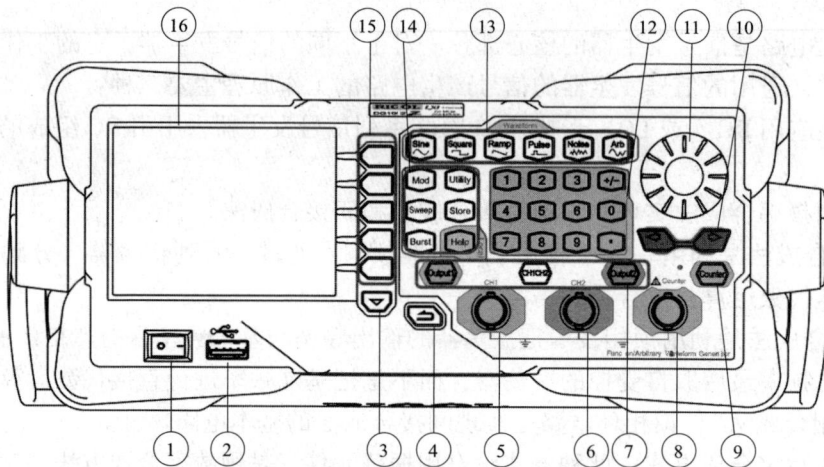

图 1.2.2  DG1000Z 系列任意波信号发生器的前面板图

各功能按钮的介绍如下：

① 电源键：用于开启或关闭信号发生器。

② 通用串行总线接口（USB Host）：可插入 U 盘，读取 U 盘中的波形文件或状态文件，或将当前的仪器状态或编辑的波形数据存储到 U 盘中，也可以将当前屏幕显示的内容以图片格式（*.Bmp）保存到 U 盘。

③ 菜单翻页键：打开当前菜单的下一页。

④ 返回上一级菜单：退出当前菜单，并返回上一级菜单。

⑤ CH1 输出连接器：BNC 连接器，标称输出阻抗为 50Ω。当 Output 打开时（背灯变亮），该连接器以 CH1 当前配置输出波形。

⑥ CH2 输出连接器：BNC 连接器，标称输出阻抗为 50Ω。当 Output 打开时（背灯变

亮），该连接器以 CH2 当前配置输出波形。

⑦ 通道控制区：

(Output1)：用于控制 CH1 的输出。按下该按键，背灯变亮，打开 CH1 输出，此时
[CH1] 连接器以当前配置输出信号。再次按下该键，背灯熄灭，此时关闭 CH1 输出。

(Output2)：用于控制 CH2 的输出。按下该按键，背灯变亮，打开 CH2 输出，此时
[CH2] 连接器以当前配置输出信号。再次按下该键，背灯熄灭，此时关闭 CH2 输出。

(CH1CH2)：用于切换 CH1 或 CH2 为当前选中通道。

**注意**：CH1 和 CH2 通道输出端设有过压保护功能，满足下列条件之一则产生过压保护。
产生过压保护时，屏幕弹出提示消息，输出关闭。

仪器幅值设置大于 2Vpp 或输出偏移大于 $|2V_{dc}|$，输入电压大于±11.5V±0.1V。

仪器幅值设置小于或等于 2Vpp 或输出偏移小于或等于 $|2V_{dc}|$，输入电压大于±3.5V
±0.1V。

⑧ 频率计（Counter）：测量信号输入连接器，输入阻抗为 1MΩ。用于接收频率计测量
的被测信号。

**注意**：为了避免损坏仪器，输入信号的电压范围不得超过±7Vac+dc。

⑨ (Counter)：用于开启或关闭频率计功能。按下该按键，背灯变亮，左侧指示灯闪烁，频
率计功能开启。再次按下该键，背灯熄灭，此时，关闭频率计功能。

⑩ 方向键：

使用旋钮设置参数时，用于移动光标以选择需要编辑的位。

使用键盘输入参数时，用于删除光标左边的数字。

存储或读取文件时，用于展开或收起当前选中目录。

文件名编辑时，用于移动光标选择文件名输入区中指定的字符。

⑪ 旋钮：

使用旋钮设置参数时，用于增大（顺时针）或减小（逆时针）当前光标处的数值。

存储或读取文件时，用于选择文件保存的位置或用于选择需要读取的文件。

文件名编辑时，用于选择虚拟键盘中的字符。

在 (Arb)→选择波形→内建波形中，用于选择所需的内建任意波。

⑫ 数字键盘：包括数字键（0~9）、小数点（.）和符号键（+/−），用于设置参数。

**注意**：编辑文件名时，符号键用于切换大小写；连续按两次小数点可将用户界面以
"＊.Bmp"格式快速保存至 U 盘。

⑬ 波形键：

(Sine)：提供频率从 1μHz 至 60MHz 的正弦波输出。选中该功能时，按键背灯变亮，可以
设置正弦波的频率/周期、幅值/高电平、偏移/低电平和起始相位。

(Square)：提供频率从 1μHz 至 25MHz 并具有可变占空比的方波输出。选中该功能时，按键
背灯变亮，可以设置方波的频率/周期、幅值/高电平、偏移/低电平、占空比和起始相位。

(Ramp)：提供频率从 1μHz 至 1MHz 并具有可变对称性的锯齿波输出。选中该功能时，按键
背灯变亮，可以设置锯齿波的频率/周期、幅值/高电平、偏移/低电平、对称性和起始相位。

(Pulse)：提供频率从 1μHz 至 25MHz 并具有可变脉冲宽度和边沿时间的脉冲波输出。选中

该功能时，按键背灯变亮，可以设置脉冲波的频率/周期、幅值/高电平、偏移/低电平、脉宽/占空比、上升沿、下降沿和起始相位。

【Noise】：提供带宽为 60MHz 的高斯噪声输出。选中该功能时，按键背灯变亮，可以设置噪声的幅值/高电平和偏移/低电平。

【Arb】：提供频率从 $1\mu Hz \sim 10MHz$ 的任意波输出；支持采样率和频率两种输出模式；多达 160 种内建波形。选中该功能时，按键背灯变亮，可设置任意波的频率/周期、幅值/高电平、偏移/低电平和起始相位。

⑭ 功能键：

【Mod】：可输出多种已调制的波形。提供多种调制方式：AM（幅度调制）、FM（频率调制）、PM（相位调制）、ASK（幅移键控）、FSK（频移键控）、PSK（相移键控）和 PWM（脉宽调制）。支持内部和外部调制源。选中该功能时，按键背灯变亮。

【Sweep】：可产生正弦波、方波、锯齿波和任意波（直流除外）的扫频信号（Sweep）。支持线性、对数和步进三种 Sweep 方式。支持内部、外部和手动三种触发源。提供频率标记功能，用于控制同步信号的状态。选中该功能时，按键背灯变亮。

【Burst】：可产生正弦波、方波、锯齿波、脉冲波和任意波（直流除外）的脉冲串（Burst）。支持 N 循环、无限和门控三种 Burst 模式，默认类型为 N 循环。噪声也可用于产生门控 Burst。支持内部、外部和手动三种触发源。脉冲串类型、触发源和波形的关系见表 1.2.1。选中该功能时，按键背灯变亮。

表 1.2.1　　　　　　　　　　脉冲串类型、触发源和波形的关系

| 类型 | 触发源 | 载波波形 |
|------|--------|----------|
| N 循环 | 内部/外部/手动 | 正弦、方波、锯齿波、脉冲、任意波（直流除外） |
| 无限 | 外部/手动 | 正弦、方波、锯齿波、脉冲、任意波（直流除外） |
| 门控 | 外部 | 正弦、方波、锯齿波、脉冲、噪声、任意波（直流除外） |

【Utility】：用于设置辅助功能参数和系统参数。选中该功能时，按键背灯变亮。

【Store】：可存储或调用仪器状态或者用户编辑的任意波数据。内置一个非易失性存储器（C 盘），并可外接一个 U 盘（D 盘）。选中该功能时，按键背灯变亮。

【Help】：要获得任何前面板按键或菜单软键的帮助信息，按下该键后，再按下所需要获得帮助的按键。

**注意**：当仪器工作在远程模式时，该键用于返回本地模式。

⑮ 菜单软键：与其左侧显示的菜单一一对应，按下该软键激活相应的菜单。

⑯ LCD 显示屏：3.5in TFT（320×240）彩色液晶显示屏，显示当前功能的菜单和参数设置、系统状态以及提示消息等内容，详细信息请参考"用户界面"一节。

2. 后面板介绍

DG1000Z 系列任意波信号发生器的后面板如图 1.2.3 所示。

各功能按钮的介绍如下：

① CH1 同步/外调制/触发连接器［CH1/Sync/Ext Mod/Trig/FSK］：

BNC：母头连接器，标称阻抗为 50Ω，其功能由 CH1 当前的工作模式决定。

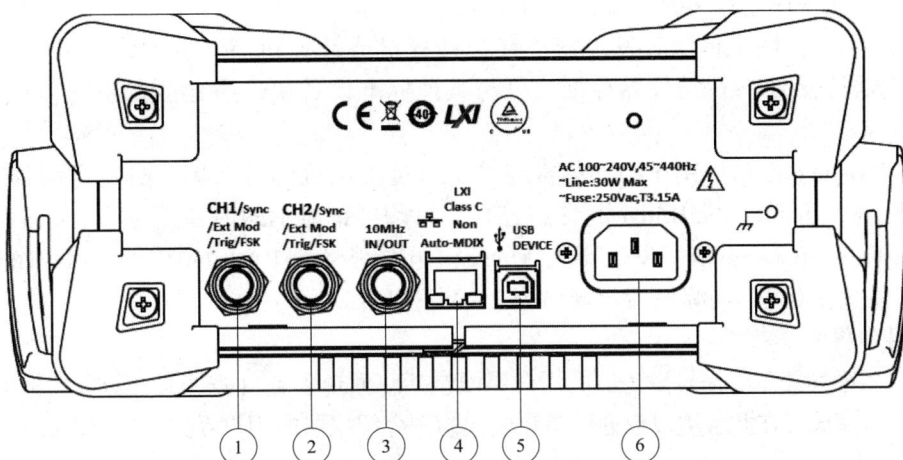

图 1.2.3　DG1000Z 系列任意波信号发生器的后面板图

● Sync：打开 CH1 输出时，该连接器输出与 CH1 当前配置相匹配的同步信号。

● Ext Mod：若 CH1 开启 AM、FM、PM 或 PWM 并且使用外部调制源，该连接器接收一个来自外部的调制信号。

● FSK：若 CH1 开启 ASK、FSK 或 PSK 并且使用外部调制源，该连接器接收一个来自外部的调制信号（可设置该信号的极性）。

● Trig In：若 CH1 开启 Sweep 或 Burst 功能并且使用外部触发源，该连接器接收一个来自外部的触发信号（可设置该信号的极性）。

● Trig Out：若 CH1 开启 Sweep 或 Burst 功能并且使用内部或手动触发源，该连接器输出具有指定边沿的触发信号。

② CH2 同步/外调制/触发连接器〔CH2/Sync/Ext Mod/Trig/FSK〕：

BNC：母头连接器，标称阻抗为 50Ω，其功能由 CH2 当前的工作模式决定。

● Sync：打开 CH2 输出时，该连接器输出与 CH2 当前配置相匹配的同步信号。

● Ext Mod：若 CH2 开启 AM、FM、PM 或 PWM 且使用外部调制源，该连接器接收一个来自外部的调制信号。

● FSK：若 CH2 开启 ASK、FSK 或 PSK 且使用外部调制源，该连接器接收一个来自外部的调制信号（可设置该信号的极性）。

● Trig In：若 CH2 开启 Sweep 或 Burst 功能且使用外部触发源，该连接器接收一个来自外部的触发信号（可设置该信号的极性）。

● Trig Out：若 CH2 开启 Sweep 或 Burst 功能且使用内部或手动触发源，该连接器输出具有指定边沿的触发信号。

③ 10MHz 输入/输出连接器〔10MHz In/Out〕：

BNC：母头连接器，标称阻抗为 50Ω，其功能由仪器使用的时钟类型决定。

● 10MHz Out：若仪器使用外部时钟源，该连接器（用作 10MHz In）接收一个来自外部的 10MHz 时钟信号。

● 10MHz In：若仪器使用内部时钟源，该连接器（用作 10MHz Out）可输出由仪器内部晶振产生的 10MHz 时钟信号。

该连接器通常用于在多台仪器之间建立同步。

④ LAN 接口：用于将信号发生器连接至计算机或计算机所在的网络，进行远程控制。本信号发生器符合 LXI-C 类仪器标准，可与其他标准设备快速搭建测试系统，轻松实现系统集成。

⑤ USB Device 接口：用于与计算机连接，通过上位机软件或用户自定义编程对信号发生器进行控制。还可与 PictBridge 打印机连接，打印屏幕显示的内容。

⑥ AC 电源插口：本信号发生器支持的交流电源规格为 100～240V、45～440Hz、最大输入功率不可超过 30W。电源保险丝规格为 250V、T3.15A。

**三、用户界面**

DG1000Z 系列任意波信号发生器的用户界面包括双通道参数（默认）、双通道图形和单通道显示三种显示模式。在此着重以双通道参数模式为例介绍仪器的用户界面，如图 1.2.4 所示。

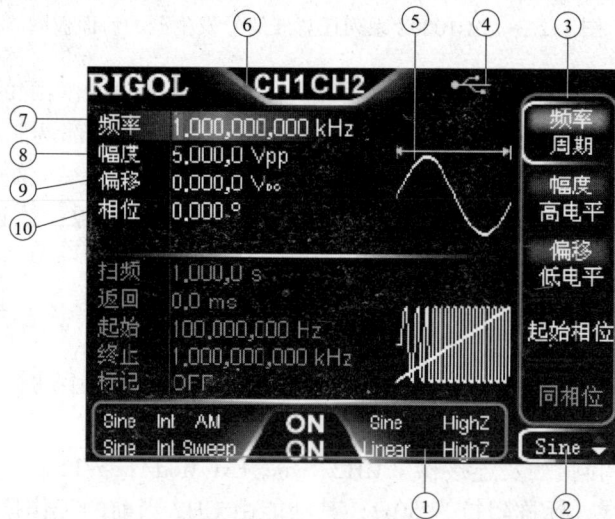

图 1.2.4　双通道参数显示模式的用户界面

各标号的功能说明如下：

① 通道输出配置状态栏：显示各通道当前的输出配置，如图 1.2.5 所示。

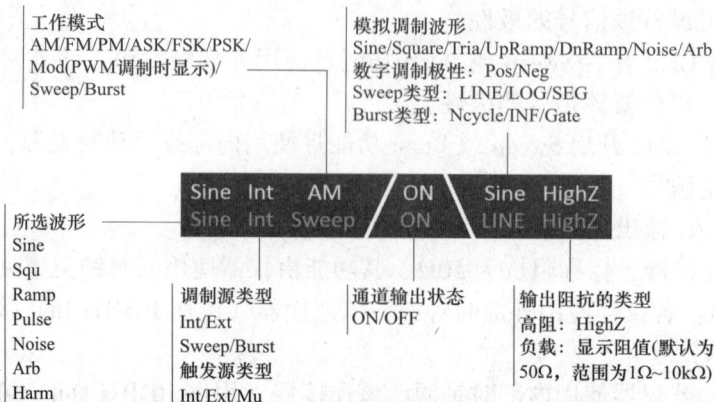

图 1.2.5　通道输出配置

② 当前功能：显示当前已选中功能的名称。例如"Sine"表示当前选中正弦波功能；"Edit"表示当前选中任意波编辑功能。

③ 菜单：显示当前已选中功能对应的操作菜单。

④ 状态栏：

▓ LXI ▓：仪器正确连接至局域网时显示。

▓ 🔁 ▓：仪器工作于远程模式时显示。

▓ 🔌 ▓：仪器检测到 U 盘时显示。

⑤ 波形：显示各通道当前选择的波形。

⑥ 通道状态栏：指示当前通道的选中状态和开关状态。选中 CH1 时，状态栏边框显示黄色；选中 CH2 时，状态栏边框显示蓝色；打开 CH1 时，状态栏中"CH1"以黄色高亮显示；打开 CH2 时，状态栏中"CH2"以蓝色高亮显示。

**注意**：可以同时打开两个通道，但不可同时选中两个通道。

⑦ 频率：显示各通道当前波形的频率。按相应的 ▓频率/周期▓ 使"频率"突出显示，通过数字键盘或旋钮改变该参数。

⑧ 幅值：显示各通道当前波形的幅值。按相应的 ▓幅值/高电平▓ 使"幅值"突出显示，通过数字键盘或旋钮改变该参数。

⑨ 偏移：显示各通道当前波形的直流偏移。按相应的 ▓偏移/低电平▓ 使"偏移"突出显示，通过数字键盘或旋钮改变该参数。

⑩ 相位：显示各通道当前波形的相位。按相应的 ▓起始相位▓ 菜单后，通过数字键盘或旋钮改变该参数。

按 ▓Utility▓→系统设置→显示设置→显示模式，选择"双通道图形"即可切换为双通道图形显示模式，如图 1.2.6 所示。

按 ▓Utility▓→系统设置→显示设置→显示模式，选择"单通道显示"即可切换为单通道显示模式，如图 1.2.7 所示。

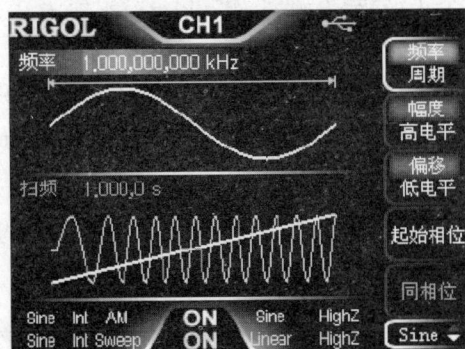

图 1.2.6　双通道图形显示模式的用户界面　　　图 1.2.7　单通道显示模式的用户界面

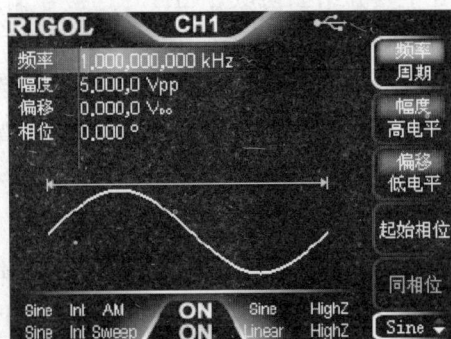

**四、DG1000Z 系列任意波信号发生器的基本操作**

1. 开机

正确连接电源后，按下前面板的电源键 ▓◉▋▓，打开信号发生器。开机过程中仪器执行初始化过程和自检过程。结束后，屏幕进入默认界面。如无法正常开机，需要检查后再处理。

2. 设置系统语言

DG1000Z 系列任意波信号发生器支持中文和英文两种系统语言，可以按 [Utility]→Language，选择所需的语言类型。

3. 输出基本波形

DG1000Z 系列任意波信号发生器可从单通道或同时从双通道输出，正弦波、方波、锯齿波、脉冲和噪声五种基本波形。前面板提供五个功能按键用于选择相应的波形。按下相应的按键即可选中所需波形，此时按键背灯点亮，用户界面右侧显示相应的功能名称及参数设置菜单（见表 1.2.2）。开机时，仪器默认选中正弦波。

表 1.2.2　　　　　　　　　　　　基 本 波 形

| 基本波形 | | 正弦波 | 方波 | 锯齿波 | 脉冲 | 噪声 |
|---|---|---|---|---|---|---|
| 功能按键 | | Sine | Square | Ramp | Pulse | Noise |
| 功能名称 | | Sine | Squ | Ramp | Pulse | Noise |
| 参数 | 频率/周期 | √ | √ | √ | √ | |
| | 幅度/高电平 | √ | √ | √ | √ | √ |
| | 偏移/低电平 | √ | √ | √ | √ | √ |
| | 起始相位 | √ | √ | √ | √ | |
| | 同相位 | √ | √ | √ | √ | |
| | 占空比 | | √ | | | |
| | 对称性 | | | √ | | |
| | 脉宽/占空比 | | | | √ | |
| | 上升沿 | | | | √ | |
| | 下降沿 | | | | √ | |

此处主要介绍如何从 [CH1] 连接器输出一个正弦波（频率为 20kHz，幅值为 2.5Vpp，偏移量为 500mVDC，起始相位为 90°）。

（1）选择输出通道。按通道选择键 [Utility] 选中 CH1。此时通道状态栏边框以黄色标识。

（2）选择正弦波。按 [Sine] 选择正弦波，背灯变亮表示功能选中，屏幕右方出现该功能对应的菜单。

（3）设置频率/周期。按 [频率/周期] 使"频率"突出显示，通过数字键盘输入 20，在弹出的菜单中选择单位 kHz。频率范围为 $1\mu Hz \sim 60MHz$，可选的频率单位有 MHz、kHz、Hz、mHz、$\mu Hz$；再次按下此软键切换至周期的设置，可选的周期单位有 sec、msec、$\mu sec$、nsec。

（4）设置幅值。按 [幅值/高电平] 使"幅值"突出显示，通过数字键盘输入 2.5，在弹出的菜单中选择单位 Vpp。幅值范围受阻抗和频率/周期设置的限制。可选的幅值单位有 Vpp、mVpp、Vrms、mVrms、dBm（仅当 [Utility]→通道设置→输出设置→阻抗为非高阻时，dBm 有效）；再次按下此软键切换至高电平设置，可选的高电平单位有 V、mV。

说明：

1）Vpp 是表示信号峰峰值的单位，Vrms 是表示信号有效值的单位。仪器默认使用 Vpp。按数字键盘中的 ⬚ 键可快速切换当前幅度的单位。二者之间的关系为 $Vpp = 2\sqrt{2}\,Vrms$。

2）dBm 是表示信号功率绝对值的单位，dBm 与 Vrms 之间满足：

$$dBm = 10\lg\left(\frac{Vrms^2}{R} \times \frac{1}{0.001W}\right)$$

其中，$R$ 表示通道的输出阻抗值，必须为确定的数值，因此输出阻抗为高阻时，不可使用单位 dBm。按数字键盘中的 ⬚ 键选择 dBm 可将幅度 Vrms 转换为以 dBm 为单位对应的值。

（5）设置偏移电压。按 ⬚ 使"偏移"突出显示，通过数字键盘输入 500，在弹出的菜单中选择单位 mVDC。偏移范围受阻抗和幅值/高电平设置的限制，可选的偏移单位有 VDC 和 mVDC；再次按下此软键切换至低电平设置。低电平应至少比高电平小 1mV（输出阻抗为 50Ω 时），可选的低电平单位有 V 和 mV。

（6）设置起始相位。按 ⬚，通过数字键盘输入 90，在弹出的菜单中选择单位"°"。起始相位值范围为 0°～360°。

（7）启用输出。按 ⬚ 键，背灯变亮，［CH1］连接器以当前配置输出正弦波信号。

（8）观察输出波形。使用 BNC 连接线将 DG1032Z 的［CH1］与示波器相连接，图 1.2.8 为由示波器观察到的波形。

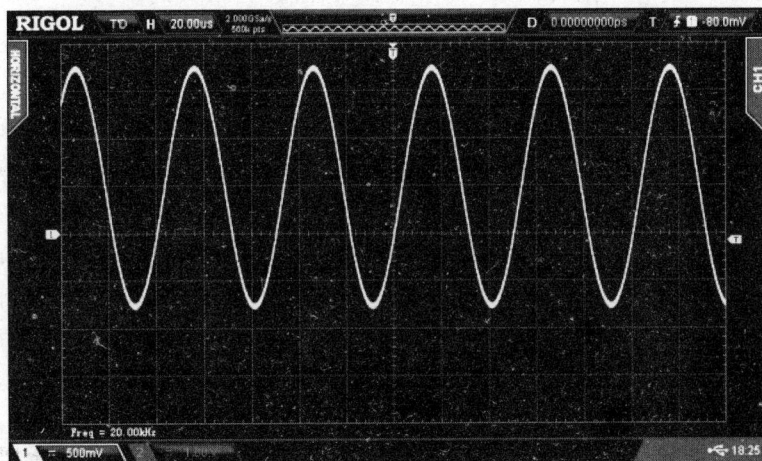

图 1.2.8　示波器显示 DG1000Z 输出的正弦波

**4. 输出任意波**

DG1000Z 系列任意波信号发生器可从单通道或同时从双通道输出仪器内建或用户自定义的任意波形。内建任意波形多达 160 种，存储在仪器内部非易失性存储区。此外，DG1000Z 允许用户编辑任意波形，波形点数可为 8～16384（16k）个，即 8～16kbit/s。已编辑的波形可以存储在仪器内部或外部存储器中（＊.RAF 格式）。

DG1000Z 系列任意波信号发生器的标配存储深度为 8M 个数据点（8Mbit/s），并提供 16Mbit/s 深存储选件。用户可以通过上位机软件编辑任意波，通过远程接口下载至仪器或通过 U 盘读取后输出。

此处主要介绍如何从［CH1］连接器输出一个用户自定义的任意波（点编辑，采样点编辑模式，循环周期为 1s，高电平为 4V，低电平为 -2V，初始化点数为 8，点 1~点 4 的电压为 4V，点 5~点 8 的电压为 -2V）。

（1）选择输出通道。按通道选择键 ⟨CH1|CH2⟩ 选中 CH1。此时通道状态栏边框以黄色标识。

（2）启用任意波功能。按 ⟨Arb⟩ 键进入任意波设置界面。按照"输出基本波形"的介绍，设置任意波的频率、幅值、偏移和相位等参数。

（3）编辑任意波。按 ⟨Arb⟩→编辑波形，打开任意波编辑菜单：

1）按"模式"选择"采样点"。

2）按"循环周期"，使用数字键盘输入"1"，并在弹出的菜单中选择单位"sec"。

3）按"高电平"，使用数字键盘输入"4"，并在弹出的菜单中选择单位"V"。

4）按"低电平"，使用数字键盘输入"-2"，并在弹出的菜单中选择单位"V"。

5）按"点数"，使用数字键盘输入"8"后按"确认"，此时出现一条 -2V 的电平线。

6）按"点编辑"，进入点编辑界面。

按"采样点"，开始定义点 1。直接按"电压键"，使用数字键盘输入"4"，并在弹出的菜单中选择单位"V"。再次按"采样点"，使用数字键盘或旋钮选择点 2，然后按"电压键"，使用数字键盘输入"4"，并在弹出的菜单中选择单位"V"。使用上述方法输入点 3~点 8 的电压值。

（4）选择波形。按 ⟨Arb⟩→选择波形→易失波形，选择已编辑的波形。

（5）启用输出。按 ⟨Output⟩ 键，背灯变亮，［CH1］连接器以当前配置输出已编辑的任意波。

（6）观察输出波形。使用 BNC 连接线将 DG1000Z 的 CH1 与示波器相连接，此时可通过示波器观察任意波的波形。

**五、频率计的使用**

DG1000Z 系列任意波信号发生器提供频率计功能，可以测量外部输入信号的频率、周期、占空比、正脉宽及负脉宽等参数，并支持对测量结果的统计。统计功能开启时，仪器自动计算测量值的最大值、最小值、平均值和标准差，并且可以以"数字"和"动态曲线"两种形式显示测量值的变化趋势。双通道输出可与频率计测量同时工作。

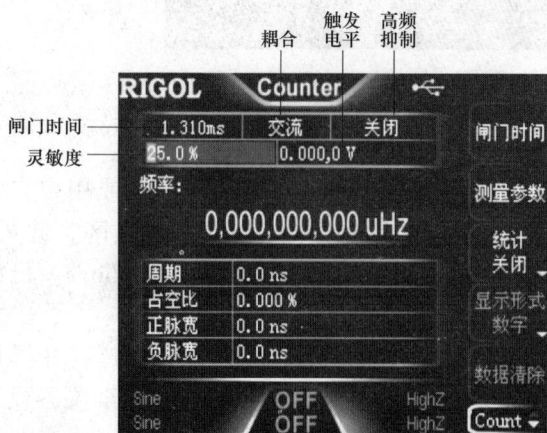

图 1.2.9　频率计设置界面

**1. 启用频率计**

按前面板的 ⟨Counter⟩ 按键，背灯变亮，左侧指示灯闪烁，打开频率计功能，同时进入频率计设置界面，如图 1.2.9 所示。

若当前频率计已打开，且屏幕处于频率计界面，再次按下 ⟨Counter⟩ 按键则关闭频率计功能；若当前频率计已打开，且屏幕处于非频率计界面，再次按下 ⟨Counter⟩ 键则跳转到频率计显示界面。

**注意**：频率计功能打开时，CH2 的同步输出将会关闭。

**2. 设置频率计**

（1）闸门时间。按 闸门时间 软键，选择测量系统的闸门时间，默认为"1.310ms"。测量系统的闸门时间见表1.2.3。

表 1.2.3 　　　　　　　　　　　　测量系统的闸门时间

| 测量时间 | 闸门时间 | 测量时间 | 闸门时间 |
| --- | --- | --- | --- |
| 1ms | 1.310ms | 1s | 1.342s |
| 10ms | 10.48ms | 10s | 10.73s |
| 100ms | 166.7ms | >10s | >10s |

（2）选择被测参数。按 测量参数 软键，选择频率计测量的参数类型。频率计可以测量如下参数：频率、周期、占空比、正脉宽和负脉宽。默认为"频率"。

（3）统计功能。按 统计关闭 软键开启或关闭频率计的统计功能。统计功能开启时，仪器自动计算测量值的最大值、最小值、平均值和标准差，并且可以以"数字"和"动态曲线"两种形式显示测量值的变化趋势。

1）选择显示形式。统计功能开启后，按 显示形式数字 软键可选择统计结果的显示形式为"数字"或"动态曲线"，如图1.2.10和图1.2.11所示。

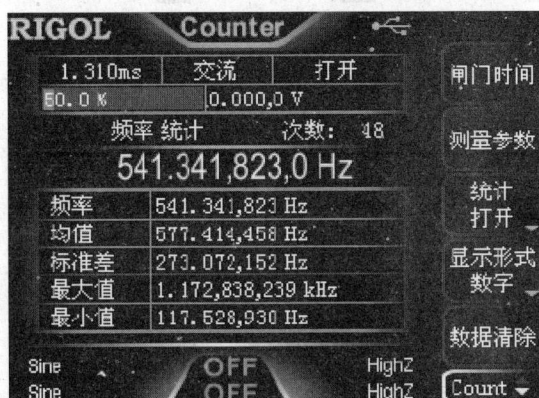

图 1.2.10 统计结果数字显示界面

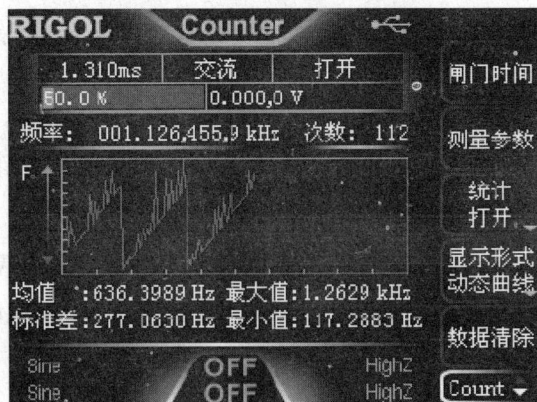

图 1.2.11 统计结果动态曲线显示界面

**注意：** 统计功能关闭时， 显示形式数字 菜单置灰禁用。

2）清除统计结果。按 数据清除 软键，信号源清除当前的统计结果。

**注意：** 统计功能关闭时， 数据清除 菜单置灰禁用。

（4）灵敏度。设置测量系统的触发灵敏度，默认为25%，可设置范围为0%~100%。按"灵敏度"软键，使用数字键盘输入所需的数值，在弹出的单位菜单中选择"%"。

（5）触发电平。设置测量系统的触发电平。当输入信号达到指定的触发电平时，系统触发并获取测量读数。默认值为0V，可设置范围为-2.5~2.5V。按"触发电平"软键，使用数字键盘输入所需的数值，在弹出的单位菜单中选择所需的单位（V或mV）。

（6）耦合。设置输入信号的耦合方式"AC"或"DC"，默认为"AC"。

（7）高频抑制。在测量低频信号时，高频抑制可用于滤除高频成分，提高测量精确度。按"高频抑制"软键开启或关闭高频抑制功能。

**注意**：在测量频率小于 250kHz 的低频信号时，打开高频抑制，以滤除高频噪声干扰；在测量频率大于 250kHz 的高频信号时，关闭高频抑制，此时最大输入频率可为 200MHz。

（8）自动。按下该菜单软键，仪器根据被测信号的特征自动选择合适的闸门时间。频率计界面闸门时间区域显示"AUTO"。

（9）运行状态。按下该菜单软键可控制频率计的运行状态。当按下前面板 Counter 键时，频率计自动进入"运行"状态，以当前的配置连续对输入信号进行测量。按"运行状态"菜单软键，频率计首先进入"单次"状态，完成正在进行的测量后进入"停止"状态。当频率计进入"停止"状态后，每按一次"单次"键，频率计执行一次测量。

### 六、DG1000Z 系列任意波信号发生器的帮助系统

DG1000Z 系列任意波信号发生器内置帮助系统对于前面板上的每个功能按键和菜单软键都提供了帮助信息。用户可在操作仪器的过程中随时查看任意键的帮助信息。

1. 获取内置帮助的方法

按下 Help 键，背灯点亮，然后再按下所需要获得帮助的功能按键或菜单软键，仪器界面显示该键的帮助信息。

2. 帮助的翻页操作

当帮助信息为多页显示时，通过菜单软键 ▲ （上一行）/ ▼ （下一行）/ ⟰ （上一页）/ ⟱ （下一页）或旋钮可滚动帮助信息页面。

3. 关闭当前的帮助信息

当仪器界面显示帮助信息时，用户按下前面板上的任意功能按键（除 Output1 键和 Output2 键外），将关闭当前显示的帮助信息并跳转到相应的功能界面。

4. 常用帮助主题

连续按两次 Help 键打开常用帮助主题列表。此时，可通过按 ▲/▼/⟰/⟱ 菜单软键或旋转旋钮滚动列表，然后按"选择"选中相应的帮助信息进行查看。

## 1.3　数字万用表

万用表是一种多用途的测量仪表，它可以测量电阻、直流电压、交流电压、直流电流、电感、电容、晶体管电流放大系数等多种参数。其使用灵活，操作简单，读数可靠，携带方便，用途广泛。

万用表的种类繁多，根据测量原理及测量结果显示方式的不同，可分为模拟指针式万用表和数字万用表。由于数字式万用表的使用灵活，操作简单，读数可靠，携带方便等特点，成为各类实验室必备的测量仪表。

### 一、数字式万用表的工作原理

数字式万用表的测量过程如图 1.3.1 所示。模拟信号先由模数转换器（A/D 转换器）将被测模拟量转换为数字量，然后通过电子计算器的计算，最后把测量结果以数字的形式直接显示在数字显示器上。

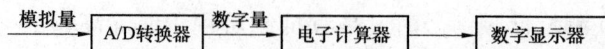

模拟量 → A/D转换器 → 数字量 → 电子计算器 → 数字显示器

图 1.3.1　数字式万用表的测量过程

**二、DM3058/DM3058E 数字万用表及面板功能简介**

1. DM3058/DM3058E 的基本功能

DM3058/DM3058E 是一款 5½ 位双显数字万用表，它是针对高精度、多功能、自动测量的用户需求而设计的产品，集基本测量功能、多种数学运算功能、任意传感器测量等功能于一身。

DM3058/DM3058E 拥有高清晰的 256×64 点阵单色液晶显示屏，易于操作的键盘布局和清晰的按键背光和操作提示，使其更具灵活、易用的操作特点；支持 RS-232、USB、LAN（仅 DM3058）和 GPIB（仅 DM3058）接口。

2. DM3058/DM3058E 的前面板布局

DM3058/DM3058E 数字万用表的前面板布局如图 1.3.2 所示。

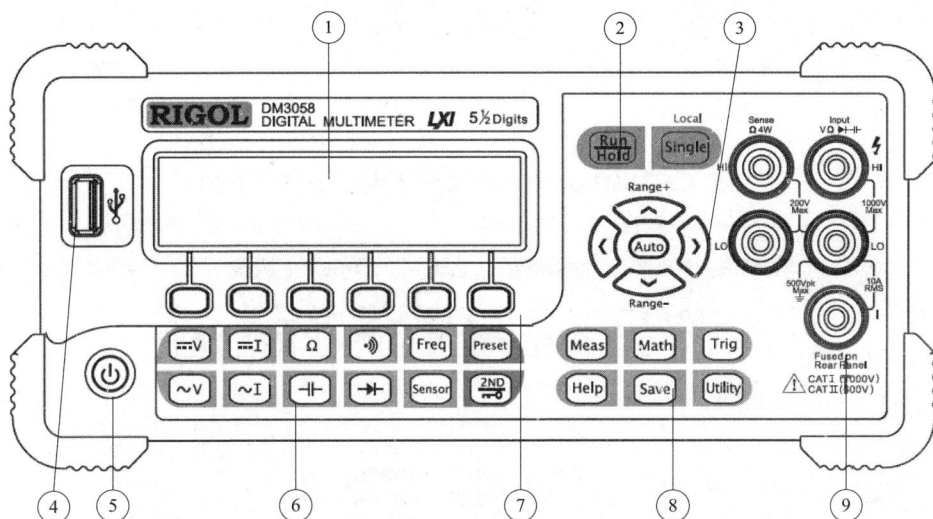

图 1.3.2　DM3058/DM3058E 数字万用表的前面板图

编号说明如下：

①LCD 显示屏；②黄色按键区（使能触发键盘）；③方向键；④USB Host；⑤电源键；⑥灰色按键区（基本测量功能键）；⑦菜单操作键；⑧蓝色按键区（辅助测量功能键）；⑨信号输入键。

3. DM3058/DM3058E 的后面板布局

DM3058/DM3058E 数字万用表的后面板布局如图 1.3.3 所示。

编号说明如下：

①电流输入保险丝；②LAN；③GPIB（IEEE-488）；④电源插口；⑤USB Device；⑥RS-232 串口；⑦电力保险丝；⑧交流电压选择器；⑨电源开关。

4. DM3058/DM3058E 的用户界面

打开 DM3058/DM3058E 后面板的电源开关，按下前面板的电源键，等待数秒后，仪器显示画面。DM3058/DM3058E 户界面有双显和单显两种，如图 1.3.4 所示。

**三、DM3058/DM3058E 基本测量功能**

DM3058/DM3058E 万用表的基本测量功能包括测量直流电压、测量交流电压、测量直流电流、测量交流电流、测量电阻、测量电容、测试连通性、检查二极管、测量频率或周期等。

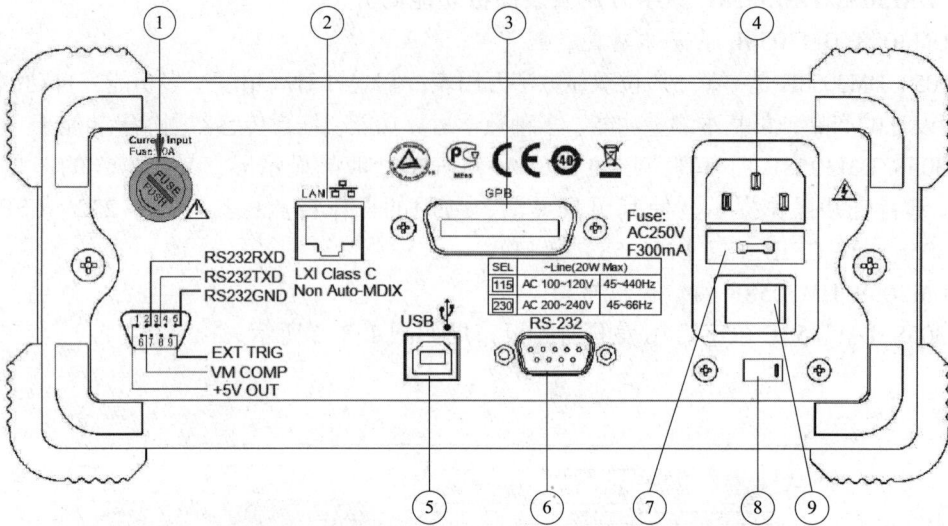

图 1.3.3 DM3058/DM3058E 数字万用表的后面板图

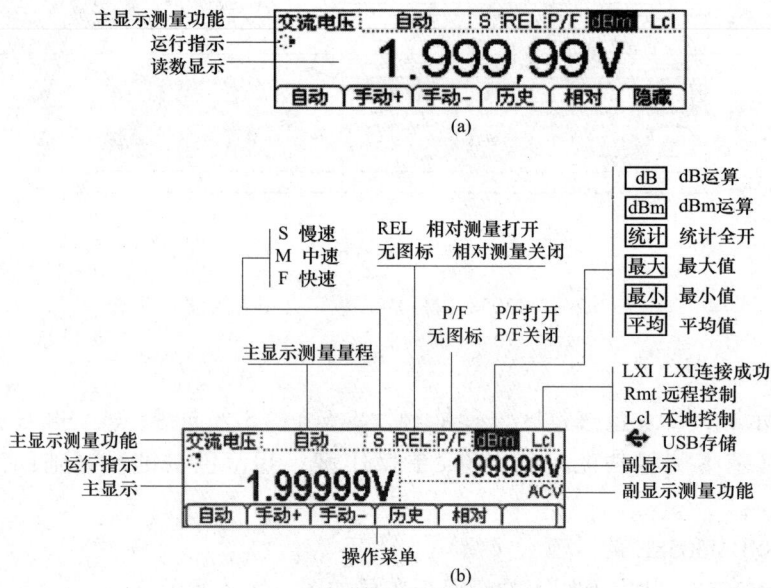

(a)

(b)

图 1.3.4 用户界面

（a）单显界面；（b）双显界面

1. 测量直流电压

DM3058/DM3058E 万用表可测量最大 1000V 的直流电压。

（1）按下前面板的 $\boxed{\text{─V}}$ 键，进入直流电压测量界面。

（2）连接测试引线和被测电路，红色测试引线接 Input-HI 端，黑色测试引线接 Input-LO 端。

（3）根据测量电路的电压范围，选择合适的电压量程。

（4）读取测量值。

2. 测量直流电压

DM3058/DM3058E 万用表可测量最大 750V 的交流电压。

（1）按下前面板的 $\boxed{\sim\text{V}}$ 键，进入交流电压测量界面。

（2）连接测试引线和被测电路，红色测试引线接 Input-HI 端，黑色测试引线接 Input-LO 端。

（3）根据测量电路的电压范围，选择合适的电压量程。

（4）读取测量值。

3. 测量直流电流

DM3058/DM3058E 万用表可测量最大 10A 的直流电流。

（1）按下前面板的 $\boxed{\text{---I}}$ 键，进入直流电流测量界面。

（2）连接测试引线和被测电路，红色测试引线接 Input-I 端，黑色测试引线 Input-LO 端。

（3）根据测量电路的电流范围，选择合适的电流量程。

（4）读取测量值。

4. 测量交流电流

DM3058/DM3058E 万用表可测量的最大 10A 的交流电流。

（1）选中前面板的 $\boxed{\sim\text{I}}$ 按键，进入交流电流测量界面。

（2）连接测试引线和被测电路，红色测试引线接 Input-I 端，黑色测试引线 Input-LO 端。

（3）根据测量电路的电流范围，选择合适的电流量程。

（4）读取测量值。

5. 测量电阻

DM3058/DM3058E 万用表提供二线、四线两种电阻测量模式。

（1）二线电阻：

1）按下前面板的 $\boxed{\Omega}$ 键，选择二线电阻模式，进入二线电阻测量界面。

2）连接测试引线和被测电阻，红色测试引线接 Input-HI 端，黑色测试引线接 Input-LO 端。

3）根据测量电阻的阻值范围，选择合适的电阻量程。

4）读取测量值。

**操作提示：** 当测量较小阻值电阻时，建议使用相对值运算，可以消除测试导线阻抗误差。

（2）四线电阻：

当被测电阻阻值小于 100kΩ，测试引线的电阻和探针与测试点的接触电阻与被测电阻相比已不能忽略不计时，若仍采用二线法测量必将导致测量误差增大，此时可以使用四线法进行测量。

1）连续按 $\boxed{\Omega}$ 切换到四线电阻模式，进入四线电阻测量界面。

2）连接测试引线，红色测试引线接 Input-HI 和 HI Sense 端，黑色测试引线接 Input-LO 和 LO Sense 端。

3）根据被测电阻的阻值范围，选择合适的电阻量程，读取测量值。

**注意事项**：测量电阻时，电阻两端不能放置在导电桌面或用手拿着进行测量，这样会导致测量结果不准确，而且电阻越大，影响越大。

6. 测量电容

DM3058/DM3058E 万用表可测量最大 10000μF 的电容。

（1）按下前面板的 ⎣┤⊢⎦ 键，进入电容测量界面。

（2）将测试引线接于被测电容两端，红色测试引线接 Input-HI 端和电容的正极，黑色测试引线接 Input-LO 端和电容的负极。

（3）根据被测电容的容值范围，选择合适的电容量程，然后读取测量结果。

**操作提示**：用万用表测量电解电容前，每次都要用测试引线将电解电容的两个脚短接一下进行放电，然后才可以测量。

7. 测试连通性

当短路测试电路中测量的电阻值低于设定的短路电阻时，仪器判断电路是连通的，发出蜂鸣提示音（声音已打开）。

（1）按下前面板的 ⎣·⊙⎦ 键，进入测量电路的连通性界面。

（2）连接测试引线和被测电路，红色测试引线接 Input-HI 端，黑色测试引线接 Input-LO 端。

（3）设置短路电阻值。短路电阻值的默认值为 10Ω。

8. 检查二极管

（1）按下前面板的 ⎣→⊦⎦ 键，进入二极管检测界面。

（2）连接测试引线和被测二极管，红色测试引线接 Input-HI 端和二极管正极，黑色测试引线接 Input-LO 端和二极管负极。

（3）检查二极管通断情况。二极管导通时，仪器发出一次蜂鸣（声音已打开）。

9. 测量频率或周期

被测信号的频率或周期可以在测量该信号的电压或电流时，通过打开第二功能测量得到，也可以直接使用频率或周期测量功能键 ⎣Freq⎦ 进行测量。下面将介绍如何直接使用功能键 ⎣Freq⎦ 进行测量。

（1）测量频率：

1）按下前面板的 ⎣Freq⎦ 键，进入频率测量界面。

2）连接测试引线，红色测试引线接 Input-HI 端，黑色测试引线接 Input-LO 端，读取测量值。

（2）测量周期：

1）连续按 ⎣Freq⎦ 进入周期测量界面。

2）连接测试引线，红色测试引线接高电压 HI 端，黑色测试引线接低电压 LO 端读取测量值。

## 1.4　数字电路实验系统

数字电路实验系统适用于数字电子技术实验、数字系统设计及集成电路应用研究等实验项目。

　　数字电路实验系统通常带有可调脉冲输出、单脉冲、逻辑开关、LED 显示、IC 插座、阻容元件插座等基本配置，另有逻辑测试笔、电位器、直流电源源及常用 BCD 译码器显示等。

　　数字电路实验系统面板图如图 1.4.1 所示，下面简单介绍一下各部分的使用。

图 1.4.1　数字电路实验系统

　　① 电源输出电路。数字电路实验系统提供了一组直流电源+5V 和地。开发板连接电源适配器后，电源输出电路即可工作。

　　② 信号源。信号源包含可调脉冲源、固定频率方波信号和单次脉冲源。

　　可调脉冲源，输出频率 10Hz～100kHz 的方波信号，可以通过电位器旋钮调节输出脉冲频率。

　　固定频率方波信号可提供 1Hz、10Hz 和 1kHz 三个方波信号。

　　单次脉冲源，按动单脉冲触发按键，即产生一个阶跃脉冲输出。单脉冲 PPULSE "⎍" 表示常态为低电平，按下按键有上升沿然后高电平，松开按键经下降沿然后回到低电平；单脉冲 NPULSE "⎍" 表示常态为高电平，按下按键有下降沿然后低电平，松开按键经上升沿然后回到高电平。

　　③ 三态逻辑笔。利用逻辑笔可进行电平的测试，输入高电平时红色 LED 亮，输入低电平时绿色 LED 亮，没有电平信号输入或呈现高阻态时黄色 LED 亮。

　　④ IC 插座群。IC 插入插座后，可直接使用插座的输入插孔进行接线实验。

　　⑤ 数码显示电路。开发板上提供了两个带有 BCD 译码驱动电路的共阴极数码管只需接入 DCBA4 位二进制代码即可显示出相应的十进制数，其中 D 是高位，A 是低位。另外，还提供了一个共阴极数码管。

　　⑥ LED 二极管驱动电路。由 8 个 LED 发光管构成，当输入为高电平时，LED 灯亮；输入为低电平时，LED 灯灭。

　　⑦ 电平输出电路。K01～K10 向上拨，输出为高电平，指示灯亮；向下拨输出为低电平，指示灯灭。

# 第 2 章　NI Multisim 12 使用指南

## 2.1　NI Multisim 12 简介

电子设计自动化（electronic design automation，EDA）是现代电子工程领域的一门新技术，它提供了基于计算机和信息技术的电路系统设计方法。

传统的电子电路与系统设计方法，周期长、耗材多、效率低，难以满足电子技术飞速发展的要求。从 20 世纪 80 年代开始，随着计算机技术的飞速发展，电子电路的分析与设计方法发生了重大变革，Pspice、EWB 等一大批各具特色的优秀电子设计自动化软件的出现，改变了以定量估算和电路实验为基础的电路设计方法，极大地提高了电子电路与系统的设计质量和效率。熟练掌握和运用 EDA 技术是电类专业的基本要求，也是当今电子电路分析与设计人员必须具备的基本技能之一。

EDA 技术和设计手段，是指使用硬件描述语言表达设计意图，以大规模集成器件作硬件载体，以计算机、大规模可编程逻辑器件的开放软件及实验开发系统位设计工具，自动完成用软件方式设计的电子系统，是一种电子元件产品和系统设计的综合技术。

随着 EDA 技术的发展，其涉及的内容也日趋庞大，不仅涉及用计算机技术的某几种软、硬件开发系统的方法来完成硬件设计和实现，而且还与现代自动化设计中行为与结构综合的概念、自顶向下的设计理念等内容相结合。

NI Multisim 12 是美国国家仪器有限公司推出的 NI Circuit Design Suite 12 中的一个重要组成部分，其前身为虚拟电子实验室（electronics work-bench，EWB）。NI Multisim 是一种交互式电路模拟软件，是一种 EDA 工具，它为用户提供了丰富的元件库和功能齐全的各类虚拟仪器，主要用于对各种电路进行全面的仿真分析和设计。NI Multisim 提供了集成化的设计环节，能完成原理图的设计输入、电路仿真分析、电路功能测试等工作。当需要改变电路参数和电路结构仿真时，可以清楚地观察到各种变化电路对性能的影响。用户还可以自己添加新元件，操作简单，分析和仿真功能十分强大。用 NI Multisim 进行电路的仿真，实验成本低、速度快、效率高。熟练使用该软件可以大大缩短产品研发的时间。

针对不同的用户需要，NI Multisim12 发行了多个版本，分为增强专业版（Power Professional）、专业版（Professional）、个人版（Personal）、教育版（Education）、学生版（Student）和演示版（Demo）等。这里仅对 Multisim12 教育版进行介绍。

NI Multisim 12 有直观的图形界面、丰富的元器件库、丰富的测试仪器仪表、完备的分析手段、强大的仿真能力、完美的兼容能力、丰富的在线帮助、高效的电路设计等特点。

NI Multisim 12 易学易用，便于电子信息、通信工程、自动化、电气控制类专业学生自学，便于开展综合性的设计和实验，有利于培养学生综合分析能力、开发和创新的能力。

## 2.2 NI Mutisim 12 的基本操作界面

### 一、主窗口

单击开始—程序—National Instruments—Circuit Design Suite 12.0—Multisim 12.0，启动 NI Multisim12，弹出如图 2.2.1 所示的界面，即 NI Multisim12 的基本操作界面，该界面主要由标题栏、菜单栏、工具栏、元器件栏、设计管理窗口、电路工作区、仪器仪表栏、电子表格查看窗口、状态栏以及仿真开关等组成。这个界面相当于一个虚拟的电子实验平台。

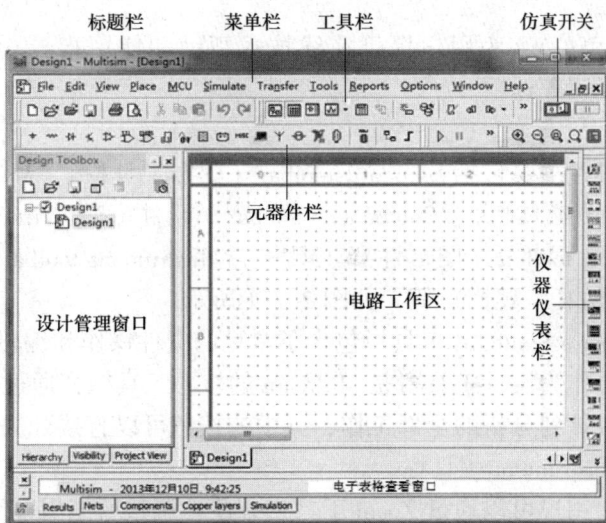

图 2.2.1 NI Multisim 12 的基本操作界面

### 二、菜单栏

NI Multisim12 有 12 个菜单项，如图 2.2.2 所示。菜单中提供了软件所有的功能命令。

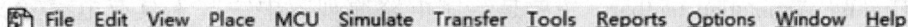

图 2.2.2 NI Multisim 12 菜单栏

（1）File（文件菜单）：提供了 17 个文件操作命令，如打开、保存、打印等，主要用于管理所创建的电路文件。

（2）Edit（编辑菜单）：提供对电路和元件进行剪切、粘贴、旋转等 23 个操作命令，主要用于在电路绘制过程中，对电路和元器件进行各种技术性处理。

（3）View（视图菜单）：提供了 21 个用于控制仿真界面上显示的内容、缩放电路原理图和查找元件等操作命令。

（4）Place（放置菜单）：提供了在电路工作窗口内放置元件、节点、导线、各种连线接口及文本等命令。

（5）MCU（微控制器菜单）：提供了带有微控制器的嵌入式电路仿真功能。所支持的微控制器芯片类型有 80C51 和 PIC 两类。

（6）Simulate（仿真菜单）：提供了常用的仿真设置与操作命令。

（7）Transfer（文件输出菜单）：提供仿真电路的各种数据与 Ultiboard12 数据相互传送的功能。

（8）Tools（工具菜单）：提供了常用电路创建向导和电路管理命令，主要用于编辑和管理元器件和元件库。

（9）Report（报告菜单）：用于产生指定元件存储在数据库中的所有信息和当前电路窗口中所有元件的详细参数报告。

（10）Options（选项菜单）：提供了用户需要设置电路功能、存储模式及工作界面功能。

（11）Window（窗口菜单）：提供了对一个电路的各个多页子电路以及不同的各个仿真电路同时浏览的功能。

（12）Help（帮助菜单）：为用户提供在线技术帮助和使用指导，包含帮助主页目录、帮助主题索引及版本说明等选项。

### 三、工具栏

Multisim 12 的工具栏主要包括 Standard toolbar（标准工具栏）、Main toolbar（系统工具栏）、View toolbar（视图工具栏）、Component toolbar（元件库）、Virtual toolbar（虚拟元件库）、Graphic Annotation toolbar（图形注释工具栏）、Instrument toolbar（虚拟仪器工具栏）和 Simulation toolbar（仿真工具栏）等，如图 2.2.1 所示。

（1）Standard toolbar。Standard 工具栏包含了常见的文件操作和编辑操作。

（2）Main toolbar。作为设计工具栏是 Multisim 的核心工具栏，通过对该工作栏按钮的操作可以完成对电路从设计到分析的全部工作，其中的按钮可以直接开关 Component 中的 Multisim Master 工具栏和 Instrument 工具栏。

（3）View toolbar。用户可以通过 Zoom 工具栏方便地调整所编辑电路的视图大小。

（4）Component toolbar。该工具栏有 14 个按钮，每一个按钮都对应一类元器件，其分类方式和 Multisim 元器件数据库中的分类相对应，通过按钮上图标就可大致清楚该类元器件的类型。具体的内容可以从 Multisim 的在线文档中获取。

（5）Virtual toolbar。该工具栏有 7 个按钮，提供 7 类虚拟元器件。

（6）Graphic Annotation toolbar。主要是绘制电路原理图中一些不具有电气意义的图形（包括画直线、折线、矩形、椭圆、弧线、多边形和粘贴图片等）及输入文字。

（7）Instruments toolbar。该工具栏集中了 Multisim 为用户提供的所有虚拟仪器仪表，用户可以通过按钮选择自己需要的仪器对电路进行观测。

（8）Simulation toolbar。该工具栏可以控制电路仿真的开始、结束和暂停。

## 2.3 元 器 件 库

Multisim 12 将所有的元器件模型分门别类的放到 18 个分类库中，每个元器件库放置同一种类型的元器件。有些元器件库中的元器件分为虚拟元器件和非虚拟元器件，虚拟元器件的参数可以任意设置，非虚拟元器件的参数是固定的，但可以根据需要选择，其中绿色衬底的元器件代表虚拟元器件。元器件库如图 2.3.1 所示。

### 一、电源/信号源库

电源/信号源库共有 6 个系列，包含功率源、信号电压源、信号电流源、控制电压源、

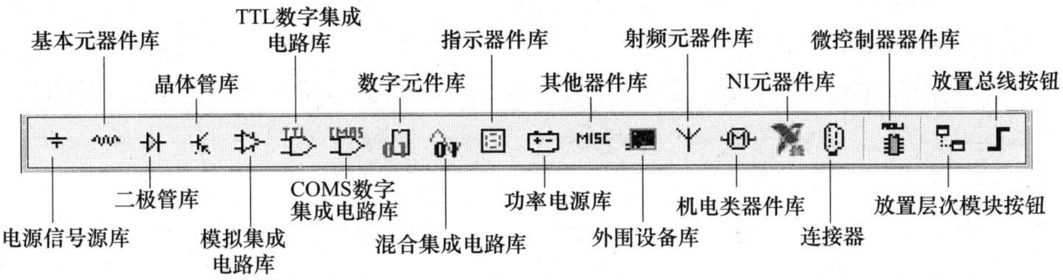

图 2.3.1　元器件库

控制电流源、控制函数和数字电源等。

**二、基本元器件库**

基本元器件库共有 16 个元器件系列，包含通用虚拟器件、定值虚拟器件、排阻、开关、变压器、非线性变压器、继电器、插座、常用绘图器件、电阻、电容、电感、电解电容、可调电容、可调电感以及电位器等基本元件。

**三、二极管库**

二极管库共有 14 个元器件系列，包含虚拟二极管、二极管、稳压管、开关二极管、发光二极管、保护二极管、二极管整流桥、可控硅整流桥、单向可控硅、双向二极管、双向可控硅、变容二极管、晶闸管以及 PIN 二极管等器件。

**四、晶体管库**

晶体管库中共有 21 个元器件系列，包含虚拟晶体管、NPN 型晶体管、PNP 型晶体管、互补晶体管、NPN 型复合管、PNP 型复合管、带阻 NPN 型晶体管、带阻 PNP 型晶体管、带阻互补型晶体管、绝缘栅双极型晶体管、耗尽型 MOS 场效应管、增强型 N 沟道 MOS 场效应管、增强型 P 沟道 MOS 场效应管、互补增强型 MOS 场效应管、N 沟道结型场效应管、P 沟道结型场效应管、N 沟道功率场效应晶体管、P 沟道功率场效应晶体管、互补型功率场效应晶体管、单结晶体管以及热分析模型等多种器件。

**五、模拟集成电路库**

模拟集成电路库共有 10 个元器件系列，包含模拟虚拟器件、运算放大器、诺顿运算放大器、比较器、微分放大器、宽带运放、音频放大器、电流检测放大器、仪表放大器以及特殊功能放大器等。

**六、TTL 数字集成电路库**

TTL 数字集成电路库共有 9 个元器件系列，包含 74 系列、74 系列 IC 结构、74S 系列、74S 系列 IC 结构、74LS 系列、74LS 系列 IC 结构、74F 系列、74ALS 系列以及 74AS 系列等 74 系列数字集成电路。

**七、CMOS 数字集成电路库**

CMOS 数字集成电路库共有 14 个系列，包含有 4000 系列（5V 和 5VIC 结构、10V 和 10VIC 结构、15V）、74HC 系列（2V、4V 和 4VIC 结构、6V）以及 TINY 系列（2~6V）等多种 CMOS 数字集成电路。

**八、数字元器件库**

数字元器件库共有 11 个系列，包含数字逻辑元件、DSP 芯片、FPGA 在线可编程逻辑器件、PLD 可编程逻辑器件、CPLD 复杂可编程逻辑器件、微控制器、微处理器、存储器、线性驱动器、线性接收器以及线性发送器等。

### 九、混合集成电路库

混合集成电路库共有 6 个元器件系列，包含混合虚拟元件、模拟开关、模拟开关 IC 结构、555 定时器、模数–数模转换器以及多谐振荡器等多种数模混合集成电路。

### 十、指示器件库

指示部件库共有 8 种可用来显示电路仿真结果的显示器件，包含电压表、电流表、发光探针、蜂鸣器、灯泡、虚拟灯泡、十六进制数码管以及条形光柱等。

### 十一、功率电源库

功率电源库共有 12 个系列，包括功率控制器、开关、开关控制器、开关电源控制器、开关电源辅助设备、标准稳压器见、稳压调节器件、压敏器件、LED 驱动器、微电器驱动器、保险丝以及混合电源等多种功率电源。

### 十二、其他器件库

其他器件库共有 14 个系列，包含虚拟多功能器件、光电耦合器、晶振、真空电子管、开关电源降压转换器、开关电源升压转换器、开关电源升降压转换器、有损耗传输线、无损耗传输线Ⅰ型、无损耗传输线Ⅱ型、滤波器、场效应管驱动器、杂项元件以及网络等多种器件。

### 十三、外围设备库

外围设备库共有 4 个系列，包含键盘组件、LCD 显示屏、液晶屏以及其他外围设备等器件。

### 十四、射频元器件库

射频元器件库共有 8 个系列，包含射频电容器、射频电感器、射频 NPN 晶体管、射频 PNP 晶体管、射频 MOSFET、隧道二极管、传输线以及铁氧体磁珠等射频元器件。

### 十五、机电类器件库

射频元器件库共有 8 个系列，包含设备、运动控制器、传感器、机械载荷、同步触点、线圈继电器、辅助开关以及保护装置等机电类器件。

### 十六、NI 元器件库

NI 元器件库共有 9 个系列，包含 5 种数据采集卡、2 个可配置嵌入式系统以及信号调理模块等。

### 十七、连接器

连接器共有 12 个系列，包含不同厂家的常用接插件。

### 十八、微控制器

控制器件库共有 4 个系列，包含 805X 系列单片机、PIC 系列芯片、读/写存储器以及制度存储器等。

## 2.4 仪器仪表库

Multisim 中的仪器仪表是一种具有虚拟面板的计算机仪器，主要由计算机和控制软件组成。操作人员通过图形用户界面用鼠标或键盘来控制仪器运行，以完成对电路的电压、电流、电阻及波形等物理量的测量。虚拟仪器与实际的仪器仪表的操作非常相似，这使仿真实验的操作更加直观、方便。

NI Multisim 12 的仪器仪表库存放有 20 多种虚拟仪器，包括数字万用表、函数信号发生器、示波器（模拟示波器和数字示波器）、波特图仪、字信号发生器、逻辑分析仪、瓦特表、失真度分析仪、频谱分析仪、网络分析仪、测量探针、Lab View 仪器以及电流探针等，如图 2.4.1 所示。

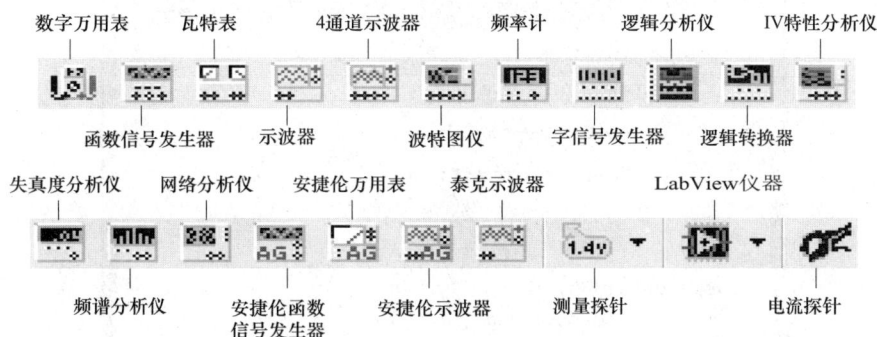

图 2.4.1　仪器仪表库

虚拟仪器仪表的基本操作方法是：

（1）仪器选用：从仪器仪表库中将所用的仪器图标用鼠标拖放到电路图工作区即可。

（2）仪器连接：将仪器图标上的接线端与相应电路的连接点连接。

（3）仪器参数设置：双击仪器图标打开仪器面板，用鼠标点击仪器面板上相应的按钮、旋钮和参数设置对话框完成仪器仪表的参数设置。

（4）仿真运行：打开软件的仿真开关后，可观测数据或观察波形。

在同一电路中可以使用一种多台或多种多台虚拟仪器仪表，而且在仿真过程中，可以根据实际需要实时修改仪器的参数以满足实验要求。

数字电路实验中常用的虚拟仪器仪表的功能和使用方法如下：

**一、数字万用表（Multimeter）**

数字万用表是一种可以用来测量交直流电压、电流、电阻及电路中两点间分贝损耗的多功能仪表。数字万用表的图标和面板如图 2.4.2 所示，面板上有 1 个数字显示窗口和 7 个按钮，它们分别为电流（A）、电压（V）、电阻（Ω）、衰减（dB）、交流（~）、直流（−）和参数设置（Set...）按钮，单击这些按钮便可进行相应的转换。

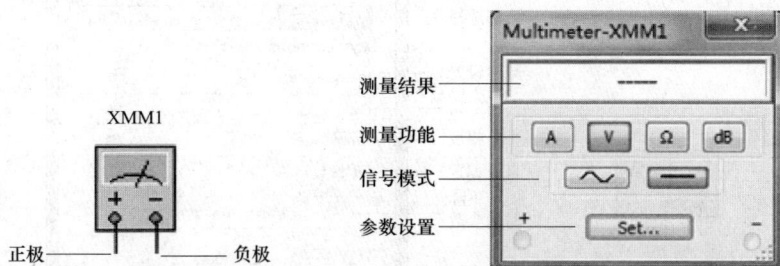

图 2.4.2　数字万用表的图标和面板

仿真平台上的数字万用表具有自动量程转换功能，因此不用指定测量范围。利用参数设置按钮 Settings，打开参数设置对话框，如图 2.4.3 所示，可调整电流表内阻（ammeter resistance）、电压表内阻（voltmeter resistance）、欧姆表电流（ohmmeter current）和电平表的相对分贝值（dB relative value）。其中，电流表（A）量程为 $0.01\mu A \sim 999kA$；电压表（V）量程为 $0.01\mu V \sim 999kV$；欧姆表（Ω）量程为 $0.001\Omega \sim 999M\Omega$；交流频率范围为 $0.001Hz \sim 9999MHz$。

图 2.4.3　数字万用表参数设置对话框

根据所测量信号的特点，在万用表面板上选择信号模式：

交流信号（　∿　）：此时测量的是均方根电压（RMS）或交流信号的电流，直流信号无法进入万用表，只有交流成分会被测量到；

直流信号（　—　）：此时测量的是直流电压或直流电流信号。

**二、函数信号发生器（Function generator）**

函数信号发生器是一种能提供正弦波、三角波或方波信号的电压源，可以方便而又不失真的方式向电路提供信号。函数信号发生器的图标和面板如图 2.4.4 所示。

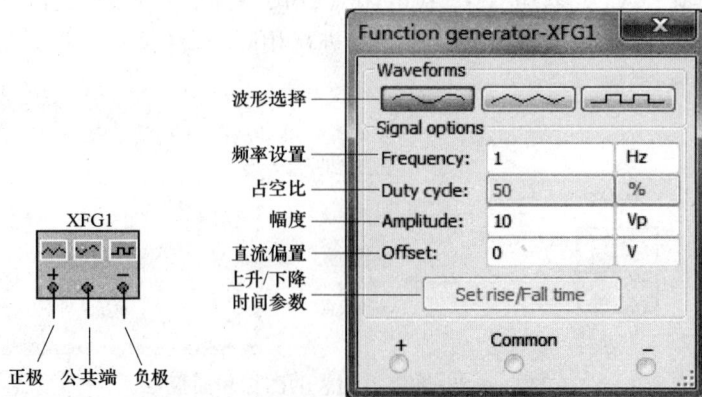

图 2.4.4　函数信号发生器的图标和面板

　　虚拟信号发生器的图标有三个端子："+"为正波形端、"COM"为接地端、"−"为负波形端。虚拟仪器发生器的使用方法与实际的信号发生器基本相同。

　　函数信号发生器的输出波形（waveforms）、工作频率（frequency）、占空比（duty cycle）、幅度（amplitude）和直流偏移（offset）等参数可以调节。其中，频率的范围为 1Hz ~ 999THz；占空比调整值为 1% ~ 99%，幅度的范围为 1μV ~ 999kV；直流偏移的范围为−999 ~ 999kV。

　　对于方波信号，还可设置它的上升/下降时间参数。方法如下：单击函数信号发生器的波形选择中的方波按钮（ ▔█▁█▔ ），设置输出为方波信号，这时上升/下降时间参数设置按钮（ Set rise/Fall time ）变为可用状态，单击该按钮，弹出上升/下降时间参数设置对话框，如图 2.4.5 所示，输入设计的上升/下降时间参数，单击 OK 按钮确认。

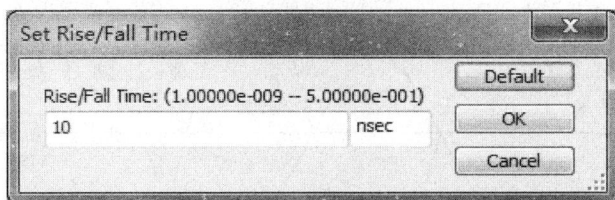

图 2.4.5　上升/下降时间参数设置对话框

### 三、两通道示波器（Oscilloscope）

　　示波器是用来显示信号波形的形状、大小以及频率等参数的仪器。虚拟示波器的面板、参数设置及调整方法与实际示波器类似，但虚拟示波器可以不接地，只要电路中有接地元件便可。

　　两通道示波器为一种双踪示波器，其图标和面板如图 2.4.6 所示，该仪器的图标上共有 6 个端子，分别为 A 通道的正负端、B 通道的正负端和外触发的正负端。连接时要注意它与现实仪器的不同。

　　（1）A、B 两个通道的正端分别只需要一根导线与待测点相连接，测量的是该点与地之间的波形。

　　（2）若需要测量器件两端的信号波形，只需将 A 或 B 通道的正负端与器件的两端相连即可。

　　两通道示波器面板各部分的功能如下：

　　（1）时基（Time base）控制部分的调整。

　　1）时间基准 Scale：调整示波器的 $X$ 轴的时基值，可选范围为 0.1fs/Div ~ 1000Ts/Div；为了在示波器上得到一个可视性比较好的波形，可设置时基接近信号频率的倒数。例如，输入示波器的信号为 1kHz，可以设置 Scale = 1ms/DIV 左右。

　　2）水平位移 $X$ pos.（Div）：调整 $X$ 轴的起始点，范围为−5.00 ~ +5.00；当水平位移调到 0，信号从显示器的左边缘开始。水平位移设置为正数则使起始点右移，设置为负数使起始点左移。

　　3）显示方式：可设置示波器的 $X$、$Y$ 坐标，共有 4 种方式：

　　a. $Y/T$（幅度/时间）——代表 $Y$ 轴显示 A、B 通道的输入信号，$X$ 轴为时间基线，并按设置时间进行扫描。当要显示时间变化的信号波形时，才采用这种方式。

　　b. Add（A+B）（通道 A+通道 B）——代表 $X$ 轴按设置时间进行扫描，而 $Y$ 轴显示通

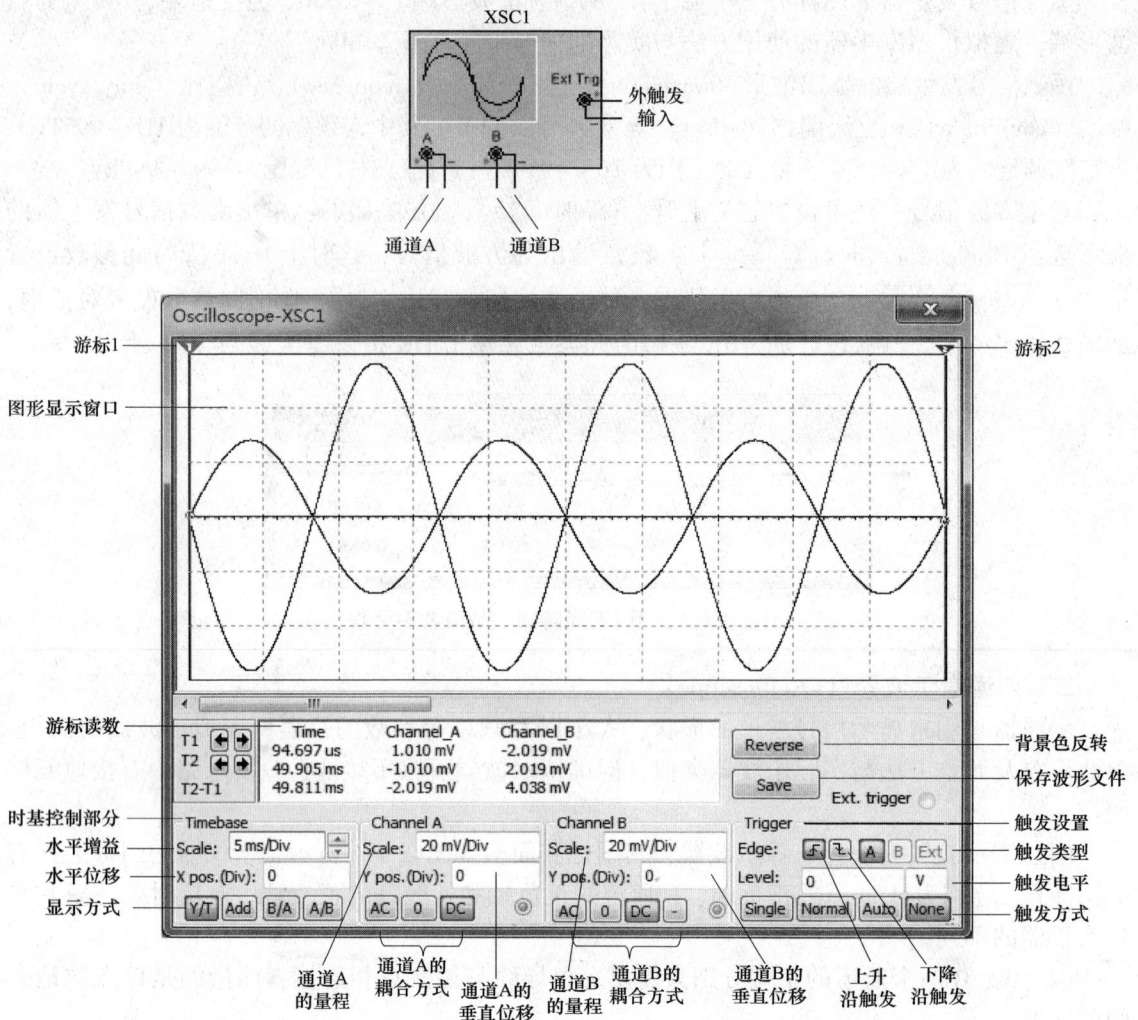

图 2.4.6　模拟双踪示波器的图标和面板

道 A 与通道 B 的输入信号之和。

c. B/A（通道 B/通道 A）——代表将 A 通道信号作为 $X$ 轴扫描信号，将 B 通道信号施加在 $Y$ 轴上。

d. A/B（通道 A/通道 B）——代表将 B 通道信号作为 $X$ 轴扫描信号，将 A 通道信号施加在 $Y$ 轴上。

（2）输入通道设置（Channel A/B）

1）量程 Scale：用于选择示波器显示的量程，范围为 1fV/Div～1000TV/Div，可以根据输入信号大小来选择合适的电压量程，使信号波形在示波器显示屏上显示出合适的幅度。

2）垂直位移 $Y$ pos.（Div）：是指时间基线在显示屏幕中的上下位置，调整范围为 −3.00～+3.00。当值大于 0 时，时间基线在屏幕中线的上侧，否则在屏幕中线的下侧。通过对通道 A/B 设置不同的垂直位移可以较好地观察和比较两个通道的信号。

3）输入耦合方式：

AC——显示信号的交流分量，这种耦合方式相当于在示波器的探针中串联了一个电容；

DC——显示信号的直流分量和交流分量之和，仿真中一般使用这种方式；

0——信号接地，此时在示波器中出现一条与水平轴重合的参考电平线。

需要注意的是，在通道 B 中的 - 按钮，可将通道 B 的输入信号进行 180° 的相移。

（3）触发设置（Trigger）。触发设置用于设置示波器的触发类型、触发电平、触发方式等。

1）触发方式（Type）：触发信号可以是内部的，即使用通道 A/B 的信号作为触发信号，也可以使外部信号。使用外部触发信号时，可以将触发信号接在示波器面板的"外触发源"接线柱上。触发方式共有五种：

Sing——单脉冲触发，当信号大道触发电平时示波器触发一次，当信号显示满一屏时，只有再次单击 Sing 按钮才会显示下一屏信号。

Normal——设置示波器每次到达触发电平时进行刷新。

AUTO——自动触发，示波器自主选择通道信号作为触发信号；一般情况下使用该种方式。

None——普通脉冲触发。

A、B、EXT——选择通道 A、通道 B 或外触发信号作为触发源。

2）触发类型（Edge）：可选择上升沿 ⌐ 或下降沿 ⌐ 触发；

3）触发电平（Level）：用于设置触发信号的触发门限（单位可选），设置范围为 $-999\sim999kV$。只有当信号的电平高于触发电平时才会出现在示波器上。

（4）游标及其读数。示波器有两个游标，用鼠标可以拖动游标，移动过程中游标读数窗口中可观察到游标测量通道信号的读数（包括时间、幅值、时间差和幅值差等）。

另外，单击 Reverse（背景色反转）按钮，可以改变示波器屏幕的背景颜色（白和黑之间转换）；单击 Save（保存波形文件）按钮可以以 ASCII 文件形式保存当前示波器显示的波形。

**四、四通道示波器（Four channel oscilloscope）**

四通道示波器是 Multisim 中新增加的一种仪器，它也是一种用来显示信号波形的形状、大小以及频率等参数的仪器，四通道示波器的图标和面板如图 2.4.7 所示，其使用方法与两通道示波器相似，但存在以下不同点。

（1）信号输入通道有 A、B、C、D 四个。

（2）在设置各个通道 $Y$ 轴输入信号的量程时，通过单击"通道选择按钮"来选择要设置的通道。

（3）按钮 A+B > 相当于两通道示波器中的 Add 按钮，即 $X$ 轴按设置时间进行扫描，而 $Y$ 轴显示通道 A 与通道 B 的输入信号之和。

（4）单击 A/B > 按钮和 A+B > 按钮后，出现如图 2.4.8 所示各通道运算方法选项集合。

（5）单击 A > 按钮，进行内部触发参考通道选择，如图 2.4.9 所示。

**五、字信号发生器（Word generator）**

字信号发生器是一台能产生 32 位同步逻辑信号的信号源，用于数字逻辑电路进行测试。其图标及面板如图 2.4.10 所示。字信号发生器图标的左右各有 16 个端子，右边为 16~31 端子，这 32 个端子是字信号发生器的信号输出端。R 为数据就绪信号输出端，T 为外部触发信号端。

XSC1

G 接地端
T 外触发输入

通道A 通道B 通道C 通道D

游标1
图形显示窗口
游标2

Four channel oscilloscope-XSC2

游标读数

| | Time | Channel_A | Channel_B | Channel_C | Channel_D |
|---|---|---|---|---|---|
| T1 | 2.920 s | 26.942 mV | -53.884 mV | 26.942 mV | -53.884 mV |
| T2 | 3.020 s | 26.323 mV | -52.647 mV | 26.323 mV | -52.647 mV |
| T2-T1 | 99.827 ms | -618.528 uV | 1.237 mV | -618.528 uV | 1.237 mV |

Reverse 背景色反转
Save 保存波形文件
GND

时基控制部分
水平增益
水平位移
显示方式

Timebase
Scale: 10 ms/Div
X pos.(Div): 0
Y/T  A/B >  A+B >

Channel_D
Scale: 100 mV/Div
Y pos.(Div): -2.2
AC  0  DC  -

Trigger
Edge:  Ext 触发设置 触发类型
Level: 0  V 触发电平

Single Normal Auto None A > Ext 触发方式

通道的量程
通道A的耦合方式
通道的垂直位移
通道选择旋钮
上升沿触发 下降沿触发

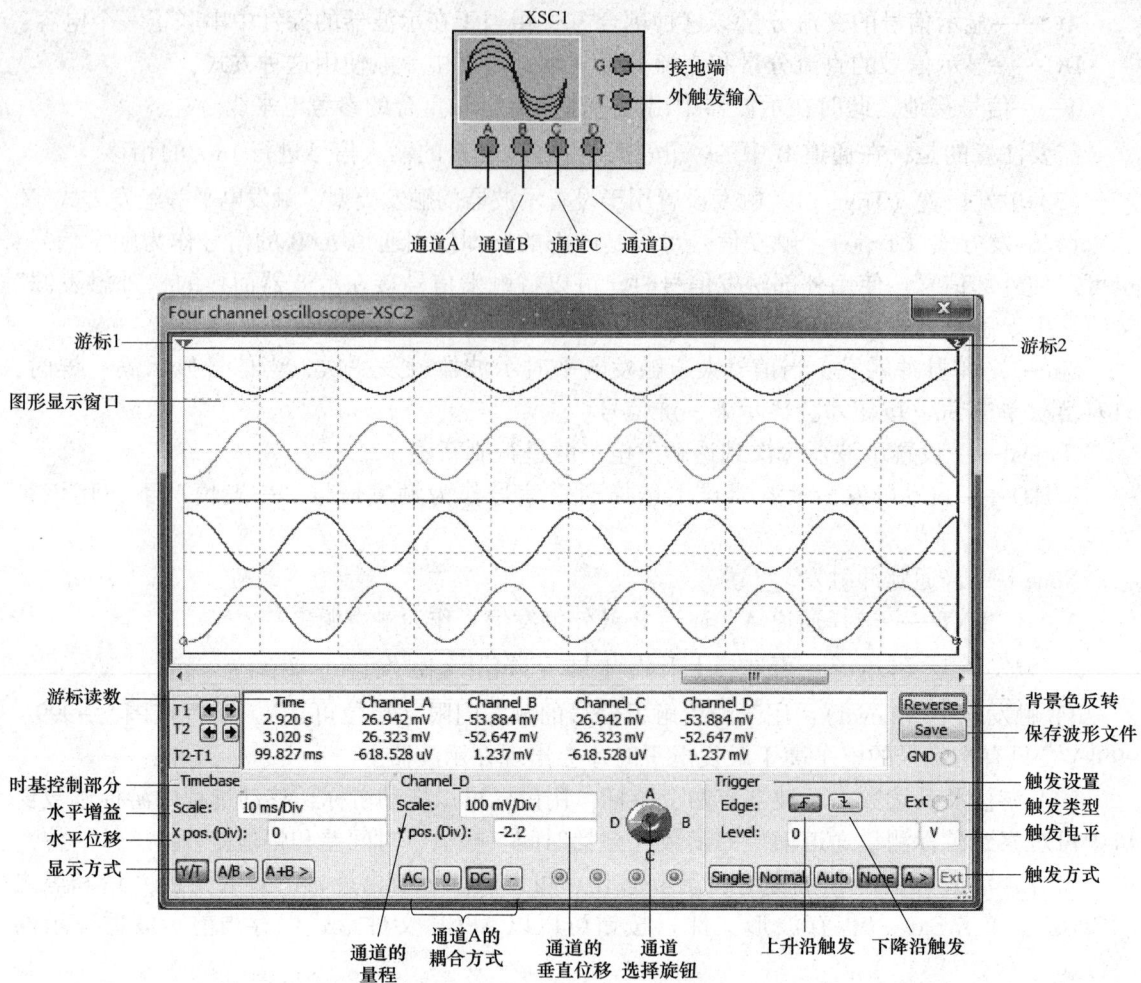

图 2.4.7　模拟四踪示波器的图标和面板

| A/B | A+B |
|---|---|
| A/C | A+C |
| A/D | A+D |
| B/A | B+A |
| B/C | B+C |
| B/D | B+D |
| C/A | C+A |
| C/B | C+B |
| C/D | C+D |
| D/A | D+A |
| D/B | D+B |
| D/C | D+C |

图 2.4.8　各通道运算方法选项集合

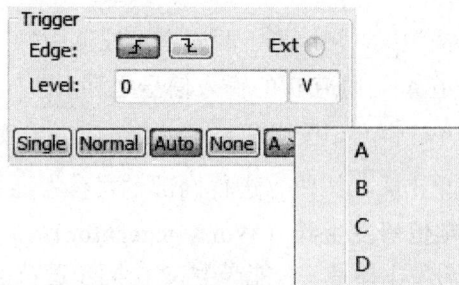

Trigger
Edge:  Ext
Level: 0  V
Single Normal Auto None A >
A B C D

图 2.4.9　内部触发参考通道选择

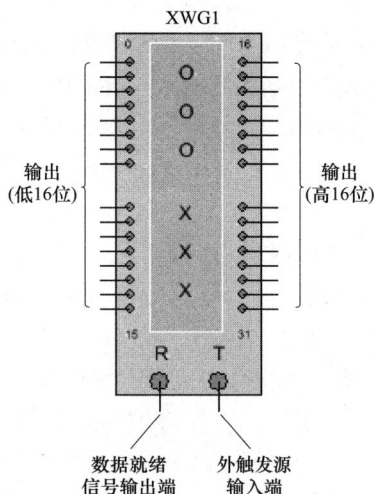

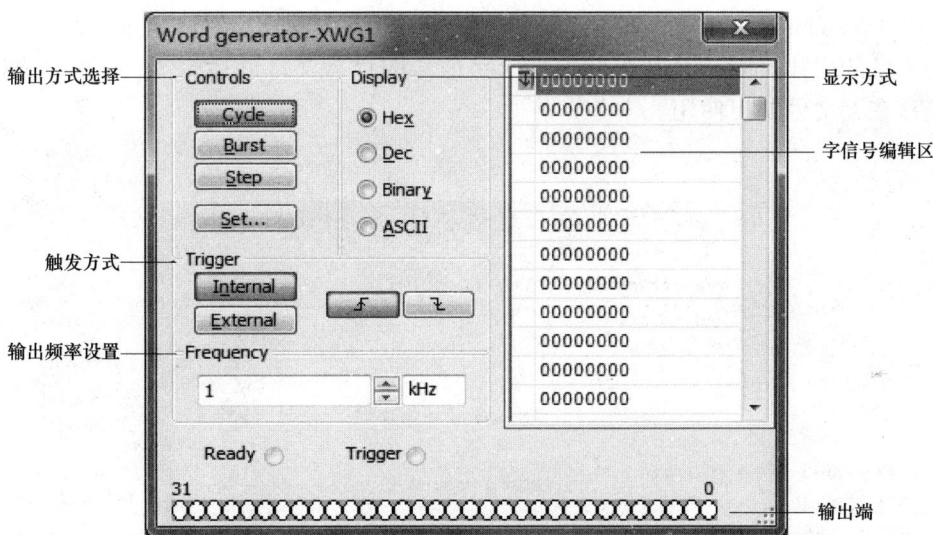

图 2.4.10 字信号发生器的图标和面板

（1）字信号的输入。在字信号编辑区，32 位字信号以 8 位十六进制数编辑和存放，可以存放 1024 条字信号，地址编号为 0000～03FF。

字信号输入的操作，是将光标指针移至字信号编辑区的某一行并单击鼠标，由键盘输入如二进制代码的字信号，光标从左到右、自上而下移动，可连续输入字信号。通过字信号显示方式选择，可以编辑或显示不同的字信号格式。

字信号发生器被激活后，字信号将按照一定规律逐行从底部的输出端送出，同时在面板底部对应于输出端的 32 个小圆圈内实时显示输出信号各位的二进制数值。

（2）字信号的输出方式（Controls）。字信号的输出方式分为循环（Cycle）、单帧（Burst）、单步（Step）3 种方式。单击"Step"，将输出一条字信号，这种方式适合于对电路进行单步调试；单击"Burst"按钮，则从首地址到末地址连续逐条地输出一遍字信号；单击"Cycle"按钮，将循环不断地按 Burst 方式输出字信号。Cycle 和 Burst 方式的输出快慢节奏是由输出频率决定的。

在字信号编辑区，选中某个字信号后，单击鼠标右键可设置指针（Cursor）、断点（Breakpoint）、起始位置（Initial Possition）和结束位置（Final Position）等。在使用 Burst 方式的输出时，运行至断点（Breakpoint）地址输出暂停，再按 F9 键或仿真暂停开关可恢复运行。

（3）字信号的触发方式（Trigger）。字信号的触发方式分为内部（Internal）和外部（External）触发方式。当选择"Internal"时，字信号的输出直接由输出方式按钮启动运行；当选择"External"时，需要接入外部触发脉冲信号，并设置上升沿触发或下降沿触发，然后单击输出方式按钮，待触发脉冲到来后启动输出。此外，在数据准备好后，输出端还能得到与输出字信号同步的时钟脉冲输出。

（4）字信号的保存、调用、清除等操作。单击"Set..."按钮，弹出 Setting 对话框，如图 2.4.11 所示。对话框包括打开（Load）、保存（Save）、清除（Clear buffer）、递增（Up counter）、递减（Down counter）、右移（Shift right）、左移（Shift left）等内容，用于对编辑区的字信号进行相应的操作。其中后四个选项用于在编辑区生成按一定规律排列的数字信号，如选择 Up counter，则按 0000~03FF 排列；选择 Shift right，则按 8000、4000、2000 等逐步右移一位的规律排列；其余以此类推。字信号的存盘文件的后缀为"dp"，选择 Load，可将已经存在的文件调出使用。

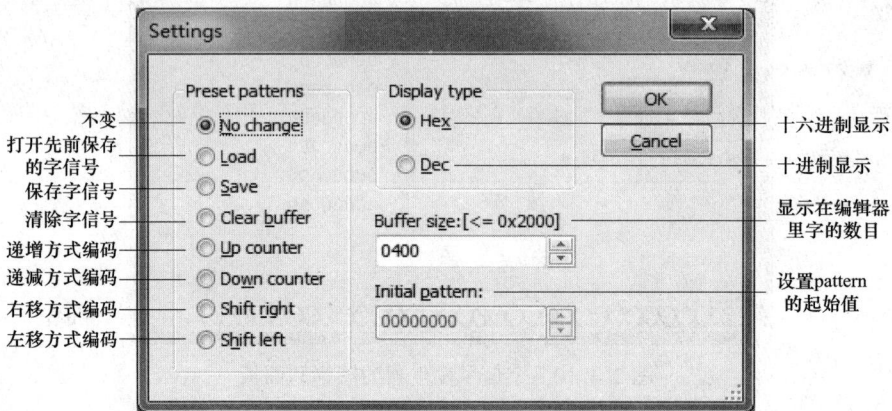

图 2.4.11　字信号发生器的设置对话框

## 六、逻辑分析仪（Logic Analyzer）

虚拟逻辑分析仪和实际的仪器相似，可以同步记录和显示 16 路数字信号。可以用于数字逻辑信号的高速采集和时序分析，是分析复杂数字信号的有力工具。逻辑分析仪的图标和面板如图 2.4.12 所示。

（1）逻辑信号的显示。逻辑分析仪的面板左边有 16 个小圆圈对应 16 个输入通道，如果有信号输入则对应的圆圈内出现一个实心灰点，在逻辑信号波形显示区中与输入通道对应的位置显示波形。通过设置于逻辑分析仪输入通道相连的导线可改变逻辑信号波形显示区中对应波形的颜色，从上到下依次为最低位至最高位。可通过时间刻度设置（ Clocks/Div 1 ）改变每一格中时钟脉冲个数。

（2）游标及读数。通过拖拽游标可以读取波形数据，面板下面的大方框中显示游标 T1

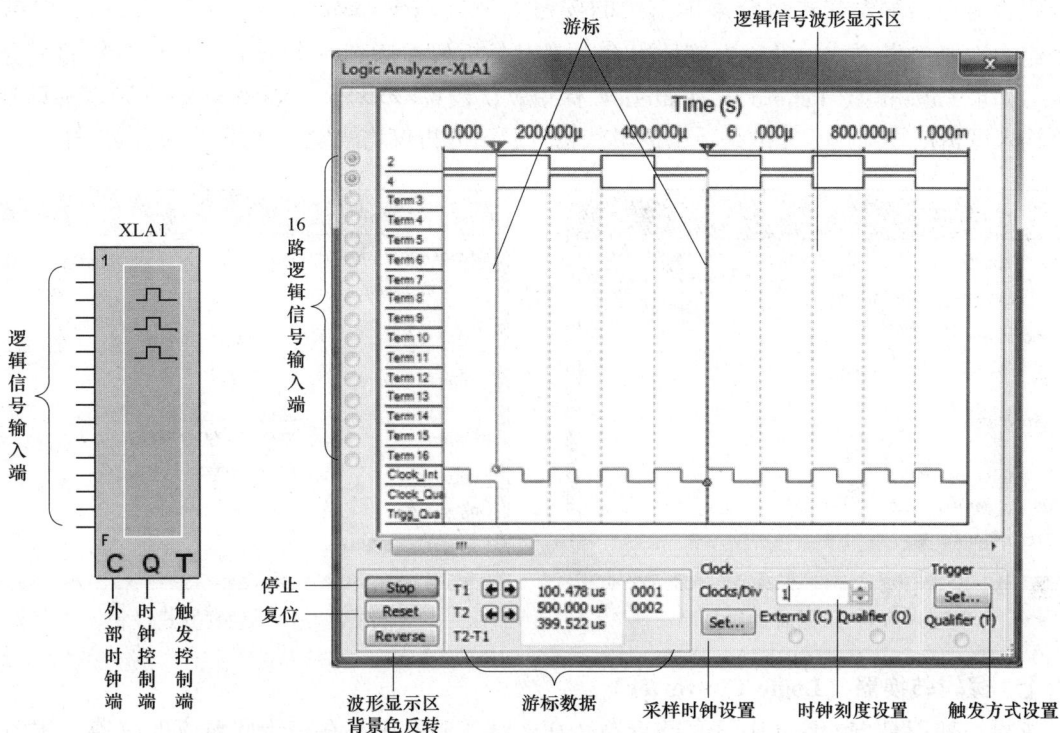

图 2.4.12　逻辑分析仪的图标和面板

和 T2 处的时间读数及游标 T2 和 T1 的差值，在小框内显示逻辑读数（4 位 16 进制）。

（3）采样时钟设置（Clock Setup）。单击采样时钟设置区的设置按钮（ Set... ），弹出 Clock Setting 对话框，如图 2.4.13 所示。可以通过以下几个方面对逻辑分析仪的时钟参数进行设置：

1）时钟源设置（Clock source）：选择时钟的来源，External 为外部时钟，Internal 为内部时钟。

2）时钟脉冲频率设置（Clock rate）：对内部时钟的频率进行设置。

3）时钟限制设置（Clock qualifier）：该设置于外部时钟源配合使用。选择 1 时则输入为 1 时开放时钟；选择 0 时则输入为 0 时开放时钟；×代表时钟控制一直开放。

4）采样设置（Sampling setting）：Pre-trigger samples 和 Post-trigger samples 分别用来设置采样前和采样后的显示数据。Threshold voltage.（V）用来设置门限电压。

（4）触发方式设置（Trigger）。单击触发方式设置区的设置按钮（ Set... ），弹出 Trigger Setting 对话框，如图 2.4.14 所示。在触发时钟边沿设置（Trigger clock edge）里，可设置 3 种触发方式：上升沿触发（Positive）、下降沿触发（Negative）、上升或下降沿双触发（Both）。

触发限制设置（Trigger qualifier）对触发有控制作用。若 Trigger qualifier 设置为×时，触发控制不起作用，触发由触发信号决定；若 Trigger qualifier 设置为 "0"（或 "1"），则只有在触发信号为 "0"（或 "1"）时，逻辑分析仪才触发。

触发方式设置（Trigger patterns）有多种选择，在 Pattern A、Pattern B、Pattern C 中可以设定触发样式，设置为×时代表 0 或 1 都可以。还可以在 Trigger combinations 中设置触发

样式组合。单击触发样式组合菜单右边的按钮（ Trigger combinations: [A ▼] ），在列表中选择一个组合，则触发样式被设置为该种组合，逻辑分析仪在读到一个指定字或几个字的组合后触发。如果 Pattern A、Pattern B、Pattern C 保留默认设置×××××××××××××××，则表示只要第一个输入逻辑信号到达，无论是什么逻辑状态，逻辑分析仪均触发，并开始波形的采样。

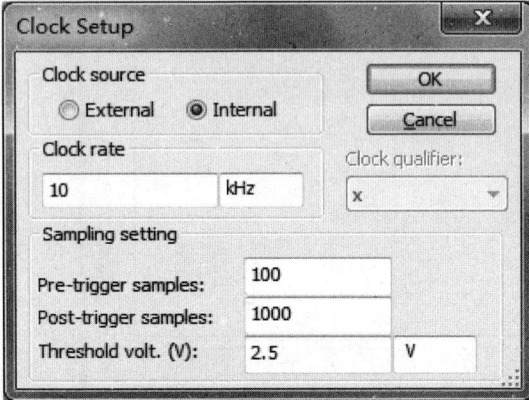

图 2.4.13　采样时钟设置

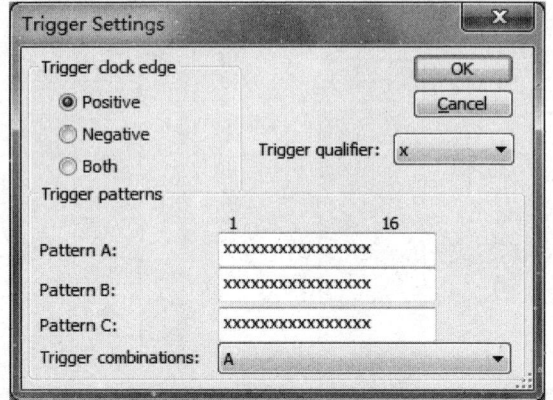

图 2.4.14　触发方式设置

### 七、逻辑转换器（Logic Converter）

逻辑转换器是 Multisim 中特有的仪器，在实际实验室中不存在于此对应的仪器。逻辑转换器能够完成真值表、逻辑表达式和逻辑电路三者之间的相互转换，这一功能给数字逻辑电路的设计与仿真带来了很大方便。逻辑转换器的图标和面板如图 2.4.15 所示。

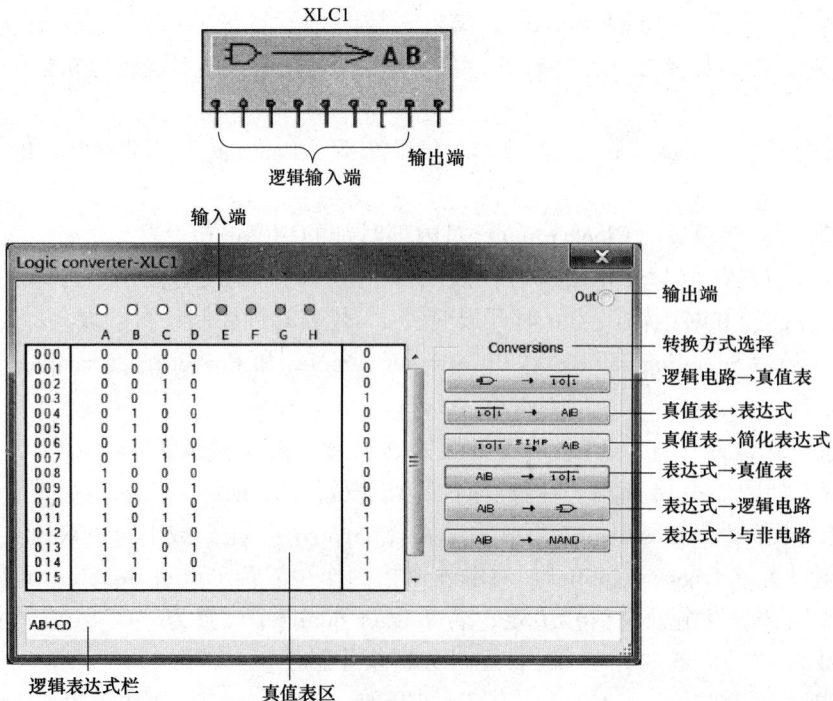

图 2.4.15　逻辑转换器的图标和面板

　　逻辑转换器共有 9 个接线柱，左边的 8 个接线柱与被分析逻辑电路的输入端相连，最右
边的一个接线柱为输出，与被分析逻辑电路的输出相
连，如图 2.4.16 所示。图中，逻辑转换器的输入端 A、B、
C 与逻辑电路的输入相连，而输出与逻辑电路的输出相连。
双击逻辑转换器图标，打开面板，可实现以下转换功能：

　　（1）逻辑电路→真值表。逻辑转换器有 8 个输入端 A~
H 和 1 个输出端 OUT，因此可以得到多输入（最多 8 个输
入）单输出的逻辑电路的真值表。首先画出逻辑电路图，
将电路输入端连接至逻辑转换器的输入端，电路输出端连
接至逻辑转换器的输出端，按下按钮 ，
即可在真值表区得到该电路的真值表。

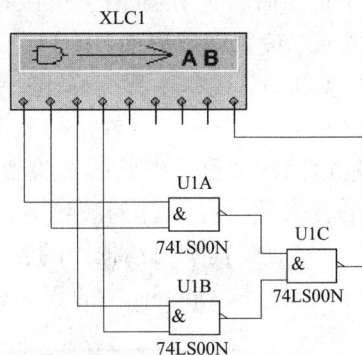

图 2.4.16　用逻辑分析器
分析逻辑电路

　　单击逻辑电路到真值表按钮（ ），
则根据被分析逻辑电路的逻辑关系自动生成一个真值表。

　　（2）真值表→逻辑表达式。单击真值表到逻辑表达式按钮（ ），可以
由真值表导出逻辑表达式，并显示在逻辑表达式栏中。要从真值表导出逻辑表达式，必须在
真值表区中输入真值表。输入方式有两种：若已知逻辑电路结构，可用逻辑电路转换为真值
表的方式产生；或者直接在真值表栏中输入真值表，根据输入变量的个数单击逻辑转换器面
板顶部代表输入端的小圆圈（A~H），选定输入变量。变量被选中后与之对应的小圆圈内部
会变白。此时，在真值表栏将自动出现输入变量的所有组合，而右侧靠近滚动条的输出列的
初始值全部为"？"。然后根据所要求的逻辑关系来确定或修改真值表的输出值（0、1、×），
其方法是多次单击真值表栏右面输出列的输出值，此时便会自动出现 0、1 或×。如想删除新
加的变量，则只需再次单击顶部对应变量的小圆圈即可。

　　（3）真值表→简化表达式。单击真值表到简化表达式按钮（ ），则由
真值表导出简化后的逻辑表达式。简化后的逻辑表达式只有"与"和"或"两种逻辑关系。
其中，逻辑表达式的"非"用"′"表示，如 $\overline{A}$ 表示为 $A'$。

　　（4）逻辑表达式→真值表。单击逻辑表达式到真值表按钮（ ），则根
据逻辑表达式栏的表达式生成一张真值表。在输入表达式时，用"′"表示逻辑"非"。

　　（5）逻辑表达式→逻辑电路。单击逻辑表达式到逻辑电路按钮（ ），
则根据逻辑表达式栏中的表达式生成对应的逻辑电路。

　　（6）逻辑表达式→与非门电路。单击逻辑表达式到与非门电路按钮
（ ），则根据逻辑表达式栏中的表达式生成一个只有"与非"逻辑关系的
（组合）逻辑电路。

## 2.5　NI Multisim 12 的基本操作

　　利用 Multisim 软件创建一个电路原理图包括建立电路文件、设置电路界面、选取与放置
元器件、连接线路、编辑处理添加文本及保存文件等步骤。

### 一、建立电路文件

　　启动 Multisim 程序，则在 Multisim 基本界面上会自动打开一个空白的电路文件。在 Multisim 程序正常运行时，只需点击系统工具栏中 New 按钮，同样会出现一个空白的电路文件，系统自动命名为 Design1，可以在保存此电路文件时重新命名。

### 二、设置电路界面

Multisim 的基本界面好比一张制图纸，所以 Multisim 又形象地把基本界面上的原理图编辑区称为 Workspace。在进行某个实际电路实验之前，通常要定义一下制图纸张的大小、边界、电路的名称、电路的实验者及实验时间、电路中元器件的符号标准、连线的粗细、编辑区的背景及电路元件的颜色等。在 Multisim 中，可以通过 Options 菜单中的 Sheet properties（工作界面设置）对话框中的若干个选项来实现。具体操作如下：

（1）选取 Options 中的 Sheet properties，打开 Sheet properties 对话框，如图 2.5.1 所示。

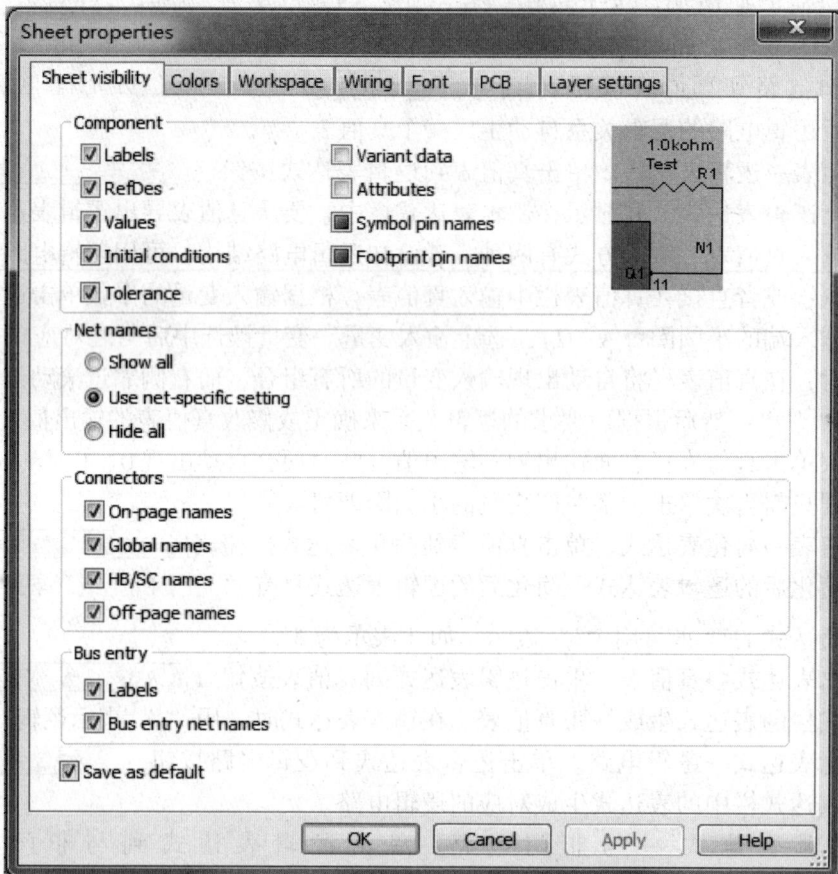

图 2.5.1　Sheet properties 对话框

Perferences 对话框中共有 7 个选项，每个选项为单独的一个页面，包含若干个功能选项。用户通过对这 7 选项的不同功能项的设置就可以定义一个电路界面。

（2）选择 Workspace 选项，完成对电路图纸进行设置，如图 2.5.2 所示。

此选项卡上有两个功能区，分别是 Show 和 Sheet size。功能区各选项的功能如下：

1）Show grid：选择电路工作区中是否显示网格，使用网格可方便电路元器件之间的连接，使创建出的电路图整齐美观。

2）Show page bounds：选择电路工作区是否页面分隔线。

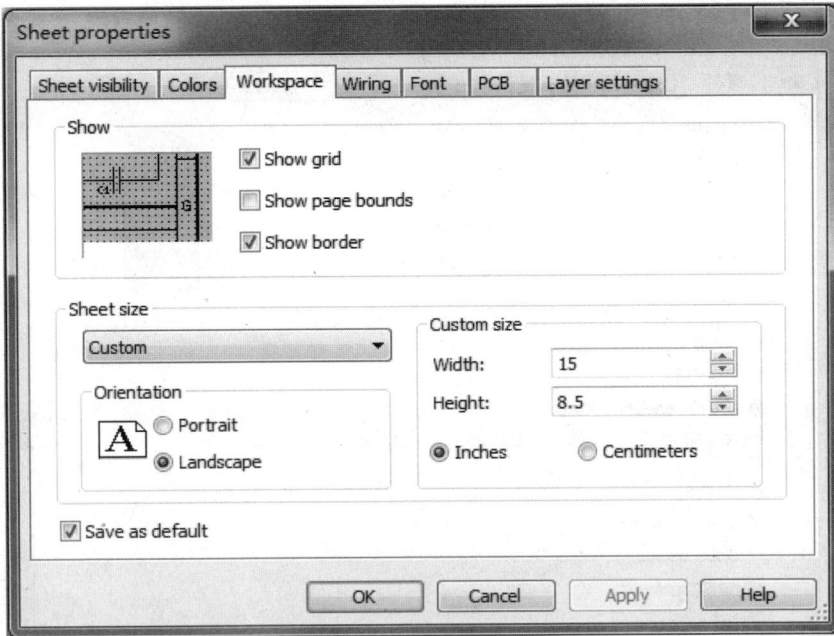

图 2.5.2　Workspace 选项

3）Show border：选择电路工作区是否显示边界。

4）Sheet size 区域的功能是设置图纸大小，与 Word 中的页面设置类似。

（3）选择 Wiring 选项，完成导线和总线宽度进行设置，如图 2.5.3 所示。

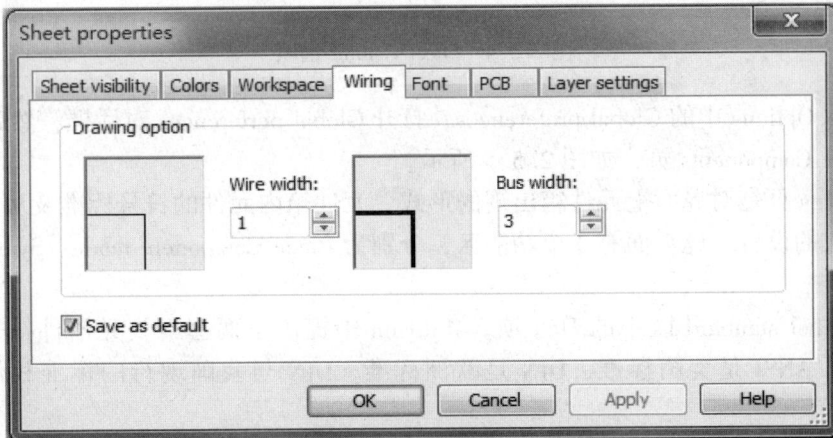

图 2.5.3　Wiring 选项

（4）Sheet visibility 选项，完成对电路各种参数的设置，如图 2.5.4 所示。

1）Labels：显示元器件的表示。

2）RefDes：显示元器件的编号。

3）Values：显示元器件数值。

4）Initial conditions：选择初始化条件。

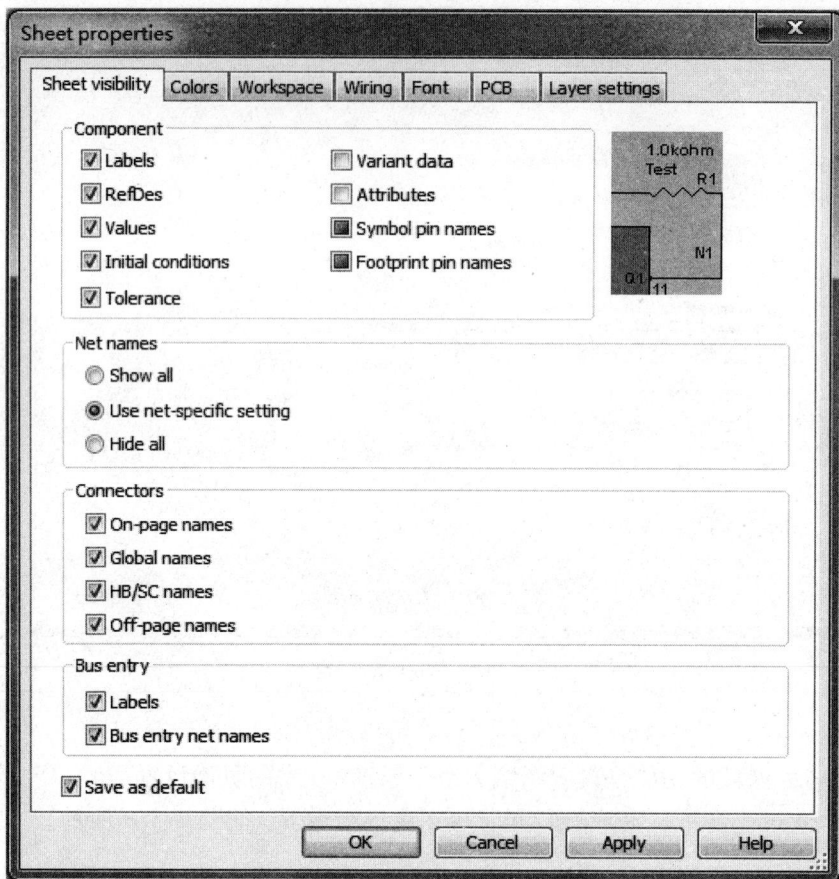

图 2.5.4　Sheet visibilit 选项

（5）选取 Options 中的 Global preferences，打开 Global perferences 对话框，然后点击 Components，打开 Components 页，如图 2.5.5 所示。

Components 页是对界面上元件箱出现的形式、元件箱内元件的符号标准及从元件箱中选用元件的方式的设置，此页面有 3 个功能区，分别为 Place Component mode、Symbol standard 和 View。

选中 Symbol standard 区中的 DIN 项。Multisim 中提供了两套电气元器件符号标准，即 ANSI 和 DIN，ANSI 是美国标准，DIN 是欧洲标准。DIN 与我国现行的标准相似，所以选择 DIN。

在设计过程中，为了更好地按自己的风格来进行有关设计，需要调整一下相关窗口结构和背景设计，可利用 Sheet properties 菜单中的 Colors 选项进行相关设置，如图 2.5.6 所示，具体调试请参照对话框中的英文说明。

经过以上简单的设置后，原理图编辑区界面如图 2.5.7 所示。

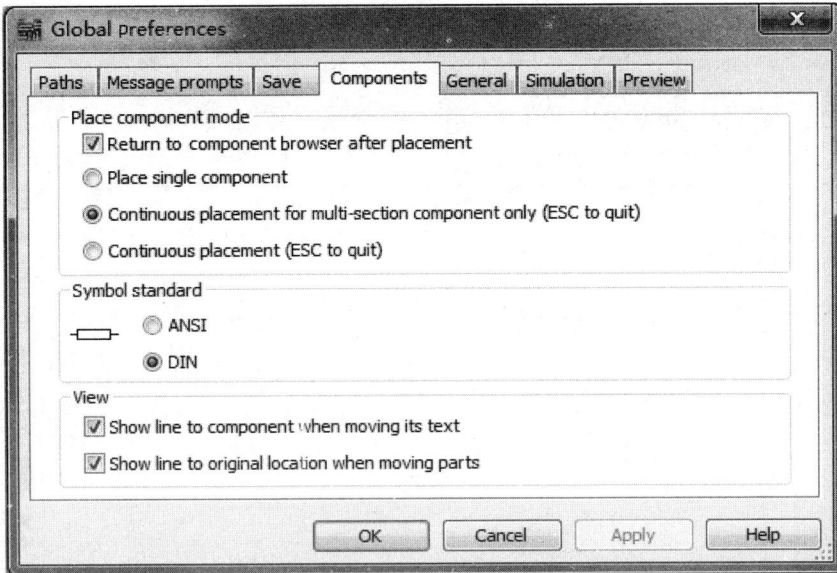

图 2.5.5　Components 选项

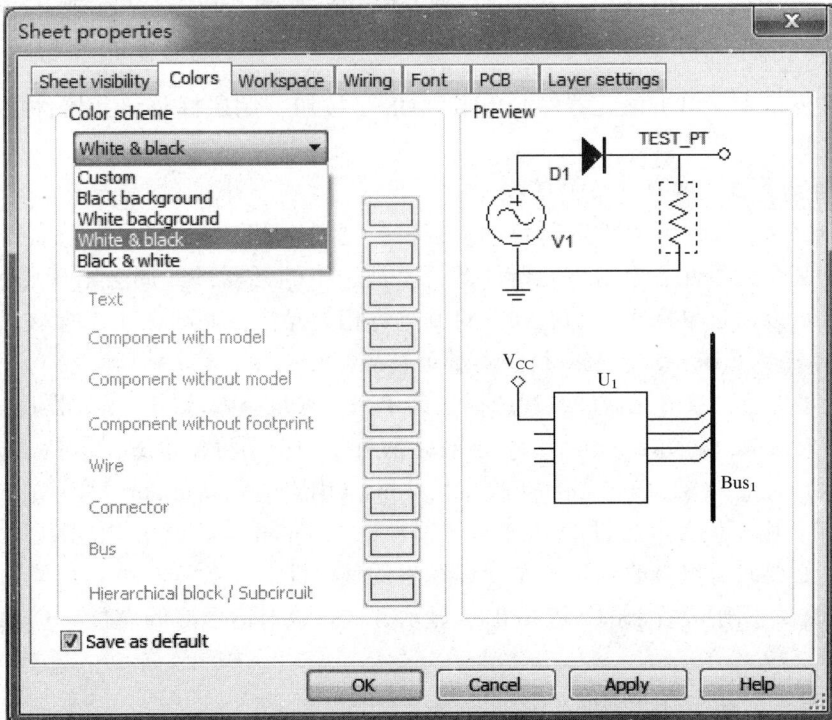

图 2.5.6　Colors 选项

## 三、选取与放置元器件

1. 元器件的选取

选用元器件时，首先在元器件库中单击包含该元器件的图标，打开该元器件库。然后从

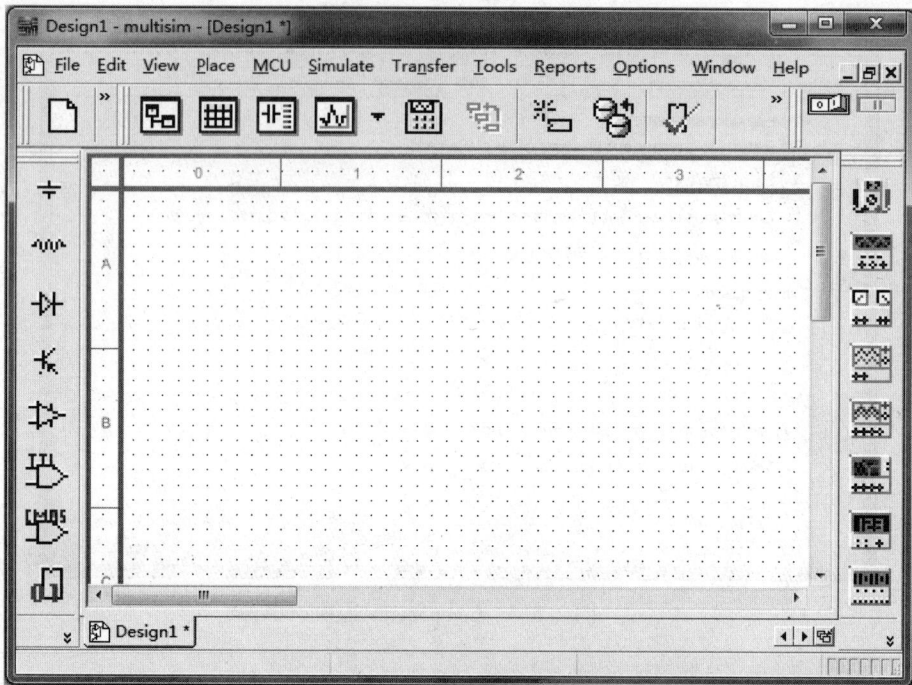

图 2.5.7　原理图编辑区界面

选中的元器件窗口中，单击该元器件，单击 "OK" 按钮，用鼠标将该元器件放置在电路工作区的合适位置。

2. 元器件的复制、移动、旋转等操作

在连接电路时，要对元器件进行移动、旋转、复制、删除等操作，这就需要先选中该元器件。要选中某个元器件，单击该元器件即可。被选中的元器件四周会出现黑色虚线方框。对选中的元件可以通过鼠标右键的选项，对其进行相关操作，如图 2.5.8 所示。

3. 元器件标签、编号、数值、模型参数的设置

在选中元器件后，双击元器件或者选择主菜单命令 Edit→Properties（元器件特性），会弹出元器件特性对话框，如图 2.5.9 所示。该对话框有多种选项可供设置，包括 Lable（标签）、Display（显示）Value（数值）、Fault（故障）、Pins（引脚端）、Variant（变量）等内容。

（1）Label：用于设置元器件的 RefDes（编号）和 Label（标识）。RefDes（编号）由系统自动分配，必要时可以修改，单必须保证编号的唯一性。

（2）Display：用于设置 Label 和 RefDes 显示方式。该对话框好的设置与 Option 菜单中的元器件的编号。

（3）Values：设置元器件数值。

（4）Fault：用于人为设置元器件的隐含故障。对于不同的元器件可以设置的故障选项不同。例如对于直流电源（$V_{CC}$），可设置 None（无故障）和 Open（开路）。如果选择 Open，尽管该电源仍连接在电路中，但实际上隐含了开路的故障，这可为电路的故障分析提供方便。

放置完电路中的全部元器件后，就会在 Multisim 界面上的 In use list 栏内列出了电路所使用的所有元器件，使用它可以检查所调用的元器件是否正确。

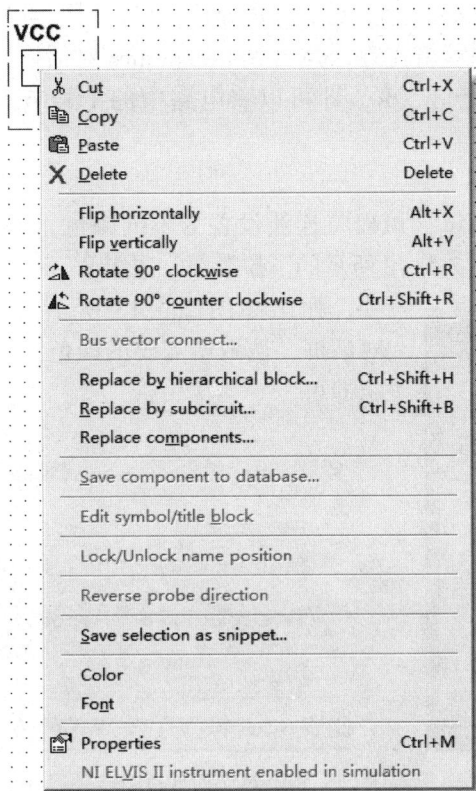

图 2.5.8　对元器件进行操作的菜单

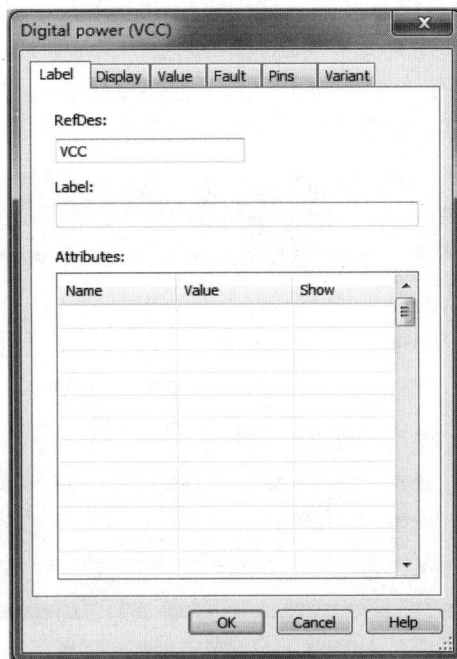

图 2.5.9　元器件特性对话框

## 四、连接线路及编辑处理电路中的元器件

### 1. 线路连接

放置完所有元器件，并对元器件标签、编号、数值、模型参数等设置后需要对其进行线路连接。Multisim 的线路连接非常简单，将鼠标移到元件引脚处，鼠标指针就会变成小黑点，单击鼠标左键，即可拉出一条虚线；如要从某点转弯，则先点击转弯处，固定该点，然后再移动鼠标，将鼠标移到要连接的另一元件引脚处，单击左键，则完成一根连线的连接，重复以上过程，画完所有连线（必须是端点连线，不能有重合的线段）。

### 2. 显示并修改电路的节点号

电路元件连接后，系统会自动分配给各个节点一个序号。通常这些节点序号并不出现在电路上，可启动 Options 菜单中的 Sheet properties，打开 Sheet visibility 对话框，然后选中 Net names 中的 Show all，如图 2.5.10 所示；或者在原理图编辑区的空白处点击鼠标右键，出现一个下拉菜单，点击 Properties，也会弹出 Sheet properties 对话框，然后进行如上的操作，点击 OK，电路的各个节点上就会显示出系统自动分配的节点号。

图 2.5.10　Net names 选项

　　出现在电路各节点的序号不一定是习惯的表示，为了便于仿真分析，可以对节点号进行修改。可将鼠标箭头对准准备修改编号的连线并双击左键，弹出 Net properties 对话框，如图 2.5.11 所示，在 Preferred net name 中输入 vo，点击 OK，即可以将电路中的 1 号节点改为 vo。如果没有必要，这一步可以不做。

　　3. 改变元件和连线的颜色

　　在复杂的电路中，为了方便电路的连接和测试，可以将连线设置为不同颜色。方法是：将鼠标指向此元件或连线，点击右键则出现如图 2.5.12 所示的下拉菜单。选定 Segment color 项，弹出如图 2.5.13 所示的 Colors 对话框，选取所需要的颜色，点击确定即可。

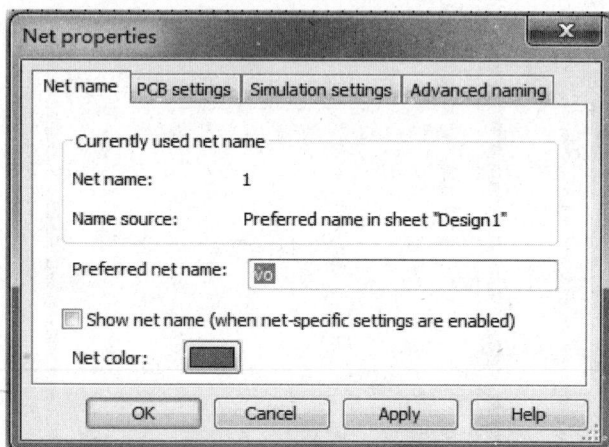

图 2.5.11　节点标号对话框

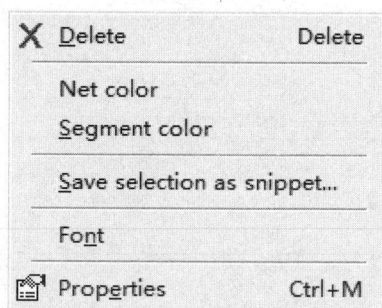

图 2.5.12　对元器件进行相关操作的菜单

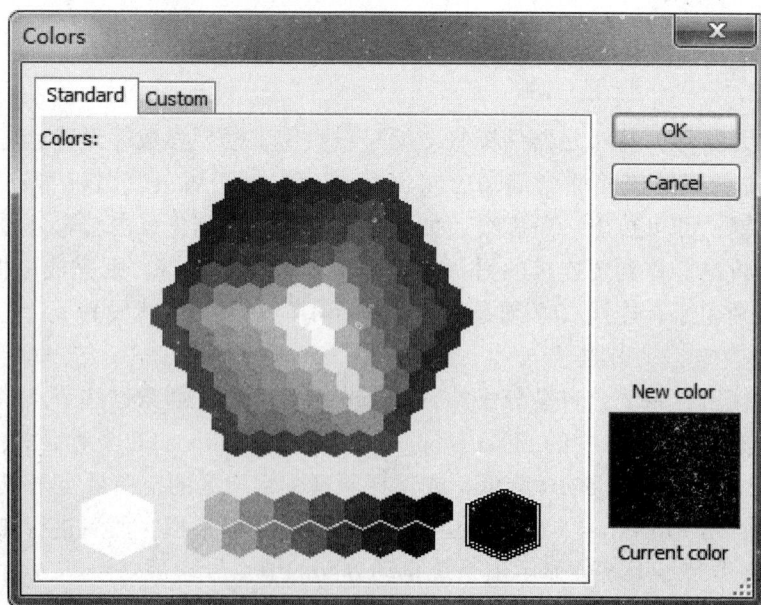

图 2.5.13　Colors 对话框

　　4. 调整元件和文字标注的位置

　　如对某些元件放置的位置不满意，可以调整其位置。方法是：将鼠标指向这些元件，点击鼠标，这些元件的 4 个角上将各出现一个小黑方块，按住鼠标拖动到所要放置的位置松开鼠标即可；若要同时选中多个元件时，可按住鼠标左键，拖出一个虚线框框住所要移动的元件，松开左键即可。要大幅度移动元件的位置可以直接拖动；小幅度的位置调整，最好利用键盘上的的方向键。

当对电路上的元件进行连线、移动、翻转或旋转时，元件的序号或数值等文字标注可能会出现在不恰当的位置上。调整方法是：鼠标指向所要调整位置的元件序号或元件值上，点击则对应文字的 4 个角上格出现一个小黑方块表示选中，按住鼠标左键直接拖动或利用键盘上的方向键移动即可。

5. 删除元件或连线

如果想删除不需要的元件或连线，可用鼠标选中该元件或连线（元件符号或连线的 4 个角上各出现一个小黑方块），然后选择菜单项 Edit/Delete 就可将元件或连线删除（也可用键盘上的 Delete 键直接删除）。如果错删，可启动 Edit 菜单中的 Undo 命令，或者点击快捷按钮 ↩ 进行恢复。另外，当删除一个元件时，与该元件连接的连线也将一并消失，但删除连线不会影响到元件。

6. "连接点"的使用

"连接点"是一个小圆点，单击 Place junction 可以放置"连接点"。一个"连接点"最多可以连接来自 4 个方向的导线。可以直接将"连接点"插入连线中。

### 五、输入/输出端

单击 Place 菜单中的 Connectors 选项，即可取出所需要的一个输入/输出端。输入/输出端菜单如图 2.5.14 所示。

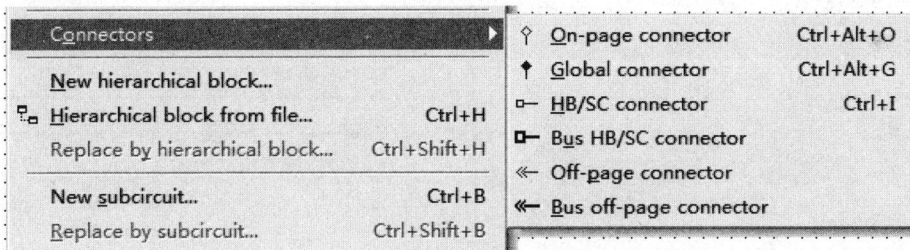

图 2.5.14　输入/输出端菜单

在电路控制区中，输入/输出端可以看作只有一个引脚的元器件，所有操作方法与元器件相同。不同的是输入/输出端只有一个连接点。

### 六、添加文本

电路图建立后，有时要为电路添加各种文本，比如放置文字、防止电路图的标题栏以及电路的描述窗等。

1. 添加文字文本

为了便于对电路的理解，常常给局部电路添加适当的注释（允许在电路图中放置英文或中文），基本步骤如下：

（1）单击 Place 菜单中的 Text 选项，然后单击所要放置文字文本的位置，在该处出现如图 2.5.15 所示的文字文本描述框。

图 2.5.15　文字文本描述框

（2）在文字文本描述框中输入要放置的文字，文字文本描述框会随着文字的多少进行缩放。

（3）输入完毕后，单击文字文本描述框以外的界面，文字文本描述框也相应消失，输入文本描述框中的文字就显示在电路图中。

（4）如要对文字文本进行修改，将鼠标移向该文字文本描述框，单击鼠标右键弹出如图2.5.16 所示的快捷菜单，可以对文字文本进行颜色、字体、大小、移动、删除等操作。

2. 添加电路描述窗

利用电路描述框对电路的功能和使用说明进行详细的描述，在需要查看时打开可以打开，否则关闭，不会占用电路窗口有限的空间。

单击 Tool 菜单中的 Description box editor 选项，弹出如图 2.5.17 所示的电路描述框窗，可输入说明文字（中、英文均可），还可以插入声音、图片和视频。执行 View 菜单中的 Description box 命令，可查看电路描述窗的内容，但不可修改。

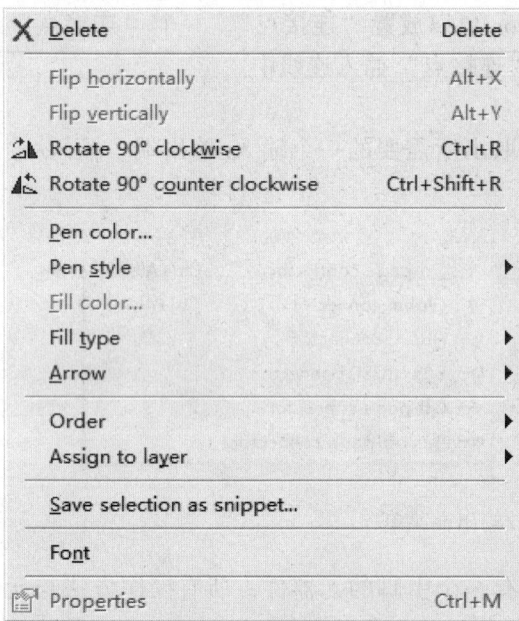

图2.5.16　文字文本描述框

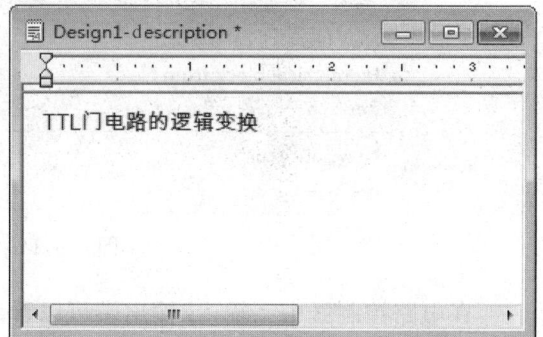

图2.5.17　电路描述框

3. 添加注释

利用注释描述框输入文本可以对电路的功能、使用进行简要说明。方法是：在需要注释的元器件旁，单击 Place 菜单中的 Comment，弹出 图标，双击该图标，弹出如图 2.5.18 所示的 Comment properties 对话框，在 Comment text 区中输入文本。

4. 添加标题栏

在原理图编辑区的右下角通常放置一个标题栏，对电路的创建日期、创建人、校对人、审核人、图纸编号等信息进行说明。方法是：单击 Place 菜单中的 Title block，弹出一个将

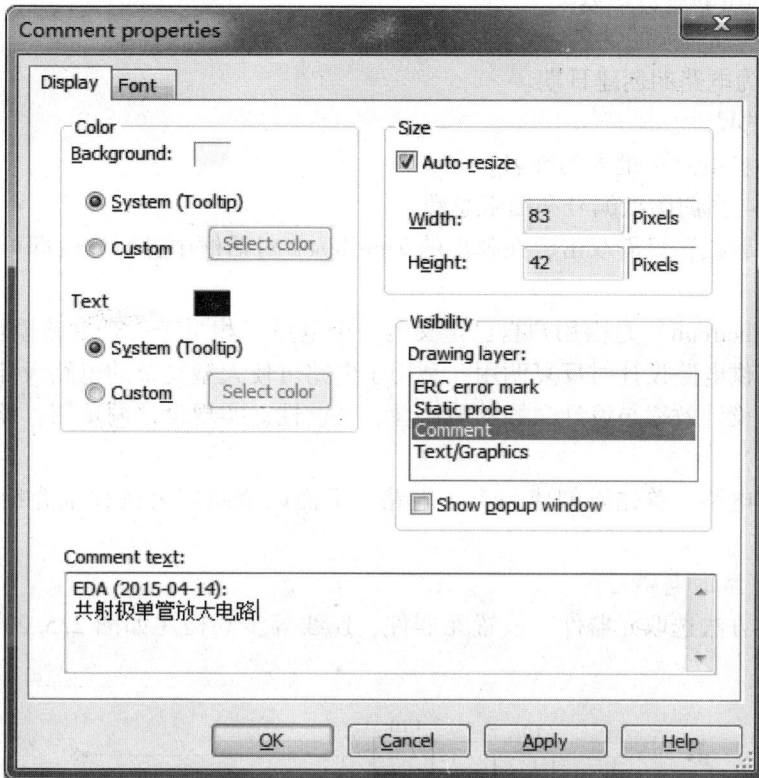

图 2.5.18　Comment properties 对话框

文件路径添加为 NI Multisim12 安装路径下的 Titleblocks 子目录，在该文件夹中存放了 NI Multisim12 为用户设计的 10 个标题栏文件。假设选中 NI Multisim12 默认标题文件 default. tb7，单击"打开"按钮，弹出如图 2.5.19 所示的标题栏。

| National Instruments 801-111 Peter Street Toronto, ON M5V 2H1 (416) 977-5550 | | NATIONAL INSTRUMENTS ELECTRONICS WORKBENCH GROUP |
|---|---|---|
| Title:　Design1 | Desc.: Design1 | |
| Designed by: | Document No: 0001 | Revision: 1.0 |
| Checked by: | Date:　2015-04-14 | Size:　　Custom |
| Approved by: | Sheet　1　of　1 | |

图 2.5.19　default. tb7 标题栏

标题栏主要包含以下信息：

Title：电路图的标题，默认为电路的文件名。

Desc：对工程的简要描述。

Designed by：设计者的姓名。

Document No：文档编号，默认为 0001。

Revision：电路的修订次数。

Checked by：校对人的姓名。

Date：默认为电路的创建日期。

Size：图纸的尺寸。

Approved by：电路审批人的姓名。

Sheet 1 of 1：当前图纸编号和图纸总数。

如要修改标题栏，只需双击，在弹出的 Title block 对话框中进行修改即可。

## 七、子电路

子电路（Subcircuit）是由用户自己定义的一个电路（相当于一个电路模块），可存放在自定义元器件库供电路设计时反复调用。利用子电路可使大型复杂的电路设计的模块化、层次化，从而提高设计效率与设计文档的简洁性、可读性，实现设计的重用，缩短产品的开发周期。

为了使用子电路，首先要创建一个子电路。下面以全减器为例详细介绍子电路的创建过程。

### 1. 创建子电路的电路图

按照前述的方法选取元器件、放置元器件、连线等步骤构建如图 2.5.20 所示的全减器电路原理图。

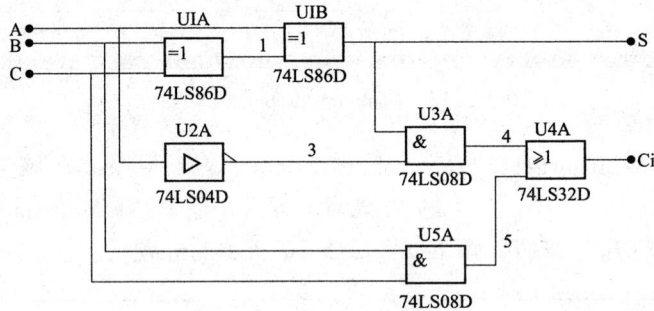

图 2.5.20　全减器电路原理图

单击 Place 菜单中的 Connectors 选项，即可弹出添加输入/输出节点的菜单，如图 2.5.21 所示。

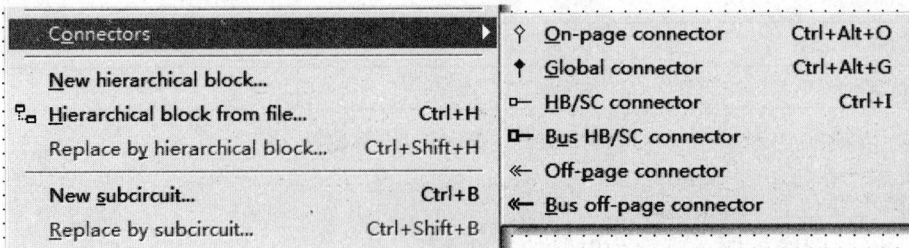

图 2.5.21　输入/输出节点菜单

在电路控制区中，输入/输出节点可以看作只有一个引脚的元器件，所有操作方法与元器件相同。不同的是输入/输出节点只有一个连接点。

对于本例，需要分别给三个输入端点、两个输出端点添加输入/输出节点，添加节点后的电路如图 2.5.22 所示。

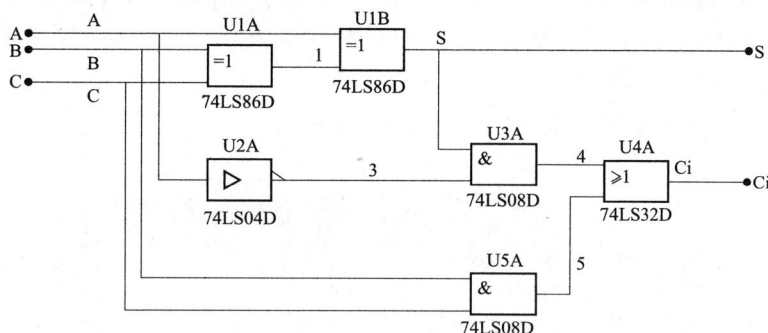

图 2.5.22　添加输入/输出节点的全减器

2. 添加子电路

建立子电路的内部电路后，下一步就是将此电路转化成一个子电路并把它放置在原理图编辑区中，具体操作如下。

（1）按住鼠标左键拖出一个方框，把图 2.5.22 所示的电路图全部圈入方框内。

（2）单击 Place 菜单中 Replace by subcircuit 选项或单击鼠标右键，在弹出的下拉菜单中点击 Replace by subcircuit 选项，弹出 Subcircuit name 对话框，如图 2.5.23 所示。

（3）在 Subcircuit name 对话框中输入创建的子电路名称，比如 QJQ。

（4）命名之后，单击 OK 按钮，在原理图编辑区中的鼠标箭头处出现一个尾随的虚框，表明子电路已做好放置的准备。

（5）移动鼠标到合适的位置单击鼠标左键，即可完成一个子电路的放置。放置的全减器子电路如图 2.5.24 所示。

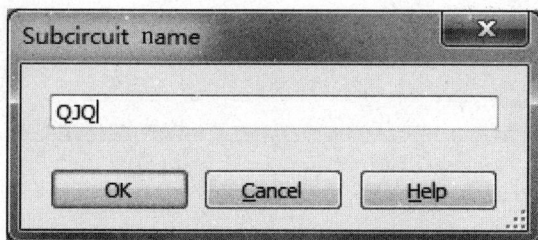

图 2.5.23　Subcircuit name 对话框

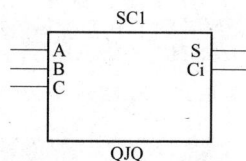

图 2.5.24　全减器子电路

在含有子电路的原理图编辑区中，子电路可作为一个元件使用。

3. 子电路的编辑

在原理图编辑区中双击子电路，弹出 Hierarchical block/subcircuit 对话框，如图 2.5.25 所示。通过此对话框可以修改子电路的参考序列号（Reference ID），单击 Open subsheet 按钮，可以查看和修改子电路的电路图。

在原理图编辑区中对元件的操作都适合于子电路。如添加子电路后，子电路的名称就会出现在元件列表中，如图 2.5.26 所示；选中子电路后，单击鼠标右键执行相应的菜单命令，可以对子电路进行剪切、复制、水平翻转、垂直翻转、顺时针 90°旋转、逆时针 90°旋转、设置颜色、字体、符号等操作。

　　除此之外，子电路的创建也可以采用先创建子电路符号在编辑具体电路的方法实现。单击 Place 菜单中 New subcircuit 选项或单击鼠标右键，在 Place on schematic 弹出的下拉菜单中点击 New subcircuit 选项，弹出 Subcircuit name 对话框，如图 2.5.27 所示。输入子电路的名称，点击 OK 按钮，出现如图 2.5.28 所示的子电路符号。

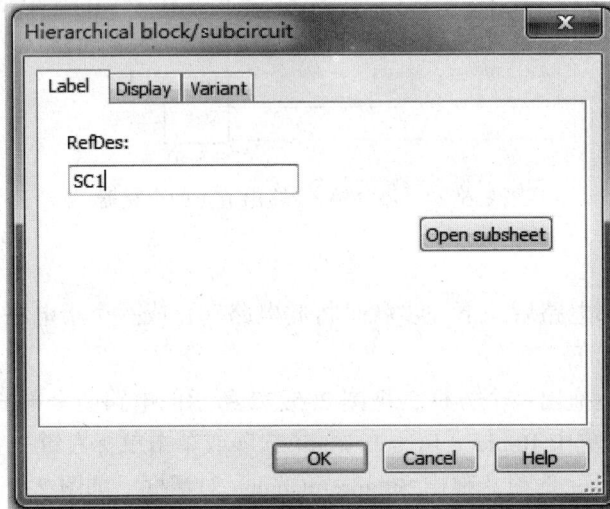

图 2.5.25　Hierarchical block/subcircuit 对话框

图 2.5.26　元件列表中子电路

图 2.5.27　Subcircuit name 对话框

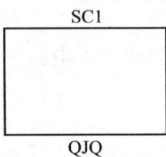

图 2.5.28　子电路符号

　　双击子电路符号，弹出如图 2.5.25 所示的 Hierarchical block/subcircuit 对话框，单击 Open subsheet 按钮，弹出子电路编辑窗口，创建子电路的电路图即选取电路元器件、连线并添加输入/输出节点，返回主电路窗口时在主电路窗口会显示带 I/O 引脚的子电路模块。

## 八、总线

　　总线（Bus）就是一组用来连接一组引脚和另一组引脚的连线。在建立电路图时，经常会遇到一组性能相同导线的连接，如数据总线、地址总线等，当这些连接增多或距离加长时，就会使人难以分辨。如果采用总线，总线两端分别用单线连接，构成单线—总线—单线的连接方式，就会使建立的电路图简单明了了。

为了说明放置和使用总线的基本方法，首先要创建一个电路。下面以 5s 倒计时电路为例详细介绍总线的使用方法。

1. 放置总线

按照前述的方法选取元器件、放置元器件、连线等步骤构建如图 2.5.29 所示的 5s 倒计时电路原理图。

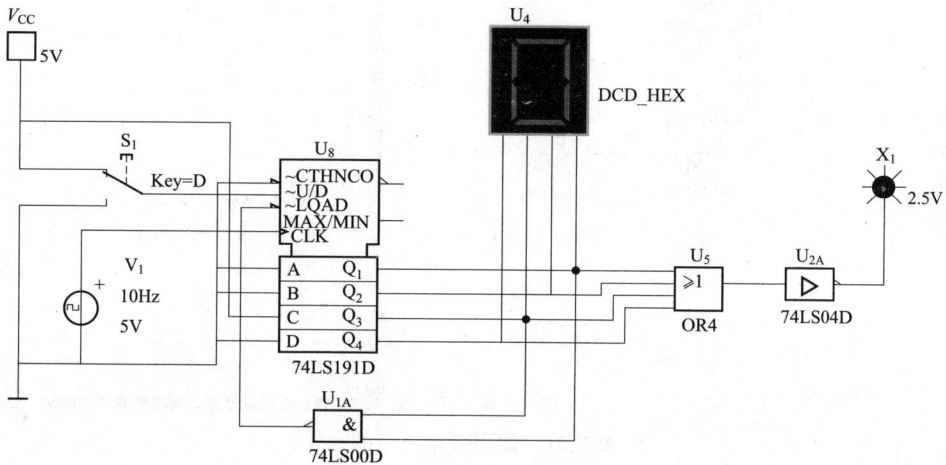

图 2.5.29　5s 倒计时电路原理图

单击 Place 菜单中的 Bus 选项或点击元器件栏中的总线 ⌐ 图标，在原理图编辑区鼠标指针就会变成小黑点，单击鼠标左键，即可拉出一条细实线；移动鼠标到合适位置，双击鼠标左键，就会完成一条总线的放置，如图 2.5.30 所示。

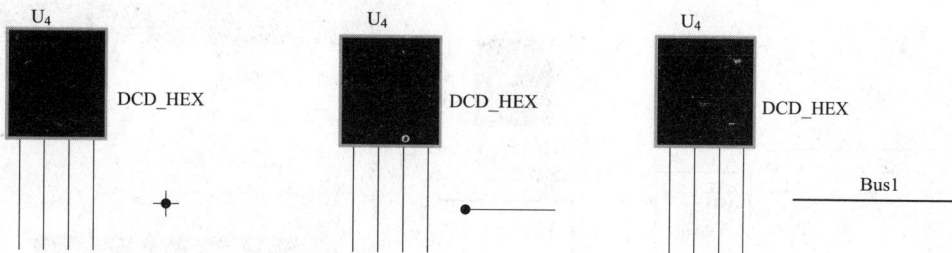

图 2.5.30　放置总线过程

2. 总线与电路的连接

将 Bus1 作为数据总线连入电路，可简化集成计数器 74LS194D 的数据输出端 $Q_1 \sim Q_4$ 与数码管 $U_4$、与非门 $U_{1A}$、或门 $U_5$ 之间的线路连接。具体连接方法如下：

（1）数码管与总线的连接。首先，断开数码管 $U_4$ 与集成计数器 74LS194D 之间的连接；然后从数码管 $U_4$ 的引脚处连接一条连线到总线 Bus1，接近总线时，会出现一个 +45° 或 −45° 的斜线，单击鼠标，弹出 Bus entry connection 对话框，将 Bus line 修改为 $Q_4$，即表明 $U_4$ 的这一引脚要与 74LS194D 的数据输出端 $Q_4$ 相连；修改完毕后，单击 OK 按键，完成引脚到总线的连接，如图 2.5.31 所示。数码管 $U_4$ 其他引脚与总线的连接与上述步骤类似。

（2）集成计数器 74LS194D 与总线的连接。首先，将鼠标移至总线 Bus1 的左侧端点，单

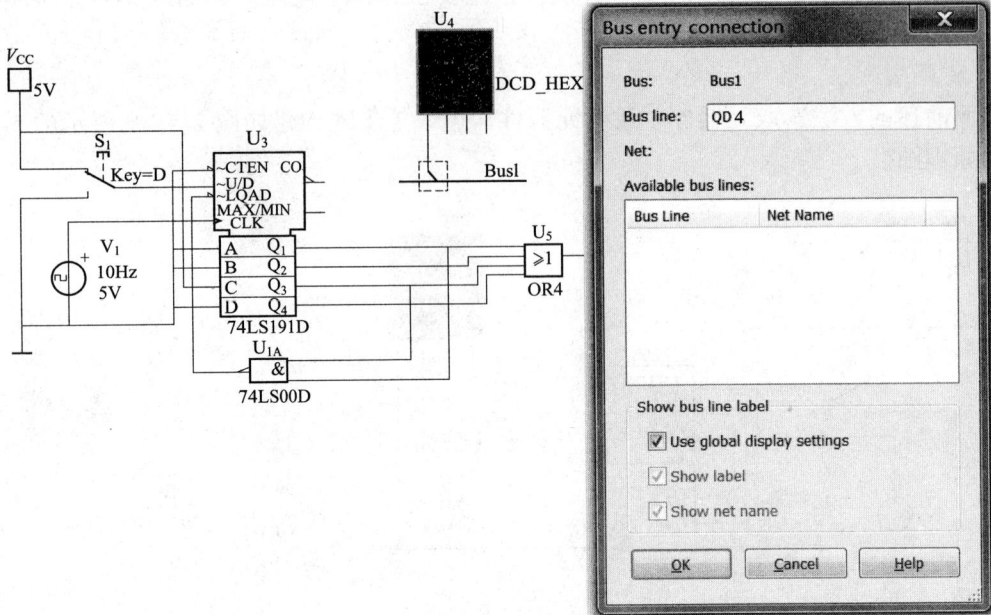

图 2.5.31　数码管与总线的连接

击鼠标左键并向下移动鼠标到合适的位置后，双击鼠标左键，完成 Bus1 的延长；其次，断开集成计数器 74LS194D 与门电路之间的连接；然后将 74LS194D 的 $Q_1$ 端与总线连接，在弹出 Bus entry connection 对话框中的可选总线连接线（Available bus lines）选项中选择 $Q_1$，单击 OK 按键，完成引脚到总线的连接，如图 2.5.32 所示。

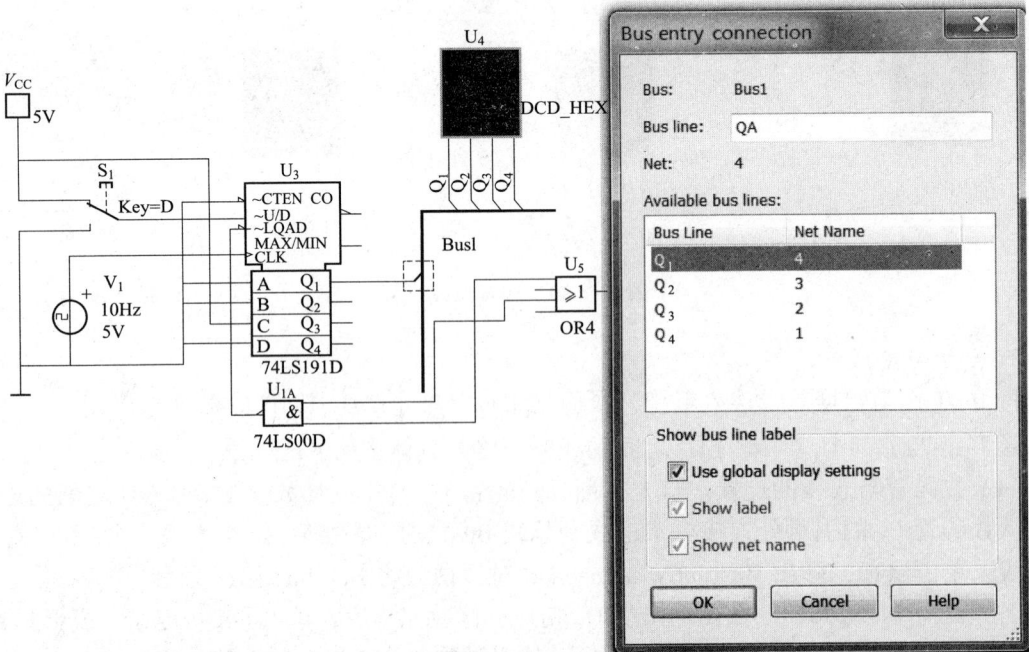

图 2.5.32　集成计数器与总线的连接

按照上述方法完成电路其他部分与总线的连接，并按照子电路的创建方法将电路中的四输入或门 $U_5$ 和非门 $U_{2A}$ 用子电路 "四输入或非门" 代替，得到含有总线结构和子电路的 5s 倒计时电路原理图，如图 2.5.33 所示。

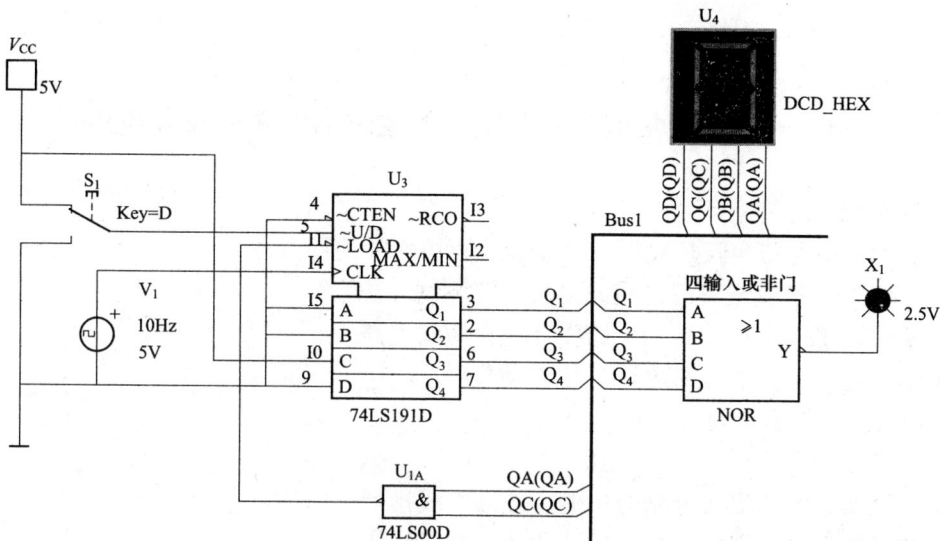

图 2.5.33 含有总线结构和子电路的 5s 倒计时电路原理图

**九、保存文件**

（1）选择菜单项 File | Save 或单击工具栏中的存储快捷键，弹出保存文件对话框。

（2）选定保存文件的路径。

（3）在文件名编辑框中输入文件名，如 "erjiguan"。

（4）单击 "保存" 按钮。

刚才绘制的电路图就保存在选定的路径中，以 "erjiguan. ms12" 为文件名的文件。

# 第3章 数字电路基础实验

## 实验一 TTL 集成逻辑门电路的逻辑功能测试及其应用

### 一、实验目的

(1) 熟悉数字电路实验开发板、示波器及万用表的使用方法。

(2) 掌握 TTL 集成逻辑门电路的逻辑功能测试方法。

(3) 掌握用 TTL 集成逻辑门电路设计组合逻辑电路。

(4) 学会记录实验中遇到的问题及解决方法。

### 二、预习要求与思考题

1. 预习要求

(1) 熟悉实验所用集成电路的功能、外部引线排列。

(2) 熟悉数字电路实验系统、示波器及万用表的使用方法。

(3) 复习组合逻辑电路的分析与设计方法，完成实验内容中电路的设计。

2. 思考题

(1) 怎样判断门电路逻辑功能是否正常？

(2) TTL 与非门多余输入端应如何处理？输入端悬空时，其输出端处于什么状态？

(3) 当有影响电路正常工作的竞争冒险现象出现时，应怎样消除？

(4) 通过本实验内容，你认为组合逻辑电路设计的关键步骤是什么？

### 三、实验原理

集成逻辑门电路是最简单、最基本的数字集成元件。任何复杂的组合逻辑电路和时序逻辑电路都可以用逻辑门通过适当的组合连接而成。集成逻辑门有许多种，如：与门、或门、非门、与非门、或非门、与或非门、异或门、OC 门、TS 门等。虽然，中、大规模集成电路相继问世，但组成某一系统时，仍少不了各种门电路，因此掌握逻辑门的工作原理，熟练、灵活地使用逻辑门是学习数字电子技术的基本要求之一。

1. 集成电路芯片简介

数字电路实验中所用到的集成电路芯片都是双列直插式的，其引脚排列规则如图 3.1.1 所示。外引脚的识别方法是：将集成电路的型号（如 74LS00）正对自己，定义左边凹口或小圆点标记下方的第一个引脚为 1 号引脚，从左下角开始按逆时针方向数 1、2、3…依次数到最后一脚（在左上角）。在标准型 TTL 集成逻辑门电路中，电源端 $V_{CC}$ 一般排在左上角，接地端 GND 一般排在右下角。如 74LS00 为 14 脚

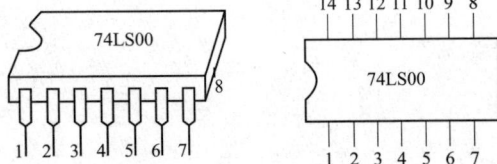

图 3.1.1 集成电路芯片引脚排列规则示意图

芯片，14 脚为 $V_{CC}$，7 脚为 GND。若芯片引脚上的标号为 NC，则表示该引脚为空脚，与内

部电路不相连。

2. 集成电路使用注意事项

（1）接插集成电路时，要认清定位标记，不得插反。在连接电路和插拔集成电路时，应先切断电源，严禁带电操作。

（2）TTL 集成逻辑电路电源电压严格控制在 +4.5 ~ +5.5V 之间，超过 5.5V 将损坏器件；低于 4.5V 器件的逻辑功能将不正常，实验中一般用 $V_{CC}$ = +5V。电源极性绝对不允许接反。

（3）为使门电路工作稳定，多余闲置的输入端一律不准悬空，与非门接 $V_{CC}$，或非门接 GND。若前级驱动能力允许，可以与使用的输入端并联。

（4）输入端通过电阻接地，电阻值的大小将直接影响电路所处的状态。当 $R \leqslant 680\Omega$ 时，输入端相当于逻辑"0"；当 $R \geqslant 4.7k\Omega$ 时，输入端相当于逻辑"1"。对于不同系列的器件，要求的阻值不同。

（5）输出端不允许并联使用（集电极开路门和三态输出门电路除外），否则不仅会使电路逻辑功能混乱，并会导致器件损坏。

（6）输出端不允许直接接地或直接接 +5V 电源，否则将损坏器件，有时为了使后级电路获得较高的输出电平，允许输出端通过电阻 $R$ 接至 $V_{CC}$，一般取 $R$ = 3 ~ 5.1k$\Omega$。

3. TTL 集成逻辑门电路

TTL 集成逻辑门电路具有工作速度高、输出幅度较大、种类多、不易损坏及使用范围较广等特点。由于 TTL 集成逻辑门电路适用于学生进行实验验证，因此本书大多采用 74LS 系列 TTL 集成逻辑门电路，它的工作电源电压为 (+5±0.5)V，逻辑高电平"1" ≥2.4V，逻辑低电平"0" ≤0.4V。常用的 TTL 集成逻辑门电路有：四二输入与非门 74LS00、二四输入与非门 74LS20、六反相器 74LS04 等。

（1）TTL 与非门 74LS00。图 3.1.2（a）是 74LS00 与非门的典型电路，图 3.1.2（b）是其逻辑符号。与非门的逻辑功能是：当输入端中有一个或一个以上是低电平时，输出端为高电平；只有当输入端全部为高电平时，输出才是低电平（即有"0"得"1"，全"1"得"0"）。其逻辑表达式为 $Y = \overline{AB}$。

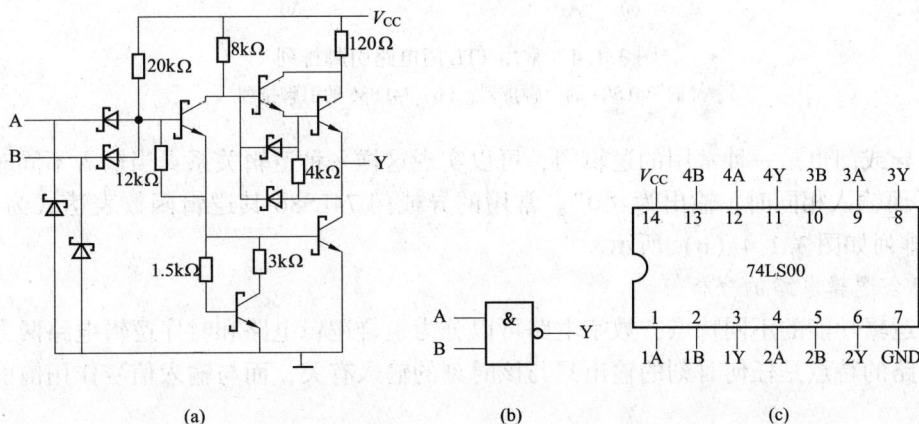

图 3.1.2  TTL 与非门（74LS00）

（a）74LS00 与非门典型电路；（b）逻辑符号；（c）74LS00 的引脚排列

74LS00 是 TTL 系列四二输入与非门，即在一块集成电路内含有四个独立的与非门。每个与非门有 2 个输入端，其引脚排列如图 3.1.2（c）所示。

（2）二四输入与非门 74LS20。74LS20 是 TTL 系列二四输入与非门，即在一块集成电路内含有两个互相独立的与非门。每个与非门有 4 个输入端。TTL 与非门 74LS20 如图 3.1.3 所示。74LS20 逻辑函数表达式为 $Y = \overline{ABCD}$。引脚排列如图 3.1.3（c）所示，其中 14 脚为 $V_{CC}$ 端接+5V 电源，7 脚为地，其余引脚为输入端和输出端。

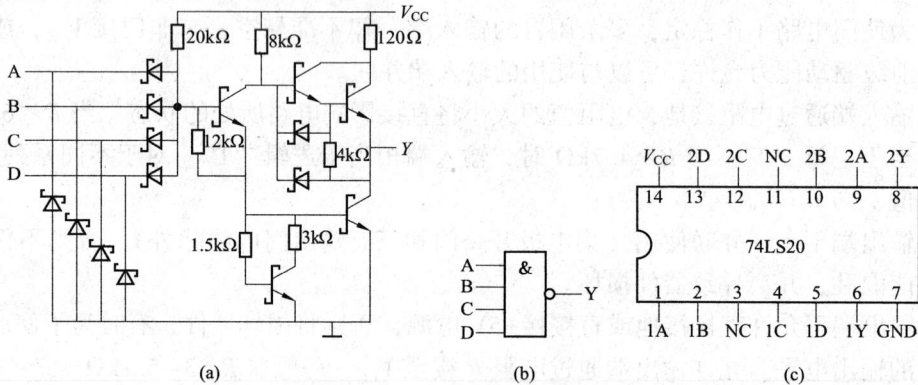

图 3.1.3　TTL 与非门 74LS20

（a）74LS20 与非门的电路；（b）逻辑符号；（c）74LS20 的引脚排列

（3）反相器又称为非门，常用的是六反相器 74LS04，其逻辑函数表达式为 $Y = \overline{A}$，引脚排列如图 3.1.4（a）所示。

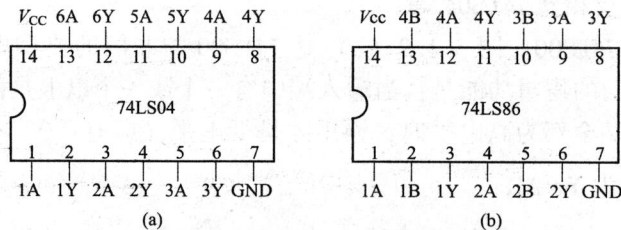

图 3.1.4　常用 TTL 门电路引脚排列

（a）74LS04 的引脚排列；（b）74LS86 的引脚排列

（4）异或门也是一种常用的逻辑门，可以实现这样一种逻辑关系：当输入不同时，输出为"1"；而输入相同时，输出为"0"。常用的异或门 74LS86 其逻辑函数表达式为 $Y = A \oplus B$。引脚排列如图 3.1.4（b）所示。

4. 组合逻辑电路的分析

根据逻辑功能的不同特点，数字电路可以分为组合逻辑电路和时序逻辑电路两大类。组合逻辑电路的特点是任何时刻的输出只与该时刻的输入有关，而与输入信号作用前的电路状态无关。

分析组合逻辑电路的目的是确定已知电路的逻辑功能，其步骤如下：

（1）由逻辑电路图写出各输出端的逻辑表达式。

(2) 化简和变换各逻辑表达式。

(3) 列出真值表。

(4) 根据真值表和逻辑表达式对逻辑电路进行分析，最后确定其功能。

5. 组合逻辑电路的设计

用集成门电路构成组合逻辑电路是设计数字电路的基础。组合逻辑电路的设计与分析过程刚好相反，其步骤如下：

(1) 逻辑抽象：根据设计要求确定输入、输出变量，并定义逻辑状态的含义。

(2) 根据逻辑描述列出真值表。

(3) 由真值表写出逻辑表达式。

(4) 根据设计要求所指定的器件类型，利用卡诺图或代数法，将逻辑表达式简化和变换为相应的形式。

(5) 画出逻辑图：用指定器件构成实际电路，测试验证其逻辑功能。

根据设计的逻辑电路图列出器件清单，组装电路，测试电路功能是否符合设计要求。如果逻辑测试结果不符合设计要求，则需要对上述过程进行重新调整。组合逻辑电路的设计一般要求电路"最简"，即电路所用的器件个数最少，器件的种类最少，器件之间的连线也最少。

**四、实验设备与器件**

(1) 数字电路实验系统。

(2) 数字万用表。

(3) 集成电路：74LS00　四二输入与非门　2 片；
　　　　　　　74LS04　六反相器　　　　1 片；
　　　　　　　74LS20　二四输入与非门　1 片；
　　　　　　　74LS86　四二输入异或门　1 片。

**五、实验内容与要求**

实验先检查数字电路实验开发板的电源是否正常，然后选择实验用的集成块芯片插入开发板中对应的 IC 插座，按自己设计的实验接线图接好连线。注意集成块芯片不能插反，电源与地不能反接，线接好后经检查无误后方可通电实验。实验中改动接线须先断开电源，接好线后再通电实验。

1. TTL 集成逻辑门电路逻辑功能的测试

(1) 两输入端与非门 74LS00 的逻辑功能测试电路如图 3.1.5 所示，测试其中一个与非门的输入和输出之间的逻辑关系。将输入端 A 和 B 接逻辑电平输出，输出端 Y 接逻辑电平显示，接通电源，拨动逻辑电平输出开关，输入相应的电平信号，验证与非门的逻辑功能，计入表 3.1.1 中。采用相同的方法，测试该芯片其他三个与非门的功能。

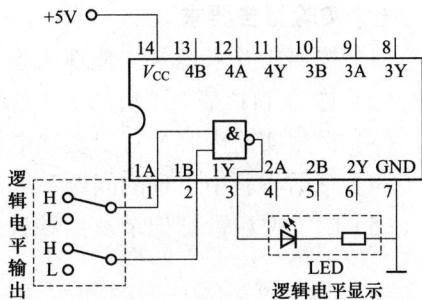

图 3.1.5　两输入端与非门 74LS00 的逻辑功能测试电路

(2) 四输入端与非门 74LS20 的引脚排列及逻辑符号如图 3.1.3 所示，测试其中一个与非门的输入和输出之间的逻辑关系，验证与非门的逻辑功能，并将结果计入表 3.1.2 中。采用相同的方法，测试该芯片另一个与非门的功能。

（3）非门 74LS04 的引脚排列及逻辑符号如图 3.1.4（a）所示，测试其中一个非门的输入和输出之间的逻辑关系，并将结果计入表 3.1.3 中。采用相同的方法，测试该芯片其他五个非门的功能。

（4）异或门 74LS86 的引脚排列及逻辑符号如图 3.1.4（b）所示，测试其中一个异或门的输入和输出之间的逻辑关系，并将结果计入表 3.1.1 中。采用相同的方法，测试该芯片其他三个异或门的功能。

2. 组合逻辑电路的分析

组合逻辑电路图如图 3.1.6 所示，分析该电路的逻辑功能。将输入端 A、B、C 接逻辑电平输出，输出端 Y、L 接逻辑电平显示，接通电源，拨动逻辑电平输出开关，输入相应的电平信号，将输出结果记入表 3.1.4 中。根据测试结果分析电路的逻辑功能。

3. 楼道顶灯控制电路的设计

楼道中的一个电灯 L，由 A、B、C 三个开关控制，电路如图 3.1.7 所示。要求任何一个开关都能控制该灯的亮和灭，且用 74LS00（四二输入与非门）实现该逻辑电路，在实验开发板上搭接并验证功能是否正确，并将结果记入表 3.1.5 中。

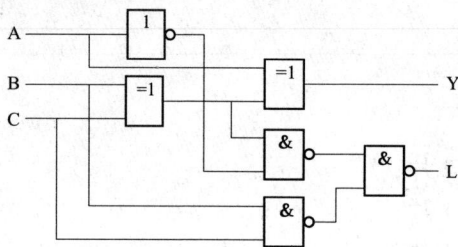

图 3.1.6　组合逻辑电路图　　　　图 3.1.7　楼道顶灯控制电路图

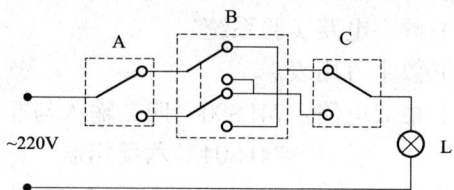

**六、注意事项**

（1）接通电源之前，需检查电源电压值和极性是否正确。

（2）插拔芯片及连接电路时应断电操作，避免损坏芯片。

（3）连接线插拔时应拿住插头，不要用力扯导线，以免连接线损坏。

（4）实验开发板不许放多余的导线，以免短路或损坏。

**七、实验报告要求**

（1）按实验要求记录、整理实验数据，并对实验结果进行分析。

（2）总结 TTL 基本逻辑门的逻辑功能。

（3）根据实验内容，写出实验电路的设计过程，并画出设计电路图。

（4）总结实验中出现的问题和解决的办法。

（5）附上原始数据记录及指导教师的签名。

# 实验原始数据记录

**实验内容 1：TTL 集成逻辑门电路逻辑功能的测试**

逻辑电路图：

实验数据：

**表 3. 1. 1　　　　　　　74LS00 逻辑功能测试和 74LS86 逻辑功能测试表**

| 输入 | | 74LS00 的输出 | 74LS86 的输出 |
|---|---|---|---|
| A | B | Y | Y |
| 0 | 0 | | |
| 0 | 1 | | |
| 1 | 0 | | |
| 1 | 1 | | |

**表 3. 1. 2　　　　　　　　74LS20 逻辑功能测试表**

| 输入 | | | | 输出 |
|---|---|---|---|---|
| A | B | C | D | Y |
| 1 | 1 | 1 | 1 | |
| 0 | 1 | 1 | 1 | |
| 0 | 0 | 1 | 1 | |
| 0 | 0 | 0 | 1 | |
| 0 | 0 | 0 | 0 | |

**表 3. 1. 3　　　　　　　　74LS04 逻辑功能测试表**

| 输入 | 输出 |
|---|---|
| A | Y |
| 0 | |
| 1 | |

实验结果分析：

**实验内容 2：组合逻辑电路的分析**

逻辑电路图：

逻辑表达式：

**表 3.1.4**                                 **逻辑功能测试表（一）**

| 输入 | | | 输出 | |
|---|---|---|---|---|
| A | B | C | Y | L |
| 0 | 0 | 0 | | |
| 0 | 0 | 1 | | |
| 0 | 1 | 0 | | |
| 0 | 1 | 1 | | |
| 1 | 0 | 0 | | |
| 1 | 0 | 1 | | |
| 1 | 1 | 0 | | |
| 1 | 1 | 1 | | |

实验结果分析：

**实验内容 3：楼道顶灯控制电路的设计**

设计思路：

逻辑电路图：

**表 3.1.5**                                 **逻辑功能测试表（二）**

| 输入 | | | 输出 |
|---|---|---|---|
| A | B | C | L |
| | | | |
| | | | |
| | | | |
| | | | |
| | | | |
| | | | |
| | | | |

实验结果分析：

指导教师：_____

实验日期：_____

# 实验二　TTL 集成逻辑门电路参数特性测试

## 一、实验目的

（1）掌握 TTL 集成逻辑门电路常用参数测试方法。

（2）熟悉集电极开路 OC 门及三态门的逻辑功能和使用方法。

（3）掌握三态门构成总线的特点及方法。

（4）掌握集电极负载电阻 $R_L$ 对 OC 门电路输出的影响。

## 二、预习要求与思考题

1. 预习要求

（1）仔细阅读第 1 章"1.1 示波器"的相关内容，掌握示波器的使用方法。

（2）复习 TTL 集电极开路门和三态门的工作原理。

（3）了解 74LS01、74LS125 的功能及外部引脚排列。

（4）分析图 3.2.6 中 OC 门的上接电阻的阻值范围，确定实验所选电阻值。

（5）试用 74LS01 OC 门电路实现函数：$Y = \overline{AB+CD+EF}$。

2. 思考题

（1）TTL 集成逻辑门电路中，逻辑"0"状态和逻辑"1"状态对应的标准电压值分别是多少？

（2）为什么 OC 门需要使用上拉电阻？几个 OC 门的输出端是否允许连接在一起？

（3）在实验中，如何判断三态门输出端是"0"状态还是高阻态？

## 三、实验原理

制造 TTL 集成逻辑门电路的厂家，通常都要为用户提供各种逻辑器件的数据手册，手册中要给出门电路输入伏安特性，输出伏安特性，整个电路的电压传输特性，输入和输出的高、低电压，噪声容量，传输延迟时间，功耗等。

1. TTL 与非门的主要参数

（1）输入低电平电流 $I_{IL}$ 和输入高电平电流 $I_{IH}$。

1）输入低电平电流 $I_{IL}$ 是指当门电路的输入端接低电平时，从门电路输入端流出的电流。在多级门电路中，$I_{IL}$ 相当于前级门输出低电平时，后级向前级门灌入的电流，因此它关系到前级门的灌电流负载能力，即直接影响前级门电路带负载的个数，因此希望 $I_{IL}$ 小一些。

2）输入高电平电流 $I_{IH}$ 是指当门电路的输入端接高电平时，流入输入端的电流。在多级门电路中，$I_{IH}$ 相当于前级门输出高电平时，前级门的拉电流负载，其大小关系到前级门的拉电流负载能力，希望 $I_{IH}$ 小一些。通常 $I_{IH}$ 的值非常小，几乎为 0。

输入低电平电流 $I_{IL}$ 和输入高电平电流 $I_{IH}$ 的测试电路如图 3.2.1 所示。

（2）扇出系数 $N_0$ 的测试。扇出系数 $N_0$ 是指门电路能驱动同类门的个数，它是衡量门电路带负载能力的一个参数，TTL 与非门有两种不同性质的负载，即灌电流负载和拉电流负载，因此有两种扇出系数，即低电平扇出系数 $N_{OL}$ 和高电平扇出系数 $N_{OH}$。通常 $I_{IH}<I_{IL}$，则 $N_{OH}>N_{OL}$，故常以 $N_{OL}$ 作为门的扇出系数。

$N_{OL}$ 的测试电路如图 3.2.2 所示，门的输入端全部悬空，输出端接灌电流负载 $R_L$，调节 $R_L$ 使 $I_{OL}$ 增大，$U_{OL}$ 随之增高，当 $U_{OL}$ 达到 $U_{OLm}$（手册规定低电平规范值 0.4V）时的 $I_{OL}$ 就是

允许灌入的最大负载电流，则

$$N_{OL}=\frac{I_{OL}}{I_{IL}}, \quad 通常\ N_{OL}\geqslant 8$$

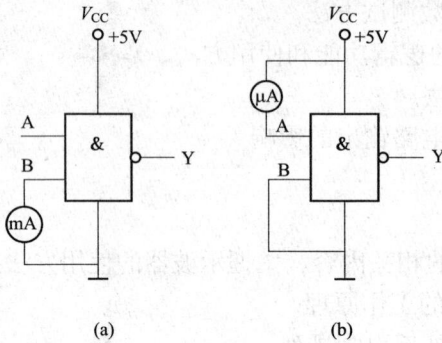

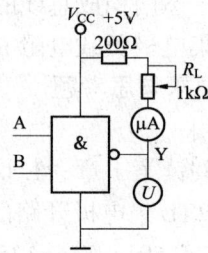

图 3.2.1　TTL 与非门静态参数测试电路　图 3.2.2　TTL 与非门扇出系数测试电路

（a）$I_{IL}$ 测试电路；（b）$I_{IH}$ 测试电路

（3）电压传输特性。门的输出电压 $U_O$ 随输入电压 $U_I$ 的变化而变化，即 $U_O=f(U_I)$，称为门的电压传输特性。通过门的电压传输特性可读得门电路的一些重要参数，如输出高电平 $U_{OH}$，输出低电平 $U_{OL}$，关门电平 $U_{OFF}$，开门电平 $U_{ON}$，阈值电平 $U_T$ 及抗干扰容限 $U_{NL}$、$U_{NH}$ 等值。TTL 与非门电压传输特性测试电路如图 3.2.3 所示，采用逐点测试法，即调节电位器 $R_W$，逐点测得 $U_I$ 及 $U_O$，然后绘成曲线。

（4）输入端负载特性。TTL 与非门电路的输入电压随输入端与地之间的电阻值变化的曲线称为输入端负载特性。TTL 与非门输入端负载特性测试电路如图 3.2.4 所示。

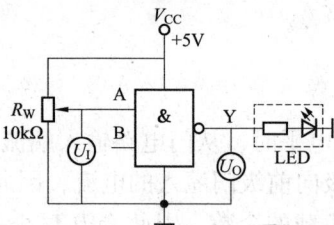

图 3.2.3　TTL 与非门电压传输特性测试电路　图 3.2.4　TTL 与非门输入端负载特性测试电路

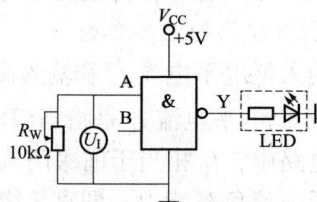

## 2. 集电极开路门

在数字系统中，有时需要将 2 个或 2 个以上集成逻辑门的输出端相连，从而实现输出相与（线与）的功能，这样在使用门电路组合各种逻辑电路时，可以很大程度地简化电路。由于推拉式输出结构的 TTL 集成逻辑门电路不允许将不同逻辑门的输出端直接并接使用，为使 TTL 集成逻辑门电路实现"线与"功能，常把电路中的输出级改为集电极开路结构，简称 OC（open collector）结构。

本实验所用 OC 门为四二输入与非门 74LS01，电路结构及引脚排列如图 3.2.5 所示。从图中可见，集电极开路门电路与推拉式输出结构的 TTL 集成逻辑门电路区别在于：当输出三极管 T2 管截止时，OC 门的输出端 Y 处于高阻状态，而推拉式输出结构 TTL 集成逻辑门的输出为高电平。所以，实际应用时，若希望 T2 管截止时 OC 门也能输出高电平，必须在输出端外接上拉电阻 $R_L$ 到电源 $V_{CC}$。电阻 $R_L$ 和电源 $V_{CC}$ 的数值选择必须保证 OC 门输出的高、低电平符合后级电路的逻辑要求，同时 T2 的灌电流负载不能过大，以免造成 OC 门受损。

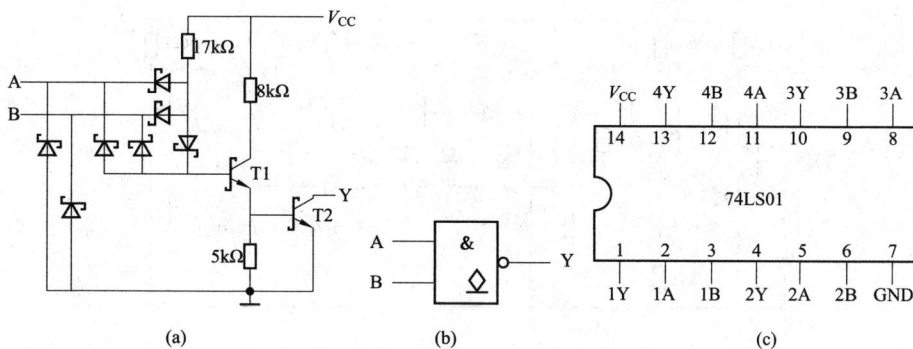

图 3.2.5 集电极开路与非门电路 74LS01

(a) 74LS01 的电路；(b) 逻辑符号；(c) 74LS01 的引脚排列

假设将 $n$ 个 OC 门的输出端并联"线与"，负载是 $m$ 个 TTL 与非门的输入端，如图 3.2.6 所示。为了保证 OC 门的输出电平符合逻辑要求，OC 门外接上拉电阻 $R_L$ 的数值应介于 $R_{Lmax}$ 和 $R_{Lmin}$ 所规定的范围之内。其中，上拉电阻最大值和最小值分别为

$$R_{Lmax} = \frac{V'_{CC} - U_{OH}}{mI_{OH} + mI_{IH}}, \qquad R_{Lmin} = \frac{V'_{CC} - U_{OL}}{I_{LM} - m'I_{IL}} \qquad (3-1)$$

式中　$U_{OH}$——OC 门输出高电平；

　　　$U_{OL}$——OC 门输出低电平；

　　　$V'_{CC}$——负载电阻 $R_L$ 所接的外接电源电压；

　　　$m'$——负载门的个数；

　　　$I_{IH}$——负载门高电平输入电流；

　　　$I_{IL}$——负载门低电平输入电流；

　　　$I_{OLmax}$——OC 门导通时输出端允许的最大灌电流；

　　　$I_{OH}$——OC 门输出截止时的漏电流。

图 3.2.6 OC 门
上拉电阻的计算

负载电阻 $R_L$ 值不能选得过大，否则 OC 门的输出高电平可能小于 $U_{Omin}$；$R_L$ 值也不可太小，否则 OC 门输出低电平时的灌电流可能超过最大允许的负载电流 $I_{OLmax}$。

OC 门电路应用的范围广泛，利用电路的"线与"特性，可以方便实现某些特殊的逻辑功能，如图 3.2.7 所示把两个以上 OC 结构的与非门"线与"可完成与或非的逻辑功能，实现电平的转换等任务。

由于集电极开路门具有上述特性，因而获得了广泛的应用，如：

(1) 利用电路的线与特性方便地完成某些特定的逻辑功能。

(2) 实现多路信息采集，使两路以上的信息共用一个传输通道（总线）。

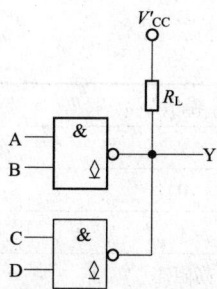

图 3.2.7 OC 门实现
"线与"逻辑电路图

(3) 实现逻辑电平的转换，例如用 TTL（OC）门驱动 CMOS 电路

的电平转换。

3. 三态输出门

三态输出门（简称三态门）的电路结构是在普通门电路的基础上附加控制电路构成的。本实验采用的三态输出四总线缓冲器 74LS125，其电路结构及引脚排列如图 3.2.8 所示。

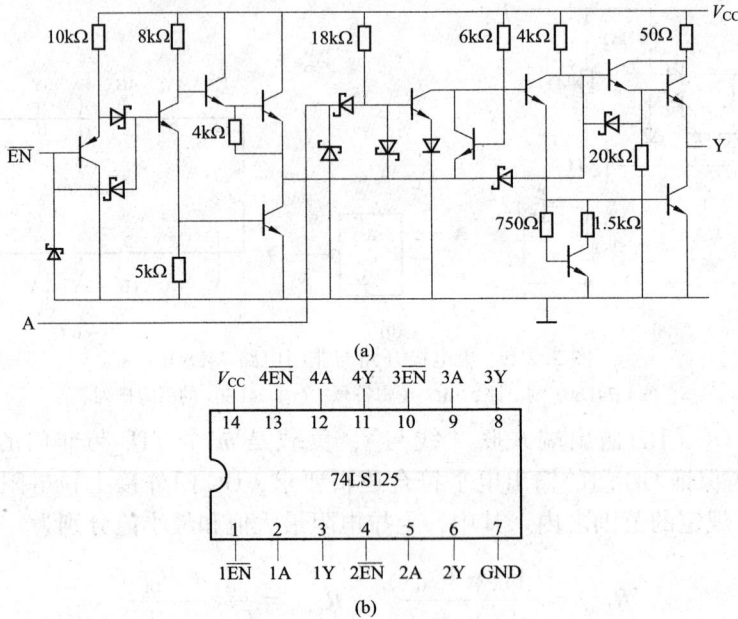

(a)

(b)

图 3.2.8　三态输出四总线缓冲器 74LS125 电路结构和引脚排列

（a）三态输出四总线缓冲器 74LS125 电路结构；（b）74LS125 的引脚排列

从表 3.2.1 中可以看出，在三态使能端 $\overline{EN}$ 的控制下，输出端 Y 有三种可能出现的状态，即高阻态、关态（高电平）、开态（低电平）。当 $\overline{EN}$ = "1" 时，电路输出 Y 呈现高阻状态，当 $\overline{EN}$ = "0" 时，实现 Y＝A 的逻辑功能，即 $\overline{EN}$ 为低电平有效。

在数字系统中，为了能在同一条线路上分时传递若干个门电路的输出信号，减少各个单元电路之间连线数目，常采用总线结构，如图 3.2.9 所示的三态门电路，其主要应用之一就是实现总线传输，只要在工作时控制各个三态门的 $\overline{EN}$ 端轮流有效，且在任何时刻仅有一个有效，就可以把 $A_1$，$A_2$，$A_3$，…，$A_n$ 信号分别轮流通过总线进行传递。

表 3.2.1　　　　　　　　　　　　　三态门 74LS125 的功能表

| 输入 | | 输出 |
| --- | --- | --- |
| $\overline{EN}$ | A | Y |
| 0 | 0 | 0 |
| 0 | 1 | 1 |
| 1 | × | 高阻态 |

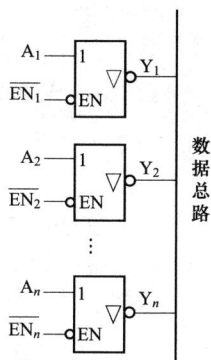

图 3.2.9　三态门接成总线结构电路原理图

**四、实验设备与器件**

（1）数字电路实验系统。

（2）双踪示波器。

（3）数字万用表。

（4）集成电路：74LS00　四二输入与非门　　　　　　　1片；

　　　　　　　　74LS01　四二输入与非门（OC门）　　1片；

　　　　　　　　74LS125 四总线三态缓冲器　　　　　　1片。

（5）其他组件：200Ω电阻、100kΩ电位器、导线若干。

**五、实验内容与要求**

1. TTL 与非门的主要参数测试

（1）分别按图 3.2.1 和图 3.2.2 接线并进行测试，将测试结果记入表 3.2.2 中。注：测电阻阻值时需要断开电路。

（2）测量电压传输特性。按测试电路图 3.2.3 接线，采用逐点测试法，即调节电位器 $R_W$，使 $U_I$ 从 0V 向高电平变化，逐点测量 $U_I$、$U_O$ 及 LED 状态，将结果记入表 3.2.3 中，并在坐标纸上画出传输特性曲线。

（3）测量输入端负载特性。接测试电路图 3.2.4 接线，调节电位器 $R_W$，逐点测量输入电压 $U_I$ 和对应的电位器 $R_W$ 阻值，记入表 3.2.4 中，并在坐标纸上画出输入端负载特性曲线。

2. 集电极开路与非门（OC门）

（1）TTL 集电极开路与非门 74LS01 负载电阻 $R_L$ 的确定。将 TTL 集电极开路与非门 74LS01 的四个输出端连接在一起，驱动六反相器 74LS04，如图 3.2.6 所示，用两个集电极开路与非门"线与"后驱动一个 TTL 非门，负载电阻 $R_L$ 用 200Ω 电阻和 100kΩ 电位器串联而成，用实验方法确定 $R_{Lmax}$ 和 $R_{Lmin}$ 的阻值，并和理论计算值相比较，填入表 3.2.5 中。

（2）按预习要求（5）用 OC 门电路 74LS01 实现函数：$Y = \overline{AB+CD+EF}$，验证逻辑功能。

3. 三态输出门

（1）按表 3.2.1 验证 74LS125 三态输出门的逻辑功能。将三态门输入端接逻辑电平输出开关，使能端 $\overline{EN}$ 接单脉冲源，输出端接逻辑电平显示，按表 3.2.1 逐项测试其逻辑功能，将测试结果记入表 3.2.6。

（2）试用 74LS125 实现总线传输。根据如图 3.2.9 所示的实验电路原理，先将 4 个三态门的使能端都接高电平"1"，然后轮流使其中一个使能端接低电平"0"（不能同时使 2 个以上的使能端为"0"），在输入端 $A_1$、$A_2$、$A_3$、$A_4$ 加连续脉冲信号，用示波器观察并记录输出端 Y 的状态。

### 六、实验注意事项

（1）画出实测的电压传输特性曲线，并从特性上求出被测与非门的输出高电平 $U_{OH}$，输出低电平 $U_{OL}$，最小输入高电平 $U_{IH(min)}$，最大输入低电平 $U_{IL(max)}$，并求出该与非门的高电平噪声容限 $U_{NH} = U_{OH(min)} - U_{IH(min)}$。其中：

标准高电平：$U_{OH(min)} = U_{SH} = 2.7V$；

标准低电平：$U_{OL(max)} = U_{SL} = 0.5V$。

关门电平：$U_{IL(max)} = U_{OFF}$；

开门电平：$U_{IH(min)} = U_{ON}$。

（2）画出实测的输入端负载特性曲线。

（3）进行 OC 门线与实验时，一定要先计算出负载电阻 $R_L$ 值，再进行实验。

（4）做三态门实现总线实验时，三态门的使能端不能有一个以上同时接低电平"0"，否则会使电路出错。

### 七、实验报告要求

（1）按照实验内容画出逻辑电路图，写出对应的表达式。

（2）记录并归纳实验过程中出现的问题及其解决方法。

# 实 验 原 始 数 据 记 录

**实验内容 1：TTL 与非门的主要参数测试**

1. TTL 与非门主要参数测试

逻辑电路图：

**表 3.2.2**　　　　　　　　　　　　**TTL 与非门主要参数测试**

| $I_{\text{IL}}$（mA） | $R_{\text{L}}$（Ω） | $U_{\text{OL}}$（V） | $I_{\text{OL}}=\dfrac{V_{\text{CC}}-U_{\text{OL}}}{R_{\text{L}}+200}$（mA） | $N_{\text{O}}=\dfrac{I_{\text{OL}}}{I_{\text{IL}}}$ |
|---|---|---|---|---|
| 0.105 | | | | |

2. TTL 与非门电压传输特性测试

逻辑电路图：

**表 3.2.3**　　　　　　　　　　　　**TTL 与非门电压传输特性测试**

| $U_{\text{I}}$（V） | 0 | | | | | | | | | | 5 |
|---|---|---|---|---|---|---|---|---|---|---|---|
| $U_{\text{O}}$（V） | | | | | | | | | | | |
| LED 状态 | | | | | | | | | | | |

电压传输特性曲线：

3. TTL 与非门输入端负载特性测试

逻辑电路图：

**表 3.2.4                    TTL 与非门输入端负载特性测试**

| $R_W$（V） | 0 | | | | | | | | | 10kΩ |
|---|---|---|---|---|---|---|---|---|---|---|
| $U_I$（V） | | | | | | | | | | |
| LED 状态 | | | | | | | | | | |

输入端负载特性曲线：

**实验内容 2：集电极开路与非门（OC 门）**

1. TTL 集电极开路与非门 74LS01 负载电阻 $R_L$ 的确定

逻辑电路图：

**表 3.2.5                    负载电阻 $R_L$ 的测定**

| 负载电阻 $R_L$ | 理论值（Ω） | 测量值（Ω） |
|---|---|---|
| $R_{Lmax}$ | | |
| $R_{Lmin}$ | | |

实验结果分析：

2. TTL 集电极开路与非门 74LS01 实现函数：$Y = \overline{AB+CD+EF}$

逻辑电路图：

实验结果分析：

**实验内容 3：三态输出门**

1. 74LS125 三态输出门的逻辑功能

逻辑电路图：

表 3. 2. 6　　　　　　　　　　　　　　　非门逻辑功能测试

| 输入 | | 输出 |
| --- | --- | --- |
| $\overline{EN}$ | A | Y |
|  |  |  |
|  |  |  |
|  |  |  |
|  |  |  |

实验结果分析：

2. 74LS125 实现总线传输

逻辑电路图：

实验结果：（输出端 Y 的波形记录）

指导教师：_____

实验日期：_____

## 实验三　编码器、译码器和数据选择器

### 一、实验目的
(1) 掌握组合逻辑电路的设计方法与调试方法。
(2) 掌握中规模数字集成电路——编码器和译码器的逻辑功能。
(3) 进一步提高排除数字电路故障的能力。

### 二、预习要求与思考题
1. 预习要求
(1) 复习编码器、译码器的工作原理，了解中规模编码器、译码器的性能和使用方法。
(2) 根据实验内容与要求设计实验电路，并列出相应的表格以备记录。
2. 思考题
译码器 74LS138 作为数据分配器使用时，对于 $G_1$、$G_{2A}$、$G_{2B}$ 的设置方法，除了图 3.3.4 外，还有什么方法?

### 三、实验原理
图 3.3.1 给出了组合电路设计的一般步骤。首先将实际问题用真值表或卡诺图描述出来；然后根据所选的器件进行相应的逻辑变换，进而得出逻辑电路；最后搭建电路进行测试。

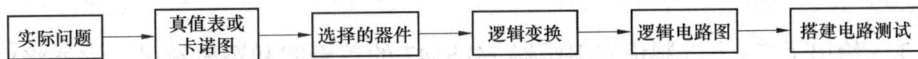

图 3.3.1　组合逻辑电路设计步骤

中规模组合逻辑电路设计和小规模组合电路设计的不同之处在于它一般不必进行太多的化简，所以设计过程简单，且电路所用器件较少。

1. 编码器
为了区分一系列不同的事物，将其中的每个事物用一组二值代码表示，这就是编码的含义。在二值逻辑电路中，信号都是以高、低电平的形式给出的。因此，编码器的逻辑功能就是把输入的每一个高、低电平信号编成一组对应的二进制代码。目前常用的编码器有普通编码器和优先编码器两类。

(1) 普通编码器。普通编码器任何时刻只允许输入一个编码信号，否则输出将发生混乱。现以图 3.3.2 所示四线-二线编码器为例，分析普通编码器的工作原理。其输入是 $I_0 \sim I_3$，输出是两位二进制代码 $Y_1 Y_0$。四线-二线编码器功能表见表 3.3.1。

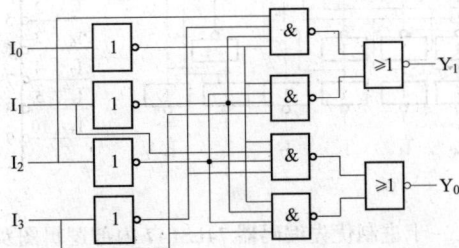

图 3.3.2　四线-二线编码器的逻辑图

**表 3.3.1**                    四线－二线编码器的功能表

| 输入 | | | | 输出 | |
|---|---|---|---|---|---|
| $I_0$ | $I_1$ | $I_2$ | $I_3$ | $Y_1$ | $Y_0$ |
| 1 | 0 | 0 | 0 | 0 | 0 |
| 0 | 1 | 0 | 0 | 0 | 1 |
| 0 | 0 | 1 | 0 | 1 | 0 |
| 0 | 0 | 0 | 1 | 1 | 1 |

按照表 3.3.1 写出对应的逻辑函数表达式为：$Y_1 = \overline{I_0}I_1I_2\overline{I_3} + \overline{I_0}I_1I_2I_3$，$Y_0 = \overline{I_0}I_1\overline{I_2}I_3 + \overline{I_0}I_1I_2$ $I_3$。如果任何时刻 $I_0 \sim I_3$ 中仅有一个取值为 "1"，即输入变量取值的组合仅有表 3.3.1 列出的四种状态，则输入变量为其他取值时其值等于 "1" 的那些最小项均为约束项。利用约束项可将表达式化简为：$Y_1 = I_2 + I_3$，$Y_0 = I_1 + I_3$。即四线－二线编码器电路也可由两个或门构成。

由此可以看出，编码器在同一时刻只有一个输入被转为二进制码，被编码的信号个数 $N$ 与二进制代码位数 $n$ 的关系为 $N = 2^n$。如八线－三线编码器有 8 个输入、3 位二进制码输出，十线－四线编码器有 10 个输入、4 位二进制码输出。

（2）优先编码器。优先编码器允许同时输入两个以上编码信号，不过在设计编码器时已将所有的输入信号按优先顺序排了队，当多个输入信号同时出现时，只对优先权最高的一个进行编码。

图 3.3.3 给出了二－十进制优先编码器 74LS147 的逻辑图和逻辑符号。它能将 $\overline{I_1} \sim \overline{I_9}$ 9 个输入信号编成 10 个 BCD 码，其中 $\overline{I_9}$ 的优先权最高，$\overline{I_1}$ 的优先权最低，逻辑表达式为

$$\left\{ \begin{array}{l} \overline{Y_3} = \overline{I_8 + I_9} \\[2mm] \overline{Y_2} = \overline{I_7\,\overline{I_8}\,\overline{I_9} + I_6\,\overline{I_8}\,\overline{I_9} + I_5\,\overline{I_8}\,\overline{I_9} + I_4\,\overline{I_8}\,\overline{I_9}} \\[2mm] \overline{Y_1} = \overline{I_7\,\overline{I_8}\,\overline{I_9} + I_6\,\overline{I_8}\,\overline{I_9} + I_3\,\overline{I_4}\,\overline{I_5}\,\overline{I_8}\,\overline{I_9} + I_2\,\overline{I_4}\,\overline{I_5}\,\overline{I_8}\,\overline{I_9}} \\[2mm] \overline{Y_0} = \overline{I_9 + I_7\,\overline{I_8}\,\overline{I_9} + I_5\,\overline{I_6}\,\overline{I_8}\,\overline{I_9} + I_3\,\overline{I_4}\,\overline{I_6}\,\overline{I_8}\,\overline{I_9} + I_1\,\overline{I_2}\,\overline{I_4}\,\overline{I_6}\,\overline{I_8}\,\overline{I_9}} \end{array} \right.$$

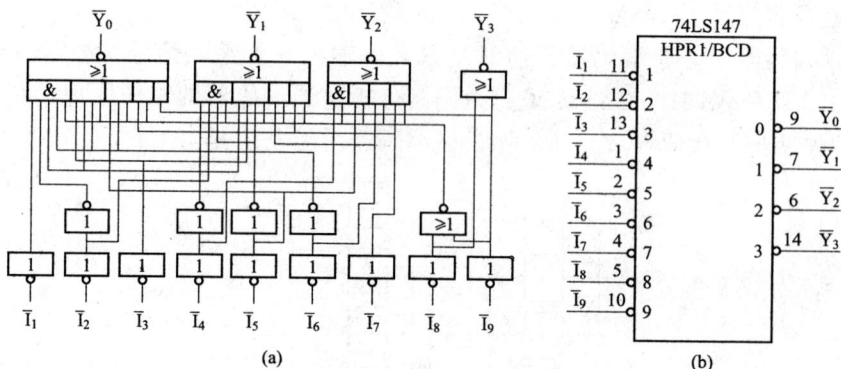

图 3.3.3    二－十进制优先编码器 74LS147 内部逻辑图及逻辑符号

（a）内部逻辑图；（b）逻辑符号

2. 译码器

译码器是一个多输入、多输出的组合逻辑电路。它的逻辑功能是将每个输入的二进制代码译成对应的输出高、低电平信号。因此，译码是编码的逆过程。常用的译码器可以分成二进制译码器、代码译码器和显示译码器。译码器在数字系统中有广泛的用途，不仅用于代码的转换、终端的数字显示，还用于数据分配，存储器寻址和组合控制信号等。

（1）二进制译码器又称变量译码器，其输入是一组二进制代码，输出是一组与输入代码一一对应的高、低电平信号。若有 $n$ 个输入变量，就有 $2^n$ 个输出，每一个输出所代表的函数对应于 $n$ 个输入变量的最小项。如二线-四线、三线-八线和四线-十六线译码器。

以三线-八线译码器 74LS138 为例进行分析，图 3.3.4 为其内部逻辑图及引脚排列。74LS138 将 3 个二进制输入 $A_2$、$A_1$、$A_0$ 的 8 种组合翻译成对应的 8 个输出信号 $Y_0 \sim Y_7$（低电平有效）。74LS138 还有 3 个附加的控制端 $G_1$、$G_{2A}$、$G_{2B}$。当 $G_1 = 1$，$G_{2A} = G_{2B} = 0$ 时，译码器处于工作状态。否则，译码器被禁止，所有输出端被封锁在高电平，见表 3.3.2。

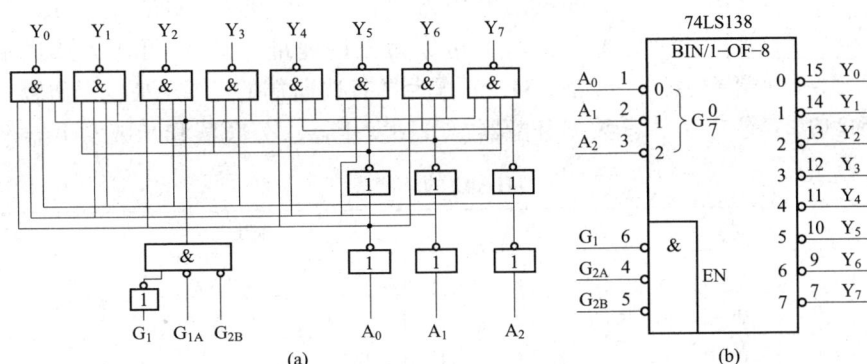

图 3.3.4　三线-八线译码器 74LS138 内部逻辑图及逻辑符号

（a）内部逻辑图；（b）逻辑符号

表 3.3.2　　　　　　　　　　　　　　　　**74LS138 功能表**

| 输入 | | | | | | 输出 | | | | | | | |
|---|---|---|---|---|---|---|---|---|---|---|---|---|---|
| $G_1$ | $G_{2A}$ | $G_{2B}$ | $A_2$ | $A_1$ | $A_0$ | $Y_0$ | $Y_1$ | $Y_2$ | $Y_3$ | $Y_4$ | $Y_5$ | $Y_6$ | $Y_7$ |
| × | 1 | × | × | × | × | 1 | 1 | 1 | 1 | 1 | 1 | 1 | 1 |
| × | × | 1 | × | × | × | 1 | 1 | 1 | 1 | 1 | 1 | 1 | 1 |
| 0 | × | × | × | × | × | 1 | 1 | 1 | 1 | 1 | 1 | 1 | 1 |
| 1 | 0 | 0 | 0 | 0 | 0 | 0 | 1 | 1 | 1 | 1 | 1 | 1 | 1 |
| 1 | 0 | 0 | 0 | 0 | 1 | 1 | 0 | 1 | 1 | 1 | 1 | 1 | 1 |
| 1 | 0 | 0 | 0 | 1 | 0 | 1 | 1 | 0 | 1 | 1 | 1 | 1 | 1 |
| 1 | 0 | 0 | 0 | 1 | 1 | 1 | 1 | 1 | 0 | 1 | 1 | 1 | 1 |
| 1 | 0 | 0 | 1 | 0 | 0 | 1 | 1 | 1 | 1 | 0 | 1 | 1 | 1 |
| 1 | 0 | 0 | 1 | 0 | 1 | 1 | 1 | 1 | 1 | 1 | 0 | 1 | 1 |
| 1 | 0 | 0 | 1 | 1 | 0 | 1 | 1 | 1 | 1 | 1 | 1 | 0 | 1 |
| 1 | 0 | 0 | 1 | 1 | 1 | 1 | 1 | 1 | 1 | 1 | 1 | 1 | 0 |

**注**　×—任意态。

　　带控制端的二进制译码器实际上也是数据分配器，将其中的一个控制端作为数据输入端，器件就成为一个数据分配器。根据输入地址的不同组合译出唯一地址，故可用作地址译码器。除此之外，利用控制端能方便地将两个三线–八线译码器组成一个四线–十六线译码器。

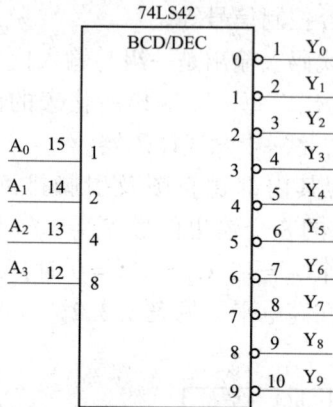

图 3.3.5　二–十进制译码器
74LS42 的逻辑符号

　　一个三线–八线译码器能产生 3 变量函数的全部最小项，利用这一点能够方便地实现 3 变量逻辑函数。

　　（2）代码变换译码器。代码变换译码器的一个最典型的例子就是二–十进制译码器。二–十进制译码器的逻辑功能是将输入的 BCD 码的 10 个代码译成 10 个高、低电平输出信号。图 3.3.5 是二–十进制译码器 74LS42 的逻辑符号。

　　从功能表 3.3.3 可知，74LS42 没有选通端，因为在逻辑关系中拒绝伪码（不存在的码）输入，器件一旦遇到伪码所有输出结果均为 "1"（禁止）。如果 $Y_8$、$Y_9$ 闲置不用时，$A_0$、$A_1$、$A_2$ 可作为三位地址，则 $A_3$ 可作为选通端使用，此时 74LS42 可作为具有选通端的三线–八线译码器，还可作为数据分配器、节拍发生器、分频器和函数发生器等。

**表 3.3.3　74LS42 的功能表**

| 序号 | 输入 | | | | 输出 | | | | | | | | | |
|---|---|---|---|---|---|---|---|---|---|---|---|---|---|---|
| | $A_3$ | $A_2$ | $A_1$ | $A_0$ | $Y_0$ | $Y_1$ | $Y_2$ | $Y_3$ | $Y_4$ | $Y_5$ | $Y_6$ | $Y_7$ | $Y_8$ | $Y_9$ |
| 0 | 0 | 0 | 0 | 0 | 0 | 1 | 1 | 1 | 1 | 1 | 1 | 1 | 1 | 1 |
| 1 | 0 | 0 | 0 | 1 | 1 | 0 | 1 | 1 | 1 | 1 | 1 | 1 | 1 | 1 |
| 2 | 0 | 0 | 1 | 0 | 1 | 1 | 0 | 1 | 1 | 1 | 1 | 1 | 1 | 1 |
| 3 | 0 | 0 | 1 | 1 | 1 | 1 | 1 | 0 | 1 | 1 | 1 | 1 | 1 | 1 |
| 4 | 0 | 1 | 0 | 0 | 1 | 1 | 1 | 1 | 0 | 1 | 1 | 1 | 1 | 1 |
| 5 | 0 | 1 | 0 | 1 | 1 | 1 | 1 | 1 | 1 | 0 | 1 | 1 | 1 | 1 |
| 6 | 0 | 1 | 1 | 0 | 1 | 1 | 1 | 1 | 1 | 1 | 0 | 1 | 1 | 1 |
| 7 | 0 | 1 | 1 | 1 | 1 | 1 | 1 | 1 | 1 | 1 | 1 | 0 | 1 | 1 |
| 8 | 1 | 0 | 0 | 0 | 1 | 1 | 1 | 1 | 1 | 1 | 1 | 1 | 0 | 1 |
| 9 | 1 | 0 | 0 | 1 | 1 | 1 | 1 | 1 | 1 | 1 | 1 | 1 | 1 | 0 |
| 伪码 | 1 | 0 | 1 | 0 | 1 | 1 | 1 | 1 | 1 | 1 | 1 | 1 | 1 | 1 |
| | 1 | 0 | 1 | 1 | 1 | 1 | 1 | 1 | 1 | 1 | 1 | 1 | 1 | 1 |
| | 1 | 1 | 0 | 0 | 1 | 1 | 1 | 1 | 1 | 1 | 1 | 1 | 1 | 1 |
| | 1 | 1 | 0 | 1 | 1 | 1 | 1 | 1 | 1 | 1 | 1 | 1 | 1 | 1 |
| | 1 | 1 | 1 | 0 | 1 | 1 | 1 | 1 | 1 | 1 | 1 | 1 | 1 | 1 |
| | 1 | 1 | 1 | 1 | 1 | 1 | 1 | 1 | 1 | 1 | 1 | 1 | 1 | 1 |

　　如直接利用 74LS42 作数据分配器的电路如图 3.3.6 所示。$A_0$、$A_1$、$A_2$ 作为地址输入，$A_3$ 作为数据输入。这样输入数据就分配到由地址指定的那个输出端。例如 $A_2A_1A_0 = 001$，$Y_1$ 就有数据输出。如果把数据端加上时钟脉冲，则分配器就构成脉冲分配器。

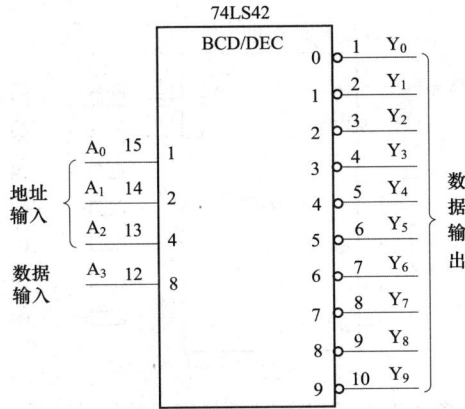

图 3.3.6　74LS42 作为数据分配器

（3）数码显示及译码器。

1）七段数码显示器。为了能将数字量直观的显示出来，目前使用最广泛的是七段数码显示器。七段数码显示器将 8 个（含小数点）发光二极管按照一定的方式排列起来，利用不同发光段的组合，显示不同数码。按内部连接方式不用，可分为共阳极和共阴极两种接法，如图 3.3.7 所示。

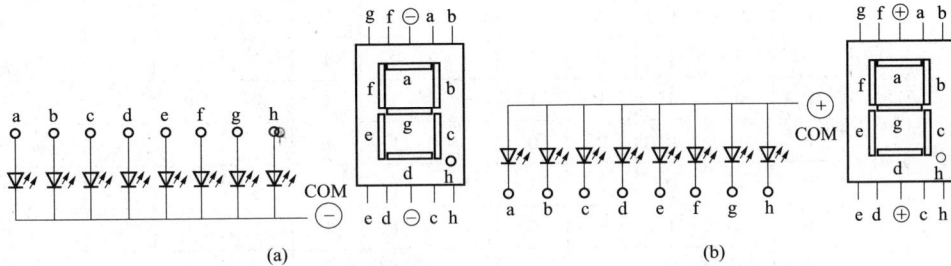

图 3.3.7　七段数码显示器
（a）共阴极连接（高电平驱动）；（b）共阳极连接（低电平驱动）

2）BCD 码-七段显示译码器。为了使数码显示器能将数码所代表的数显示出来，必须将数码经译码器译码后，经驱动器驱动对应的发光段。该译码器不但要完成译码功能，还要有相当的驱动能力。此类译码器型号有 74LS47（共阳）、74LS48（共阴）、CD4511（共阴）等，下面介绍本系统采用的 CD4511。

CD4511 是用于驱动共阴极数码显示器的 BCD 码-七段译码器，特点是：具有 BCD 转换、消隐和锁存控制、七段译码及驱动功能的 CMOS 电路，能够提供较大的拉电流，可直接驱动 LED 显示器。CD4511 内接有上拉电阻，故只需在输出端与数码管各段之间串联限流电阻即可工作。本实验系统已完成了译码器 CD4511 和数码管之间的连接，如图 3.3.8 所示。实验时，只需将十进制数的 BCD 码接至译码器的相应输入端 A、B、C、D 即可显示 0～9 的数字。

表 3.3.4 为 CD4511 功能表。其中 A、B、C、D 为 BCD 码输入端；a、b、c、d、e、f、g 为译码输出端，此外还有 3 个控制端：测试输入端$\overline{\text{LT}}$、消隐输入端$\overline{\text{BI}}$、锁存控制端 LE。

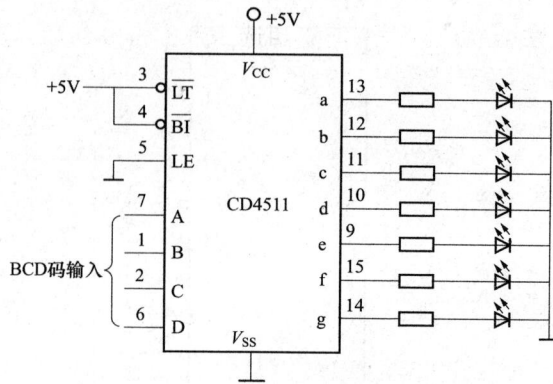

图 3.3.8　BCD4511 驱动七段数码显示器

表 3.3.4 　　　　　　　　　　　　　**CD4511 功能表**

| 输入 | | | | | | | 输出 | | | | | | | |
|---|---|---|---|---|---|---|---|---|---|---|---|---|---|---|
| LE | $\overline{BI}$ | $\overline{LT}$ | D | C | B | A | a | b | c | d | e | f | g | 显示字形 |
| × | × | 0 | × | × | × | × | 1 | 1 | 1 | 1 | 1 | 1 | 1 | 8 |
| × | 0 | 1 | × | × | × | × | 0 | 0 | 0 | 0 | 0 | 0 | 0 | 消隐 |
| 0 | 1 | 1 | 0 | 0 | 0 | 0 | 1 | 1 | 1 | 1 | 1 | 1 | 0 | 0 |
| | | | 0 | 0 | 0 | 1 | 0 | 1 | 1 | 0 | 0 | 0 | 0 | 1 |
| | | | 0 | 0 | 1 | 0 | 1 | 1 | 0 | 1 | 1 | 0 | 1 | 2 |
| | | | 0 | 0 | 1 | 1 | 1 | 1 | 1 | 1 | 0 | 0 | 1 | 3 |
| | | | 0 | 1 | 0 | 0 | 0 | 1 | 1 | 0 | 0 | 1 | 1 | 4 |
| | | | 0 | 1 | 0 | 1 | 1 | 0 | 1 | 1 | 0 | 1 | 1 | 5 |
| | | | 0 | 1 | 1 | 0 | 0 | 0 | 1 | 1 | 1 | 1 | 1 | 6 |
| | | | 0 | 1 | 1 | 1 | 1 | 1 | 1 | 0 | 0 | 0 | 0 | 7 |
| | | | 1 | 0 | 0 | 0 | 1 | 1 | 1 | 1 | 1 | 1 | 1 | 8 |
| | | | 1 | 0 | 0 | 1 | 1 | 1 | 1 | 0 | 0 | 1 | 1 | 9 |
| 0 | 1 | 1 | 1 | 0 | 1 | 0 | 0 | 0 | 0 | 0 | 0 | 0 | 0 | 消隐 |
| | | | 1 | 0 | 1 | 1 | | | | | | | | |
| | | | 1 | 1 | 0 | 0 | | | | | | | | |
| | | | 1 | 1 | 0 | 1 | | | | | | | | |
| | | | 1 | 1 | 1 | 0 | | | | | | | | |
| | | | 1 | 1 | 1 | 1 | | | | | | | | |
| 1 | 1 | 1 | × | × | × | × | 锁存 | | | | | | | 锁存 |

**注**　×为任意态。

3. 数据选择器

　　数据选择是指经过选择，把多个通道的数据传输到唯一的公共数据通道上去。实现数据选择功能的逻辑电路称为数据选择器它的作用相当于多个输入的单刀多掷开关，如图 3.3.9 所示。常用的数据选择器有四选一和八选一、十六选一等多种类型，下面以双四选一数据选择器 74LS153 为例进行分析。

74LS153 为双四选一数据选择器,所谓双四选一数据选择器就是在一块集成芯片上有两个四选一数据选择器。其逻辑符号如图 3.3.10 所示,功能见表 3.3.5。从 74LS153 的逻辑符号可见,$1\overline{S}$、$2\overline{S}$ 为两个独立的使能端;$A_1$、$A_0$ 为公用的地址输入端;$1D_0 \sim 1D_3$ 和 $2D_0 \sim 2D_3$ 分别为两个四选一数据选择器的数据输入端;1Y、2Y 为两个输出端。当使能端 $1\overline{S}$($2\overline{S}$)= 1 时,多路开关被禁止,无输出,1Y(2Y)= 0;当使能端 $1\overline{S}$($2\overline{S}$)= 0 时,多路开关正常工作,根据地址码 $A_1$、$A_0$ 的状态,将相应的数据 $D_0 \sim D_3$ 送到输出端 1Y(2Y)。

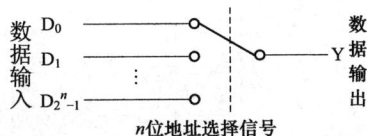

图 3.3.9  数据选择器示意图

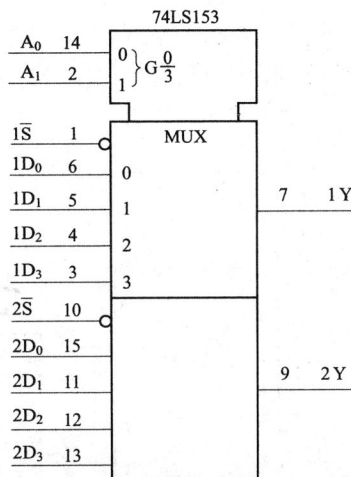

图 3.3.10  74LS153 的逻辑符号

**表 3.3.5**  双四选一数据选择器功能表

| 输入 | | | 输出 |
|---|---|---|---|
| $1\overline{S}$($2\overline{S}$) | $A_1$ | $A_0$ | 1Y(2Y) |
| 1 | × | × | 0 |
| 0 | 0 | 0 | $D_0$ |
| 0 | 0 | 1 | $D_1$ |
| 0 | 1 | 0 | $D_2$ |
| 0 | 1 | 1 | $D_3$ |

数据选择器的用途很多,可以实现逻辑函数、并行数据到串行数据的转换、多通道传输等。

**四、实验设备与器件**

(1)数字电路实验系统。

(2)数字万用表。

(3)集成电路:74LS147  二-十进制优先编码器  1 片;

74LS138  三线-八线译码器  1 片;

CD4511  BCD-7 段数码管译码器/驱动器;

74LS42  二-十进制译码器  1 片;

74LS153  双四选一数据选择器  1 片;

74LS04  六反相器  1 片;

74LS00  四二输入与非门  1 片。

共阳七段显示数码管  1 个。

## 五、实验内容与要求

### 1. 编码器及带译码驱动的数码管的逻辑功能测试

按图 3.3.11 接线，并根据实验报告中表 3.3.6 的要求完成对二－十进制优先编码器 74LS147、带译码驱动的七段数码显示器的逻辑功能进行测试，将结果填入表 3.3.6 中。其中 $\overline{I_1} \sim \overline{I_9}$ 接逻辑电平输出，$\overline{Y_0} \sim \overline{Y_3}$ 接逻辑电平显示，A～D 接逻辑电平显示和七段数码显示器的 A、B、C、D 端（注意：74LS147 的输出端与数码管的输入端之间需接入反相器）。

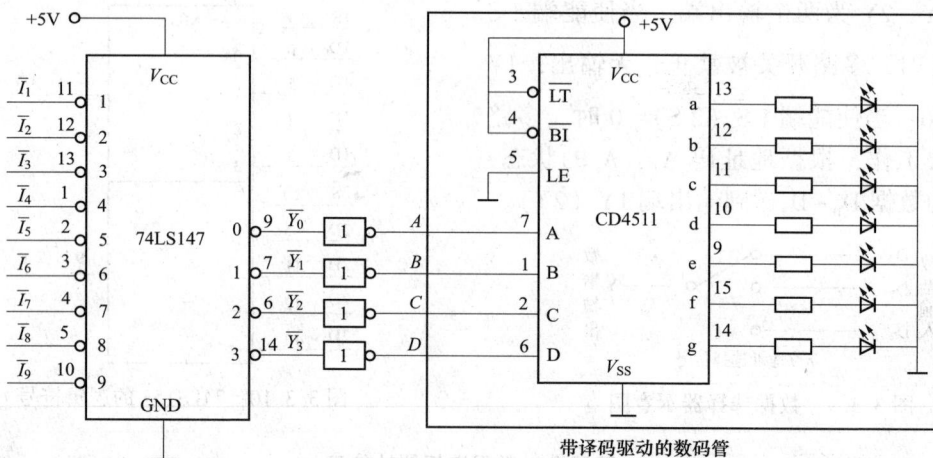

图 3.3.11　编码器及译码器的逻辑功能测试

### 2. 用 74LS138 和与非门设计三路报警电路

设计一个三路报警电路，当第一路有报警信号时，数码管显示为 1；当第二路有报警时，数码管显示 2；当第三路有报警时，数码管显示 3；当两路或两路以上有报警信号时，数码管显示 4；当无报警信号时，数码管显示 0。要求：用 74LS138 和与非门设计此电路，观察并记录实验现象。

### 3. 用 74LS42 构成数据分配器（选作）

用 74LS42 构成数据分配器，将数据输入和地址输入分别接逻辑电平输出，输出端接逻辑电平显示，改变输入 $A_3$、$A_2$、$A_1$、$A_0$ 的值，使得输出的状态从 $Y_0 \sim Y_9$ 依次为低电平。根据要求设计逻辑电路以及实验步骤，观察并记录实验现象。

### 4. 用 74LS153 实现逻辑函数 $Z = \overline{A}\,\overline{B}\,C + A\overline{B}\,\overline{C} + \overline{A}\,\overline{B}\,\overline{C} + ABC$

利用 74LS153 实现逻辑函数，函数的输入变量 A、B、C 分别接逻辑电平输出开关，输出端 Z 接逻辑电平显示。要求：写出设计过程，画出逻辑电路图，根据所设计的电路连接实验线路，观察输出状态并填表 3.3.9。

## 六、注意事项

更换芯片时注意芯片的方向，不要损坏芯片引脚。改变电路要先断开电源。

## 七、实验报告

（1）整理实验数据、图表并对实验结果进行分析讨论。

（2）总结实验中出现的问题和解决的办法。

# 实 验 原 始 数 据 报 告

**实验内容 1：编码器及带译码驱动的数码管的逻辑功能测试**

逻辑电路图：

表 3.3.6　　　　　　　　　编码器、译码器及数据选择器的逻辑功能测试

| 74LS147 | | | | | | | | | | | | | 带译码驱动的数码管 | | | | |
|---|---|---|---|---|---|---|---|---|---|---|---|---|---|---|---|---|---|
| 输入 | | | | | | | | | 输出 | | | | 输入 | | | | 显示字形 |
| $\overline{I_1}$ | $\overline{I_2}$ | $\overline{I_3}$ | $\overline{I_4}$ | $\overline{I_5}$ | $\overline{I_6}$ | $\overline{I_7}$ | $\overline{I_8}$ | $\overline{I_9}$ | $\overline{Y_3}$ | $\overline{Y_2}$ | $\overline{Y_1}$ | $\overline{Y_0}$ | D | C | B | A | |
| 1 | 1 | 1 | 1 | 1 | 1 | 1 | 1 | 1 | | | | | | | | | |
| 0 | 1 | 1 | 1 | 1 | 1 | 1 | 1 | 1 | | | | | | | | | |
| × | 0 | 1 | 1 | 1 | 1 | 1 | 1 | 1 | | | | | | | | | |
| × | × | 0 | 1 | 1 | 1 | 1 | 1 | 1 | | | | | | | | | |
| × | × | × | 0 | 1 | 1 | 1 | 1 | 1 | | | | | | | | | |
| × | × | × | × | 0 | 1 | 1 | 1 | 1 | | | | | | | | | |
| × | × | × | × | × | 0 | 1 | 1 | 1 | | | | | | | | | |
| × | × | × | × | × | × | 0 | 1 | 1 | | | | | | | | | |
| × | × | × | × | × | × | × | 0 | 1 | | | | | | | | | |
| × | × | × | × | × | × | × | × | 0 | | | | | | | | | |

实验结果分析：

**实验内容 2：用 74LS138 和与非门设计三路报警电路**

设计思路：

逻辑电路图：

**表 3.3.7**                                      **逻辑功能测试表**

| 输入 | | | 数码管显示 |
|:---:|:---:|:---:|:---:|
| C | B | A | |
| 0 | 0 | 0 | |
| 0 | 0 | 1 | |
| 0 | 1 | 0 | |
| 0 | 1 | 1 | |
| 1 | 0 | 0 | |
| 1 | 0 | 1 | |
| 1 | 1 | 0 | |
| 1 | 1 | 1 | |

实验结果分析：

**实验内容 3：用 74LS42 构成数据分配器（选作）**
设计思路：

逻辑电路图：

表 3.3.8　　　　　　　　74LS42 构成的数据分配器的逻辑功能测试表

| 数据输入 | 地址输入 | | | 输出 | | | | | | | | | |
|---|---|---|---|---|---|---|---|---|---|---|---|---|---|
| $A_3$ | $A_2$ | $A_1$ | $A_0$ | $Y_0$ | $Y_1$ | $Y_2$ | $Y_3$ | $Y_4$ | $Y_5$ | $Y_6$ | $Y_7$ | $Y_8$ | $Y_9$ |
| | | | | 0 | | | | | | | | | |
| | | | | | 0 | | | | | | | | |
| | | | | | | 0 | | | | | | | |
| | | | | | | | 0 | | | | | | |
| | | | | | | | | 0 | | | | | |
| | | | | | | | | | 0 | | | | |
| | | | | | | | | | | 0 | | | |
| | | | | | | | | | | | 0 | | |
| | | | | | | | | | | | | 0 | |
| | | | | | | | | | | | | | 0 |

实验结果分析：

**实验内容 4：用 74LS153 实现逻辑函数 Z=$\overline{A}\ \overline{B}\ \overline{C}$+$\overline{A}B\ \overline{C}$+$A\ \overline{B}\ \overline{C}$+$ABC$**

设计思路：

逻辑电路图：

**表 3.3.9**　　　　　　　　　　　　　　　　函数 Z 的功能表

| 输入 | | | 输出 |
|---|---|---|---|
| C | B | A | Z |
| 0 | 0 | 0 | |
| 0 | 0 | 1 | |
| 0 | 1 | 0 | |
| 0 | 1 | 1 | |
| 1 | 0 | 0 | |
| 1 | 0 | 1 | |
| 1 | 1 | 0 | |
| 1 | 1 | 1 | |

实验结果分析：

指导教师：＿＿＿＿＿＿＿＿＿

实验日期：＿＿＿＿＿＿＿＿＿

## 实验四　集成触发器及其应用

**一、实验目的**

（1）掌握基本 RS、JK、D 和 T 触发器的逻辑功能，熟悉触发器之间相互转换的方法。

（2）掌握集成触发器的逻辑功能及使用方法。

**二、预习要求与思考题**

1. 预习要求

（1）仔细阅读第一章 "1.1 示波器" 的相关内容，熟悉示波器的使用方法。

（2）熟悉各种触发器逻辑功能、表示方法、触发方式以及其外部引线。

（3）按实验内容要求设计实验电路，拟定测试步骤和记录表格。

2. 思考题

（1）如何将 JK 触发器、D 触发器的初态置为 "0"，置为 "1"？

（2）JK 触发器若 $\overline{R_D} = \overline{S_D} = 1$，$J = K = 1$，问此时输出端 Q 的输出频率与时钟信号频率之间存在什么关系？

（3）RS 触发器为什么不允许出现两个输入同时为 "0" 的情况？

**三、实验原理**

触发器具有两个稳定状态，用以表示逻辑状态 "1" 和 "0"，在一定的外界信号作用下，可以从一个稳定状态翻转到另一个稳定状态，它是一个具有记忆功能的二进制信息存储器件，是构成各种时序电路的最基本逻辑单元。

1. 基本 RS 触发器

图 3.4.1 为由两个与非门交叉耦合构成的基本 RS 触发器，它是无时钟控制低电平直接触发的触发器。R 和 S 为电平输入端，低电平有效。Q 与 $\overline{Q}$ 为两个互补输出端。通常把 Q=0、$\overline{Q}=1$ 的状态定为触发器 "0" 状态；而把 Q=1，$\overline{Q}=0$ 定为 "1" 状态。

基本 RS 触发器具有置 "0"、置 "1" 和 "保持" 三种功能。

通常称 R 为置 "0" 端，因为 R=0（S=1）时触发器被置 "0"；S 为置 "1" 端，因为 S=0（R=1）时触发器被置 "1"；当 R=S=1 时状态保持；当 R=S=0 时，由于两个与非门的延迟时间存在差别，使触发器的输出状态可能是 "0"，也可能是 "1"，触发器状态不定，应避免此种情况发生。表 3.4.1 为基本 RS 触发器的功能表。

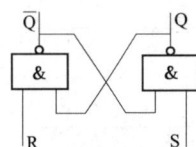

图 3.4.1　基本 RS 触发器

**表 3.4.1　　　　　　　　　　　基本 RS 触发器功能表**

| 输入 | | 输出 | |
|---|---|---|---|
| R | S | $Q^{n+1}$ | $\overline{Q}^{n+1}$ |
| 0 | 0 | $\phi$ | $\phi$ |
| 0 | 1 | 0 | 1 |
| 1 | 0 | 1 | 0 |
| 1 | 1 | $Q^n$ | $\overline{Q}^n$ |

**注**　$\phi$—不定态。

基本 RS 触发器也可以用两个或非门组成，此时为高电平触发有效。

2. JK 触发器

在输入信号为双端的情况下，JK 触发器是功能完善、使用灵活和通用性较强的一种触发器。JK 触发器常被用作缓冲存储器，移位寄存器和计数器。本实验采用 74LS112 双 JK 触发器，是下降边沿触发的边沿触发器。引脚功能及逻辑符号如图 3.4.2 所示。

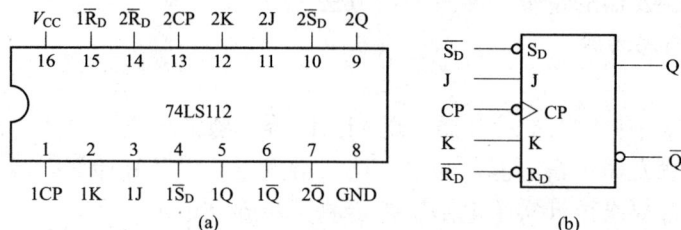

图 3.4.2 74LS112 双 JK 触发器引脚排列及逻辑符号
（a）引脚功能；（b）逻辑符号

JK 触发器的状态方程为 $Q^{n+1} = J\bar{Q}^n + \bar{K}Q^n$。J 和 K 是数据输入端，是触发器状态更新的依据，若 J、K 有 2 个或 2 个以上输入端时，组成"与"的关系。表 3.4.2 为下降沿触发 JK 触发器的功能表。

表 3.4.2 下降沿触发 JK 触发器的功能表

| 输入 | | | | | 输出 | |
|---|---|---|---|---|---|---|
| $\bar{R}_D$ | $\bar{S}_D$ | CP | J | K | $Q^{n+1}$ | $\bar{Q}^{n+1}$ |
| 0 | 0 | × | × | × | $\phi$ | $\phi$ |
| 0 | 1 | × | × | × | 0 | 1 |
| 1 | 0 | × | × | × | 1 | 0 |
| 1 | 1 | ↓ | 0 | 0 | $Q^n$ | $\bar{Q}^n$ |
| 1 | 1 | ↓ | 0 | 1 | 0 | 1 |
| 1 | 1 | ↓ | 1 | 0 | 1 | 0 |
| 1 | 1 | ↓ | 1 | 1 | $\bar{Q}^n$ | $Q^n$ |
| 1 | 1 | ↑ | × | × | $Q^n$ | $\bar{Q}^n$ |

注 ×—任意态；$\phi$—不定态；$Q^n$、$\bar{Q}^n$—现态；$Q^{n+1}$、$\bar{Q}^{n+1}$—次态；↓—高到低电平跳变；↑—低到高电平跳变。

3. D 触发器

在输入信号为单端的情况下，D 触发器用起来最为方便，其状态方程为 $Q^{n+1} = D^n$，其输出状态的更新发生在 CP 脉冲的上升沿，故又称为上升沿触发的边沿触发器，触发器的状态只取决于时钟到来前 D 端的状态，D 触发器的应用很广，可用作数字信号的寄存、移位寄存、分频和波形发生等。有很多种型号可供各种用途的需要而选用。如双 D 触发器 74LS74、四 D 触发器 74LS175、六 D 触发器 74LS174 等。图 3.4.3 为双 D 触发器 74LS74 的引脚排列及逻辑符号，功能见表 3.4.3。

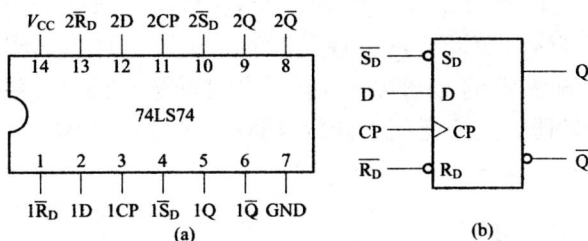

图 3.4.3　双 D 触发器 74LS74 引脚排列及逻辑符号

**表 3.4.3** **上升沿触发 D 触发器的功能表**

| 输入 | | | | 输出 | |
|---|---|---|---|---|---|
| $\overline{R_D}$ | $\overline{S_D}$ | CP | D | $Q^{n+1}$ | $\overline{Q}^{n+1}$ |
| 0 | 0 | × | × | $\phi$ | $\phi$ |
| 0 | 1 | × | × | 0 | 1 |
| 1 | 0 | × | × | 1 | 0 |
| 1 | 1 | ↑ | 0 | 0 | 1 |
| 1 | 1 | ↑ | 1 | 1 | 0 |
| 1 | 1 | ↓ | × | $Q^n$ | $\overline{Q}^n$ |

### 4. 触发器之间的相互转换

在集成触发器的产品中，每一种触发器都有其固定的逻辑功能，但可以利用转换的方法获得具有其他功能的触发器。例如将 JK 触发器的 J、K 两端相连，作为输入端 T，就可得到 T 触发器，如图 3.4.4 （a） 所示，其状态方程为 $Q^{n+1} = T\overline{Q}^n + \overline{T}Q^n$，功能表见表 3.4.4。JK 触发器也可转换为 D 触发器，如图 3.4.4 （b） 所示。

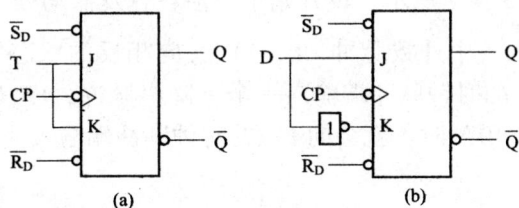

图 3.4.4　JK 触发器转换为 T、D 触发器图
(a) T 触发器；(b) D 触发器

**表 3.4.4** **T 触发器功能表**

| 输入 | | | | 输出 |
|---|---|---|---|---|
| $\overline{R_D}$ | $\overline{S_D}$ | CP | T | $Q^{n+1}$ |
| 0 | 1 | × | × | 0 |
| 1 | 0 | × | × | 1 |
| 1 | 1 | ↓ | 0 | $Q^n$ |
| 1 | 1 | ↓ | 1 | $\overline{Q}^n$ |

由表 3.4.4 可见，当 T=0 时，时钟脉冲作用后，其状态保持不变；当 T=1 时，时钟脉冲作用后，触发器状态翻转。所以若将 T 触发器的 T 端置"1"，如图 3.4.5（a）所示，即得到了 T′触发器。在 T′触发器的 CP 端每当有一个时钟脉冲信号，触发器的状态就翻转一次，故又称之为反转触发器，其广泛用于计数电路中。同样，若将 D 触发器端与 D 端相连，也可得到 T′触发器，如图 3.4.5（b）所示。

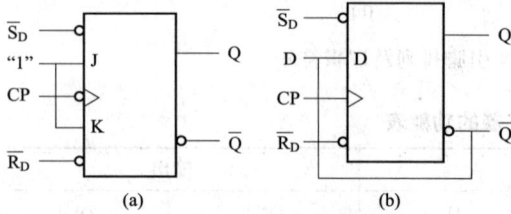

图 3.4.5　T′触发器

（a）JK 触发器转换为 T′触发器；

（b）D 触发器装换为 T′触发器

**5. 触发器构成异步二进制计数器**

异步计数器计数时是采取从低位到高位逐位进位的方式工作的，各触发器不是同时翻转。

图 3.4.6 是用下降沿触发的 T′触发器组成的 3 位异步二进制加法计数器，T′触发器是令 JK 触发器的 J=K=1 得到的。由于所有的触发器都是在时钟信号下降沿动作，因此进位信号应从低位的 Q 端（即 $Q_0$ 端）引出。最低位触发器 $FF_0$ 的时钟信号 CP 就是要记录的计数输入脉冲。

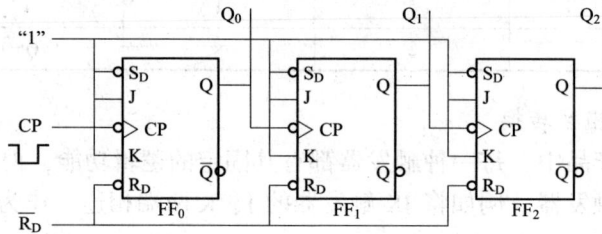

图 3.4.6　由 JK 触发器组成的 3 位异步二进制加计数器

该电路的时序图如图 3.4.7 所示。设开始工作前各触发器均处于"0"状态（利用清零信号 $\overline{R_D}$ 置"0"）。每输入一个计数脉冲 CP，$FF_0$ 就向相反的状态翻转一次；当 $Q_0$ 由"1"变为"0"时，就会向 $FF_1$ 的时钟脉冲端输入一个下降沿脉冲，$FF_1$ 向相反的状态翻转一次；同样，当 $Q_1$ 由"1"变为"0"时，就会向 $FF_2$ 的时钟脉冲端输入一个下降沿脉冲，$FF_2$ 向相反的状态翻转一次。

根据图 3.4.7 所示的时序图，可以画出该电路的状态转换图，如图 3.4.8 所示。该计数器有 000~111 共 8 个状态，是八进制计数器，也称为 3 位二进制计数器。从时序图中可以看出，$Q_0$、$Q_1$、$Q_2$ 的周期分别是时钟脉冲 CP 的 2 倍、4 倍、8 倍。也就是说，$Q_0$、$Q_1$、$Q_2$ 分别对时钟脉冲 CP 进行了二分频、四分频、八分频。因此，计数器也可用作分频器。

异步二进制计数器结构简单，通过改变级联触发器的个数，可以很方便的改变二进制计数器的位数。$N$ 个触发器可以构成 $N$ 位二进制计数器。

如果将 T′触发器之间按照二进制减法计数规则连接，就得到异步二进制减法计数器。按照二进制减法计数规则，若低位触发器为"0"，则输入一个减法计数脉冲后应翻转为"1"，同时向高位发出借位信号，使高位翻转。图 3.4.9 就是按照上述规则接成的 3 位异步二进制减法计数器，它的时序图和状态转换图如图 3.4.10 所示。

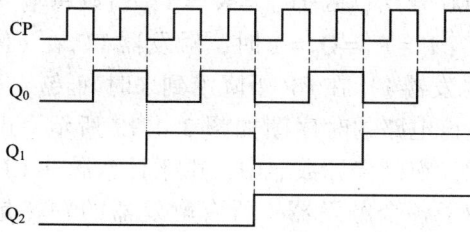

图 3.4.7　图 3.4.6 电路的时序图

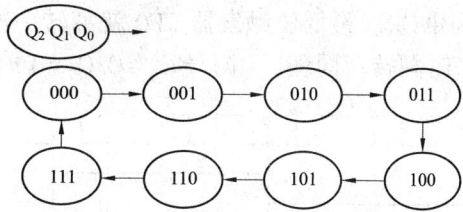

图 3.4.8　图 3.4.6 电路的状态转换图

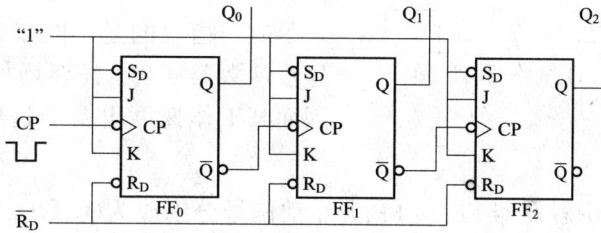

图 3.4.9　由 JK 触发器组成的 3 位异步二进制减计数器

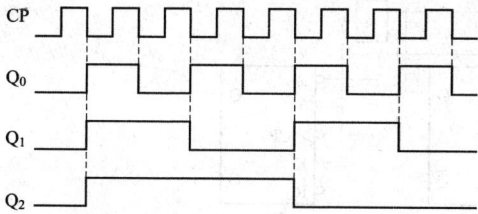

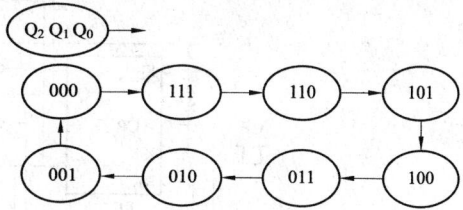

(a)　　　　　　　　　　　　　　　(b)

图 3.4.10　图 3.4.9 电路的时序图和状态转换图

（a）时序图；（b）状态转换图

**6. 触发器构成同步二进制计数器**

为了提高计数速度，可采用同步计数器，其特点是计数脉冲同时接于各位触发器的时钟脉冲端，当计数脉冲到来时，各触发器同时被触发，应该翻转的触发器是同时翻转的，没有各级延迟时间的积累问题。同步计数器也可称为并行计数器。

图 3.4.11 是用 JK 触发器组成的 3 位同步二进制（$M = 8$）加计数器。由图可见，各位触发器的时钟脉冲输入端接同一计数脉冲 CP。各触发器的驱动方程分别为 $J_0 = K_0 = 1$，$J_1 = K_1 = Q_0$，$J_2 = K_2 = Q_0 Q_1$。

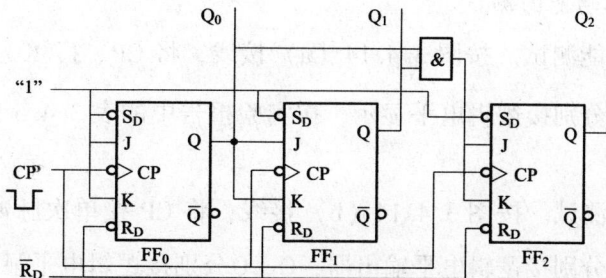

图 3.4.11　由 JK 触发器组成的 3 位同步二进制加计数器

根据同步时序电路的分析方法，设从初态 000 开始，因为 $J_0 = K_0 = 1$，所以每输入一个计数脉冲 CP，最低位触发器 FF0 就翻转一次；当 $J_1 = K_1 = Q_0 = 1$ 时，触发器 $FF_1$ 在 CP 下降沿到来时翻转；同理，当 $J_2 = K_2 = Q_0 Q_1 = 1$ 时，触发器 $FF_2$ 在 CP 下降沿到来时翻转。

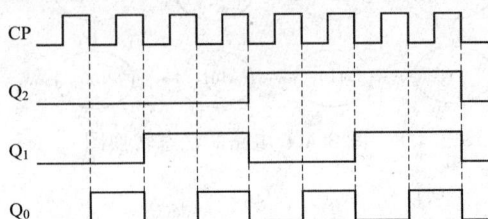

图 3.4.12　图 3.4.11 电路的时序图

该电路的时序图如图 3.4.12 所示，由此图可知，在同步计数器中，由于计数脉冲 CP 同时作用于各个触发器，所有触发器的翻转是同时进行的，因此其工作速度一般要比异步计数器高。

应当指出的是，同步计数器的电路结构较异步计数器复杂，需要增加一些输入控制电路，因而其工作速度也要受这些控制电路的传输延迟时间的限制。

如果将图 3.4.11 中触发器 $FF_1$ 和 $FF_2$ 的驱动信号分别改为 $\overline{Q}_0$ 和 $\overline{Q}_0\,\overline{Q}_1$，就可构成 3 位同步二进制减法计数器，其逻辑图如图 3.4.13 所示。

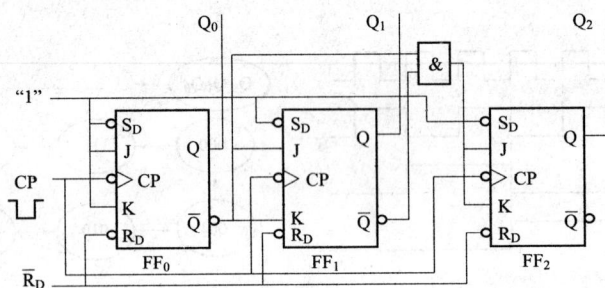

图 3.4.13　由 JK 触发器组成的 3 位同步二进制减计数器

**四、实验设备与器件**

（1）数字电路实验系统。

（2）数字万用表。

（3）双踪示波器。

（4）集成电路：双 D 触发器　　　74LS74　　1 片；

　　　　　　　　双 JK 触发器　　74LS112　2 片。

**五、实验内容与要求**

1. JK 触发器逻辑功能的测试

（1）$\overline{R}_D$、$\overline{S}_D$ 端功能测试。按图 3.4.14（a）接线，将 CP、J、K 端悬空，$\overline{R}_D$、$\overline{S}_D$ 端接逻辑电平输出，Q、$\overline{Q}$ 分别接逻辑电平显示，按实验报告中的表 3.4.5 的要求测试触发器的状态。

（2）JK 逻辑功能测试。按图 3.4.14（b）接线，将 CP 接单次脉冲源，$\overline{R}_D$、$\overline{S}_D$ 分别接逻辑电平输出，J、K 分别接逻辑电平输出器，Q、$\overline{Q}$ 分别接逻辑电平显示，按实验报告中的表 3.4.6 进行测试，结果填入表中。

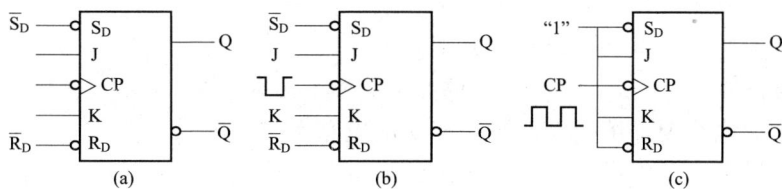

图 3.4.14 JK 触发器逻辑功能测试

（a）$\overline{R}_D$、$\overline{S}_D$ 端功能测试；（b）J、K 端逻辑功能测试；（c）计数功能测试

（3）计数功能测试。按图 3.4.14（c）接线，CP 端接连续脉冲源，$\overline{R}_D$、$\overline{S}_D$、J、K 端分别接高电平，用示波器同时观察并记录 CP、Q 端波形。注意比较两个波形间的相位对应关系。

2. D 触发器逻辑功能的测试

（1）$\overline{R}_D$、$\overline{S}_D$ 端功能测试。按图 3.4.15（a）接线，将 CP、D 端悬空，$\overline{R}_D$、$\overline{S}_D$ 端接逻辑电平输出，Q、$\overline{Q}$ 分别接逻辑电平显示，按实验报告中的表 3.4.7 的要求测试触发器的状态。

（2）D 逻辑功能测试。按图 3.4.15（b）接线，将 CP 接单次脉冲源，$\overline{R}_D$、$\overline{S}_D$ 端接逻辑电平输出，D 端分别接逻辑电平输出，Q、$\overline{Q}$ 分别接逻辑电平显示，按实验报告中的表 3.4.8 进行测试，结果填入表中。

（3）计数功能测试。按图 3.4.15（c）接线，CP 端接连续脉冲源，$\overline{R}_D$、$\overline{S}_D$ 端接高电平，D 端与 $\overline{Q}$ 相连，用示波器同时观察并记录 CP、Q 端波形。注意比较两个波形间的相位对应关系。

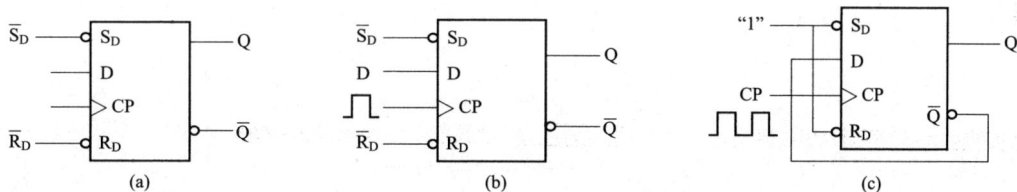

图 3.4.15 D 触发器逻辑功能测试

（a）$\overline{R}_D$、$\overline{S}_D$ 端功能测试；（b）D 端逻辑功能测试；（c）计数功能测试

3. 异步二进制加法计数器

（1）按图 3.4.6 接线，组成 1 个 3 位异步二进制加法计数器，CP 端接单次脉冲源，清零信号 $\overline{R}_D$ 接逻辑电平输出，计数器的输出端 $Q_2$、$Q_1$、$Q_0$ 分别接逻辑电平显示和数码管的 C、B、A 端，并将 D 端接 "0"，按实验报告中的表 3.4.9 进行测试并记录。

（2）将 CP 端接连续脉冲，用示波器观察各触发器输出端的波形，并按时间对应关系画出 CP、$Q_0$、$Q_1$、$Q_2$ 端的波形。

六、注意事项

（1）电源电压不得超过 5V，也不得反接，触发器的输出端不得接 +5V 或接地，否则将损坏器件。

（2）拆装芯片及改变接线时应关掉电源，以免损坏芯片。

（3）实验仪器与实验电路连接时要共地。

**七、实验报告**

（1）按照实验内容要求填表，并画出相应的电路图。

（2）简述二分频电路的设计思路，画出逻辑电路，按照拟定的测试步骤选取适当的测试方法，验证电路功能。

（3）记录整理实验现象及实验所得波形，对实验结果进行分析。

# 实　验　原　始　数　据　记　录

**实验内容 1. JK 触发器逻辑功能的测试**

（1）$\overline{R}_D$、$\overline{S}_D$ 端功能测试逻辑电路图：

**表 3.4.5**　　　　　　　　　　　　$\overline{R}_D$、$\overline{S}_D$ 端功能测试

| $\overline{R}_D$ | $\overline{S}_D$ | Q | $\overline{Q}$ | 触发器状态 |
|---|---|---|---|---|
| 0 | 1 | | | |
| 1 | 0 | | | |

（2）JK 逻辑功能测试逻辑电路图：

**表 3.4.6**　　　　　　　　　　　　J、K 端逻辑功能测试

| J | K | CP1 | $Q^n$ | $Q^{n+1}$ | CP2 | $Q^n$ | $Q^{n+1}$ |
|---|---|---|---|---|---|---|---|
| 0 | 0 | ↑ | 0 | | ↓ | 0 | |
| | | ↑ | 1 | | ↓ | 1 | |
| 0 | 1 | ↑ | 0 | | ↓ | 0 | |
| | | ↑ | 1 | | ↓ | 1 | |
| 1 | 0 | ↑ | 0 | | ↓ | 0 | |
| | | ↑ | 1 | | ↓ | 1 | |
| 1 | 1 | ↑ | 0 | | ↓ | 0 | |
| | | ↑ | 1 | | ↓ | 1 | |

（3）计数功能测试逻辑电路图：

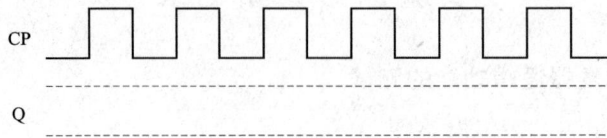

图 3.4.16　CP 和 Q 端波形记录

实验结果分析：

**实验内容 2. D 触发器逻辑功能的测试**

（1）$\overline{R}_D$、$\overline{S}_D$ 端功能测试逻辑电路图：

表 3.4.7　　　　　　　　　　　　　$\overline{R}_D$、$\overline{S}_D$ 端功能测试

| $\overline{R}_D$ | $\overline{S}_D$ | Q | $\overline{Q}$ | 触发器状态 |
|---|---|---|---|---|
| 0 | 1 | | | |
| 1 | 0 | | | |

（2）D 逻辑功能测试逻辑电路图：

表 3. 4. 8                                        **D 端逻辑功能测试**

| D | CP1 | $Q^n$ | $Q^{n+1}$ | CP2 | $Q^n$ | $Q^{n+1}$ |
|---|-----|-------|-----------|-----|-------|-----------|
| 0 | ↑ | 0 | | ↓ | 0 | |
| | ↑ | 1 | | ↓ | 1 | |
| 1 | ↑ | 0 | | ↓ | 0 | |
| | ↑ | 1 | | ↓ | 1 | |

（3）计数功能测试逻辑电路图：

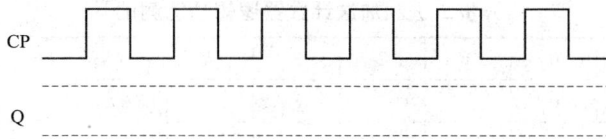

图 3.4.17　CP 和 Q 端波形记录

实验结果分析：

**实验内容 3. 异步二进制加法计数器**

逻辑电路图：

逻辑方程组：

状态转换图：

**表 3.4.9**　　　　　　　　　　　**异步二进制加法计数器逻辑功能测试**

| | | | 单脉冲个数 | 0 | 1 | 2 | 3 | 4 | 5 | 6 | 7 | 8 | 9 |
|---|---|---|---|---|---|---|---|---|---|---|---|---|---|
| 单次脉冲源 | 触发器状态 | $Q_0$ | | 0 | | | | | | | | | |
| | | $Q_1$ | | 0 | | | | | | | | | |
| | | $Q_2$ | | 0 | | | | | | | | | |
| | 数码管显示 | | | | | | | | | | | | |
| 连续脉冲源 | 波形记录 | | 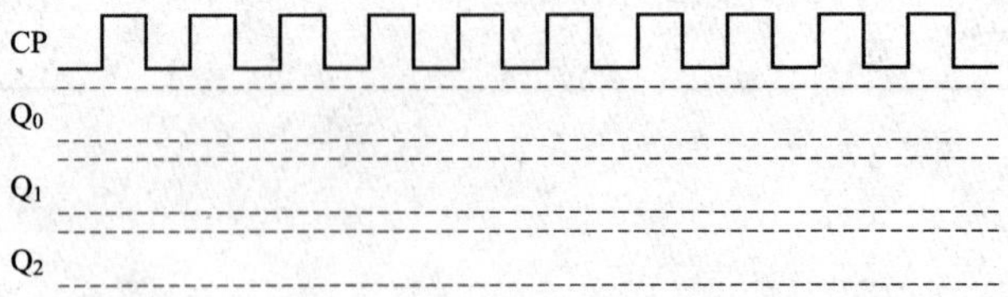 CP | | | | | | | | | | |
| | | | $Q_0$ | | | | | | | | | | |
| | | | $Q_1$ | | | | | | | | | | |
| | | | $Q_2$ | | | | | | | | | | |

实验结果分析：

指导教师：＿＿＿＿＿＿＿＿

实验日期：＿＿＿＿＿＿＿＿

# 实验五 集成计数器及其应用

## 一、实验目的

(1) 学习用 74LS161 改接成 8421 码十进制计数器和其他任意进制计数器。

(2) 观察计数器异步清零端和同步置数端的工作过程。

(3) 通过示波器观察计数器的工作过程。

## 二、预习要求与思考题

1. 预习要求

(1) 仔细阅读第一章 "1.1 示波器" 的相关内容,熟悉示波器的使用方法。

(2) 复习 74LS161 的工作原理,试用 74LS161 采用清零法和置数法设计 1 个六进制计数器,要求画出状态图、写出逻辑表达式和画出电路图。

(3) 试用 2 片 74LS161 设计 1 个二十四进制计数器,画出电路图。

2. 思考题

(1) 时钟信号频率保持不变,将信号幅度减小,观察计数器能否正常工作? 如果不能工作,说明原因。

(2) 二十四进制计数器的个位向十位进位有几种方法,如何连接?

## 三、实验原理

目前,TTL 和 CMOS 电路构成的中规模集成计数器品种较多,应用广泛。它们可分为异步、同步两类,通常集成计数器为 BCD 码十进制计数器和 4 位二进制计数器,并且还可以分为可逆计数器和不可逆计数器。按预置数功能和清零功能还可分为同步置数、异步置数、同步清零和异步清零。这些计数器功能比较完善,可以自扩展,通用性强,还可以以计数器为核心器件,辅以其他组件实现时序电路的设计。

1. 中规模集成计数器 74LS161

集成计数器 74LS161 是 4 位二进制同步加法计数器集成模块。图 3.5.1 为其引脚图,其中 $\overline{R_D}$ 为异步清零端,$\overline{LD}$ 为同步预置数控制端,$D_0$、$D_1$、$D_2$、$D_3$ 是预置数输入端,EP 和 ET 是计数使能端,RCO 是进位端,$Q_0$、$Q_1$、$Q_2$、$Q_3$ 为输出端。表 3.5.1 为其功能表。

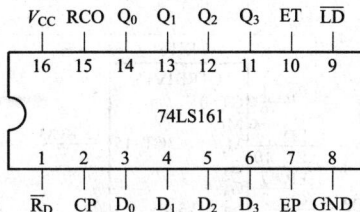

图 3.5.1 集成计数器 74LS161 引脚图

**表 3.5.1 集成计数器 74LS161 功能表**

| 清零 | 预置数 | 使能 | | 时钟 | 预置数据输入 | | | | 输出 | | | | 工作模式 |
|---|---|---|---|---|---|---|---|---|---|---|---|---|---|
| $\overline{R_D}$ | $\overline{LD}$ | ET | EP | CP | $D_3$ | $D_2$ | $D_1$ | $D_0$ | $Q_3$ | $Q_2$ | $Q_1$ | $Q_0$ | |
| 0 | × | × | × | × | × | × | × | × | 0 | 0 | 0 | 0 | 异步清零 |
| 1 | 0 | × | × | ↑ | D | C | B | A | D | C | B | A | 同步置数 |
| 1 | 1 | 0 | × | × | × | × | × | × | 保持 | | | | 数据保持 |
| 1 | 1 | × | 0 | × | × | × | × | × | 保持 | | | | 数据保持 |
| 1 | 1 | 1 | 1 | ↑ | × | × | × | × | 计数 | | | | 加法计数 |

### 2. 实现任意进制计数

（1）用反馈清零法获得任意进制计数器。假定已有 $N$ 进制计数器，而需要得到 1 个 $M$ 进制计数器时，只要 $M<N$，用反馈清零法使计数器计数到 $M$ 时置"0"，即获得 $M$ 进制计数器。这种方法适用于有清零输入端的集成计数器。对于异步清零芯片，只要 $\overline{R_D}=0$，不管计数器的输出为何种状态，它都会立即回到全"0"状态。清零信号消失后，计数器从全"0"开始重新计数。

（2）用反馈置数法获得 $M$ 进制计数器。反馈置数法适用于具有预置数功能的集成计数器。对于具有预置数功能的集成计数器而言，在其计数过程中，可以将它输出的任何一个状态通过译码，产生一个预置控制信号反馈至预置数控制端，在下一个 CP 脉冲作用下，计数器就会把预置数输入端的数据置入输出端。预置数控制信号消失后，计数器就从被置入的状态开始重新计数。

### 四、实验设备与器件

（1）数字电路实验系统。

（2）双踪示波器。

（3）集成电路：74LS161　4 位二进制同步加法计数器 2 片；

74LS00　四二输入与非门 2 片。

### 五、实验内容与要求

1. 74LS161 构成十进制计数器

（1）图 3.5.2 所示电路为由 74LS161 和与非门构成的 8421 码十进制计数器连接图，将时钟 CP 与单次脉冲源相接，逐个输入单次脉冲，计数器的 $Q_0$、$Q_1$、$Q_2$、$Q_3$ 分别接发光二极管和具有 BCD 译码驱动的数码管的输入端 $D_0$、$D_1$、$D_2$、$D_3$ 处，按表 3.5.2 测试并记录。

（2）CP 接连续脉冲源，用示波器观察并记录 CP、$Q_0$、$Q_1$、$Q_2$、$Q_3$ 的波形。

2. 74LS161 构成六进制计数器

用 74LS161 和必要的门电路构成六进制计数器，要求用异步清零法或同步置数法实现。按表 3.5.3 测试并记录其逻辑功能，利用示波器观察并记录 CP、$Q_0$、$Q_1$、$Q_2$、$Q_3$ 的波形。

3. 74LS161 构成二十四进制计数器

用 2 片 74LS161 和与非门设计一个二十四进制计数器，要求用数码管显示 00~23，观察电路的计数和数码显示过程。

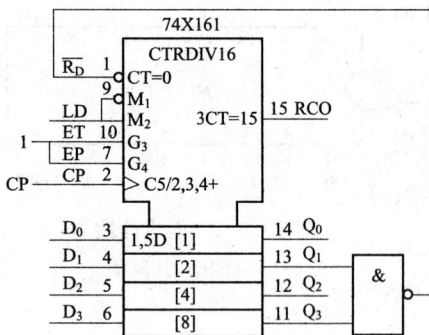

图 3.5.2　74LS161 和与非门构成的
8421 码十进制计数器接线图

### 六、注意事项

正确使用双踪示波器观察输出信号波形。

### 七、实验报告

（1）说明设计过程，画出用 74LS161 设计的六进制计数器的接线图。

（2）说明设计过程，画出用 74LS161 设计的二十四进制计数器的接线图。

（3）记录实验数据，画出输出波形，总结实验心得。

# 实 验 原 始 数 据 记 录

**实验内容 1. 74LS161 构成十进制计数器**

逻辑电路图：

清零信号表达式：

状态转换图：

**表 3.5.2　　　　　　　　74LS161 构成十进制计数器功能测试**

| | 单脉冲个数 | 0 | 1 | 2 | 3 | 4 | 5 | 6 | 7 | 8 | 9 | 10 |
|---|---|---|---|---|---|---|---|---|---|---|---|---|
| 单次脉冲源 | 触发器状态 $Q_3$ | 0 | | | | | | | | | | |
| | $Q_2$ | 0 | | | | | | | | | | |
| | $Q_1$ | 0 | | | | | | | | | | |
| | $Q_0$ | 0 | | | | | | | | | | |
| | 数码显示 | | | | | | | | | | | |
| 连续脉冲源 | 波形记录 | 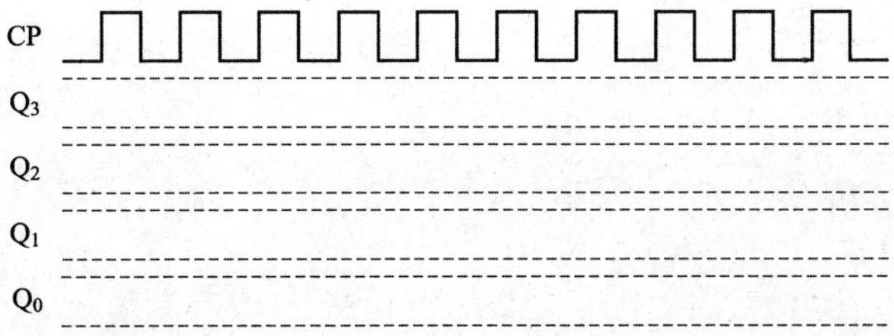 CP　Q_3　Q_2　Q_1　Q_0 | | | | | | | | | | |

实验结果分析：

**实验内容 2. 74LS161 构成六进制计数器**

清零法状态转换图：　　　　　　　　　　置数法逻辑转换图：

清零信号表达式：　　　　　　　　　　　置数信号表达式：

清零法逻辑电路图：　　　　　　　　　　置数法逻辑电路图：

表 3.5.3　　　　　　　　　　**74LS161 构成六进制计数器功能测试**

| 单次脉冲源 | | 单脉冲个数 | 0 | 1 | 2 | 3 | 4 | 5 | 6 |
|---|---|---|---|---|---|---|---|---|---|
| | 触发器状态 | $Q_3$ | 0 | | | | | | |
| | | $Q_2$ | 0 | | | | | | |
| | | $Q_1$ | 0 | | | | | | |
| | | $Q_0$ | 0 | | | | | | |
| | 数码显示 | | | | | | | | |
| 连续脉冲源 | 波形记录 | 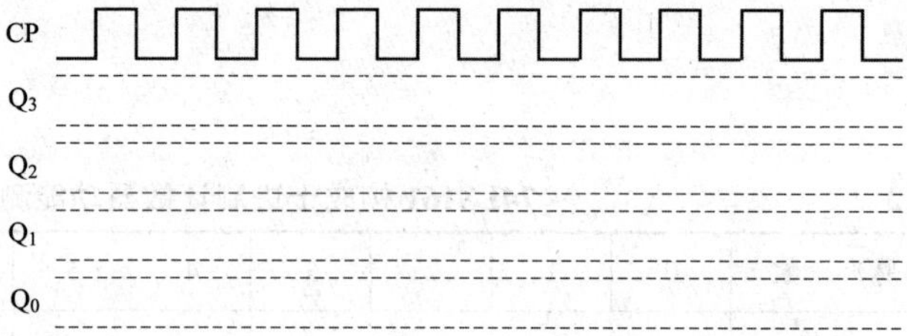 CP<br>$Q_3$<br>$Q_2$<br>$Q_1$<br>$Q_0$ | | | | | | | |

实验结果分析：

**实验内容 3. 74LS161 构成二十四进制计数器**

设计思路：

逻辑电路图：

实验结果分析：

指导教师：_____

实验日期：_____

## 实验六　移位寄存器及应用

**一、实验目的**

（1）掌握中规模 4 位双向移位寄存器 74LS194 的逻辑功能及使用方法。

（2）掌握用移位寄存器构成环形计数器的原理。

**二、预习要求与要求**

1. 预习要求

（1）复习有关寄存器有关内容、串行及并行转换器相关内容。

（2）熟悉 74LS194 的逻辑功能及其引脚排列。

（3）画出由 74LS194 构成的序列信号发生器的逻辑电路图。

2. 思考题

（1）若用同步 RS 触发器组成移位寄存器，能否正常工作？会产生什么现象？

（2）环形计数器和扭环形计数器可以实现计数的模值是多少？如何设计使其能够自启动？

**三、实验原理**

寄存器是计算机和其他数字系统中用来存储代码或数据的逻辑器件，它的主要组合部分是触发器。1 个触发器能存储 1 位二进制代码，所以要存储 $n$ 位二进制代码的寄存器就需要用 $n$ 个触发器组成。

移位寄存器除了具有存储代码的功能外，还具有移位功能。所谓"移位"是指寄存器中存储的代码能在移位脉冲的作用下依次左移或右移。因此，移位寄存器不但可以用来寄存代码，还可以用来实现数据串行–并行转换、数值的运算以及数据处理等。根据移位方向，常分为左移寄存器、右移寄存器和双向移位寄存器三种。根据移位寄存器存取信息的方式不同可分为：串入串出、串入并出、并入串出、并入并出四种形式。

移位寄存器的应用范围很广，可构成移位寄存器型计数器、序列信号发生器、串行累加器。本实验研究移位寄存器在计数器和序列信号发生器上的应用。

1. 集成移位寄存器 74LS194

集成移位寄存器 74LS194 由 4 个 RS 触发器及其输入控制电路组成，其引脚图如图 3.6.1 所示。集成移位寄存器 74LS194 具有 4 个并行输入端 $D_0$、$D_1$、$D_2$、$D_3$；4 个并行输出端 $Q_0$、$Q_1$、$Q_2$、$Q_3$；2 个控制输入端 $S_1$、$S_0$，它们的状态组合可以完成 4 种控制功能，其中左移和右移两项是指串行输入，数据是分别从左移输入端 $D_{SL}$ 和右移输入端 $D_{SR}$ 送入寄存器的；$\overline{R_D}$ 为异步清零端；CP 为时钟脉冲输入端。表 3.6.1 是集成移位寄存器 74LS194 的功能表。

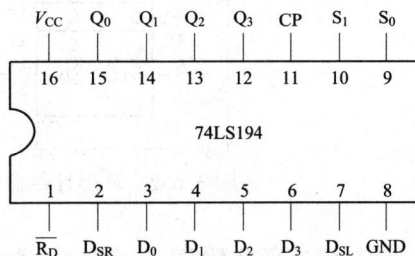

图 3.6.1　集成移位寄存器 74LS194 的引脚排列

**表 3.6.1**　　　　　　　　　　　　**集成移位寄存器 74LS194 逻辑功能表**

| 输入 | | | | | | | | | | 输出 | | | | 工作模式 |
|---|---|---|---|---|---|---|---|---|---|---|---|---|---|---|
| 清零 | 控制 | | 串行输入 | | 时钟 | 并行输入 | | | | 输出 | | | | |
| $\overline{R_D}$ | $S_1$ | $S_0$ | $D_{SL}$ | $D_{SR}$ | CP | $D_0$ | $D_1$ | $D_2$ | $D_3$ | $Q_0$ | $Q_1$ | $Q_2$ | $Q_3$ | |
| 0 | × | × | × | × | × | × | × | × | × | 0 | 0 | 0 | 0 | 异步清零 |
| 1 | 0 | 0 | × | × | × | × | × | × | × | $Q_0^n$ | $Q_1^n$ | $Q_2^n$ | $Q_3^n$ | 保持 |
| 1 | 0 | 1 | × | 1 | ↑ | × | × | × | × | 1 | $Q_0^n$ | $Q_1^n$ | $Q_2^n$ | 右移 $D_{SR}$ 为串行输入 $Q_3$ 为串行输出 |
| | | | × | 0 | ↑ | × | × | × | × | 0 | $Q_0^n$ | $Q_1^n$ | $Q_2^n$ | |
| 1 | 1 | 0 | 1 | × | ↑ | × | × | × | × | $Q_1^n$ | $Q_2^n$ | $Q_3^n$ | 1 | 左移 $D_{SL}$ 为串行输入 $Q_0$ 为串行输出 |
| | | | 0 | × | ↑ | × | × | × | × | $Q_1^n$ | $Q_2^n$ | $Q_3^n$ | 0 | |
| 1 | 1 | 1 | × | × | ↑ | A | B | C | D | A | B | C | D | 并行置数 |

**2. 移位寄存器应用**

（1）环行计数器。把移位寄存器的输出反馈到其串行输入端，就可以进行循环移位，如图 3.6.2 所示。把输出端 $Q_0$ 和右移串行输入端 $D_{SR}$ 相连接，设初始状态 $Q_0Q_1Q_2Q_3 = 1000$，则在时钟脉冲作用下 $Q_0Q_1Q_2Q_3$ 将依次变为 $0100 \to 0010 \to 0001 \to 1000 \to \cdots$，由状态转换图 3.6.3 可见，它是一个具有 4 个有效状态的计数器，这种类型的计数器通常称为环形计数器。由于各个输出端输出的脉冲在时间上有先后顺序，因此也可作为顺序脉冲发生器。

如果将输出与串行输入 $D_{SL}$ 相连接，即可实现左移循环移位。环形计数器电路简单，$N$ 位移位寄存器可以得到 $N$ 进制计数器。

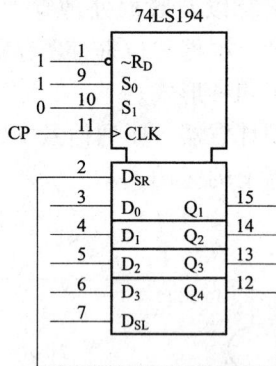

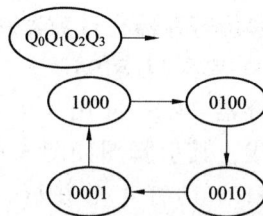

图 3.6.2　环形计数器　　　　图 3.6.3　74LS194 构成的环形计数器状态转换图

（2）扭环形计数器。为了增加有效计数状态，扩大计数器的模，只需将最末级输出反相后，接到串行输入端，构成扭环形计数器。$N$ 位移位寄存器可构成 $2N$ 扭环形计数器。

将图 3.6.1 所示电路的 $Q_3$ 端经过反相器后接到串行输入端 $D_{SR}$，就可构成 8 进制的扭环形计数器，如图 3.6.4 所示。

**四、实验设备与器件**

（1）数字电路实验系统。

（2）数字万用表。

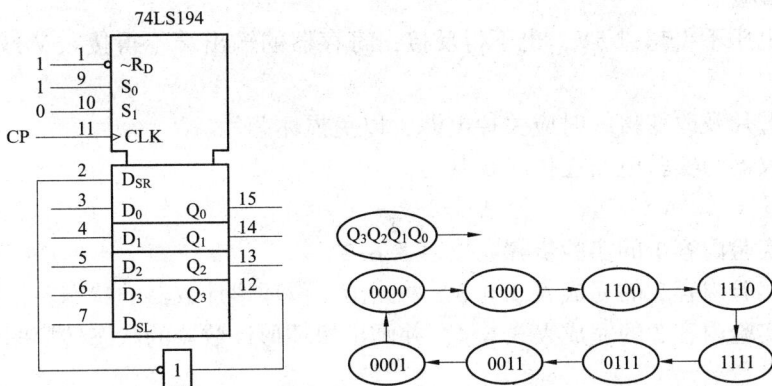

图 3.6.4　74LS194 构成的扭环形计数器及其状态转换图

（3）集成电路：74LS00　　四二输入与非门 1 片；

74LS04　　六反相器 1 片；

74LS194　4 位双向移位寄存器 1 片。

**五、实验内容与要求**

1. 测试 74LS194 的逻辑功能

按图 3.6.1 接线，$\overline{R_D}$、$S_1$、$S_0$、$D_{SL}$、$D_{SR}$、$D_0$、$D_1$、$D_2$、$D_3$ 分别接至逻辑电平输出；$Q_0$、$Q_1$、$Q_2$、$Q_3$ 接至逻辑电平显示；CP 端接单次脉冲源。按表 3.6.2 的输入状态，逐项进行测试。

（1）异步清零：令 $\overline{R_D}=0$，其他输入均为任意态，这时寄存器输出 $Q_0$、$Q_1$、$Q_2$、$Q_3$ 应均为 0。

（2）置数：$\overline{R_D}=S_1=S_0=1$，并行输入端 $D_0D_1D_2D_3$ 送入任意 4 位二进制数，观察 CP = 0、CP 由"0"→"1"、CP 由"1"→"0"三种情况下寄存器输出状态的变化，观察寄存输出状态变化与 CP 的关系。

（3）右移：清零后，令 $\overline{R_D}=S_0=1$，$S_1=0$，由右移输入端 $D_{SR}$ 送入二进制数码，连续加 4 个 CP 脉冲，观察并记录输出状态。

（4）左移：清零后，令 $\overline{R_D}=S_1=1$，$S_0=0$，由左移输入端 $D_{SL}$ 送入二进制数码，连续加 4 个 CP 脉冲，观察并记录输出状态。

（5）保持：寄存器预置任意 4 位二进制数码，令 $\overline{R_D}=1$，$S_1=S_0=0$，加 CP 脉冲，观察并记录输出状态。

2. 74LS194 构成环形计数器

按图 3.6.2 接线，自拟实验步骤，用并行置数法预置寄存器为某二进制数码，然后进行右移循环，观察寄存器输出端状态的变化，记入表 3.6.3 中。

3. 74LS194 构成扭环形计数器

按图 3.6.4 接线，自拟实验步骤，用并行置数法预置寄存器为某二进制数码，然后进行右移循环，观察寄存器输出端状态的变化，记入表 3.6.4 中。

**六、注意事项**

（1）电源电压不得超过 5V，也不得反接，寄存器的输出端不得接+5V 或接地，否则将损坏器件。

（2）拆装芯片及改变接线时应关掉电源，以免损坏芯片。

（3）实验仪器与实验电路连接时要共地。

**七、实验报告**

（1）根据实验内容 1 的实验步骤完成表 3.6.2。

（2）根据实验内容 2 的完成表 3.6.3，并画出 4 位环形计数器的状态转换图及波形图。

（3）根据实验内容 3 的完成表 3.6.4，并画出扭环形计数器的状态转换图及波形图。

# 实 验 原 始 数 据 记 录

**实验内容 1. 测试 74LS194 的逻辑功能**

逻辑电路图：

表 3.6.2　　　　　　　　　　　　　　　　74LS194 逻辑功能测试

| 清零 | 控制 | | 时钟 | 串行输入 | | 并行输入 | | | | 输出 | | | | 工作模式 |
|---|---|---|---|---|---|---|---|---|---|---|---|---|---|---|
| $\overline{R_D}$ | $S_1$ | $S_0$ | $D_{SL}$ | $D_{SR}$ | CP | $D_0$ | $D_1$ | $D_2$ | $D_3$ | $Q_0$ | $Q_1$ | $Q_2$ | $Q_3$ | |
| 0 | × | × | × | × | × | × | × | × | × | | | | | |
| 1 | 0 | 0 | × | × | × | | | | | | | | | |
| 1 | 0 | 1 | ↑ | × | 1 | × | × | × | × | | | | | |
| | | | ↑ | × | 0 | × | × | × | × | | | | | |
| 1 | 1 | 0 | ↑ | 1 | × | × | × | × | × | | | | | |
| | | | ↑ | 0 | × | × | × | × | × | | | | | |
| 1 | 1 | 1 | ↑ | × | × | | | | | | | | | |

**实验内容 2. 74LS94 构成环形计数器**

逻辑电路图：

状态转换图：

**表 3.6.3　　　　　　　　　74LS194 构成的环形计数器功能测试**

| | | 单脉冲个数 | 0 | 1 | 2 | 3 | 4 | 5 | 6 | 7 |
|---|---|---|---|---|---|---|---|---|---|---|
| 单次脉冲源 | 输出状态 | $Q_0$ | 1 | | | | | | | |
| | | $Q_1$ | 0 | | | | | | | |
| | | $Q_2$ | 0 | | | | | | | |
| | | $Q_3$ | 0 | | | | | | | |
| | 数码显示 | | | | | | | | | |
| 连续脉冲源 | 波形记录 | CP | | | | | | | | |
| | | $Q_3$ | | | | | | | | |
| | | $Q_2$ | | | | | | | | |
| | | $Q_1$ | | | | | | | | |
| | | $Q_0$ | | | | | | | | |

**实验内容 3. 74LS194 构成扭环形计数器**

逻辑电路图：

状态转换图：

**表 3.6.4　　　　　　　　　74LS194 构成的扭环形计数器功能测试**

| | | 单脉冲个数 | 0 | 1 | 2 | 3 | 4 | 5 | 6 | 7 | 8 |
|---|---|---|---|---|---|---|---|---|---|---|---|
| 单次脉冲源 | 输出状态 | $Q_0$ | 1 | | | | | | | | |
| | | $Q_1$ | 0 | | | | | | | | |
| | | $Q_2$ | 0 | | | | | | | | |
| | | $Q_3$ | 0 | | | | | | | | |
| 连续脉冲源 | 波形 | CP | | | | | | | | | |
| | | $Q_3$ | | | | | | | | | |
| | | $Q_2$ | | | | | | | | | |
| | | $Q_1$ | | | | | | | | | |
| | | $Q_0$ | | | | | | | | | |

指导教师：_____

实验日期：_____

## 实验七　555 定时器及其应用

**一、实验目的**

（1）熟悉 555 定时器引脚功能、使用方法及典型应用。

（2）熟悉用示波器测量 555 电路的脉冲幅度、周期和脉宽的方法。

**二、预习要求与思考题**

1. 预习要求

（1）仔细阅读第一章"1.1 示波器"的相关内容，掌握示波器的使用方法。

（2）复习有关 555 定时器的工作原理及其应用。

（3）用两个 555 定时器和给定的电阻、电容元件设计如图 3.7.1 所示的电路。

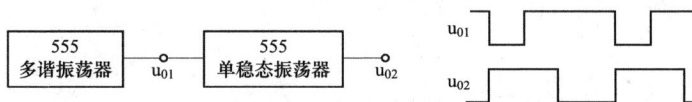

图 3.7.1　555 构成的多谐振荡器及单稳态触发器

2. 思考题

（1）555 定时器构成的多谐振荡器，其振荡周期和占空比的改变与哪些因素有关？若只需改变周期，不改变占空比应调节哪个元件？

（2）555 定时器构成的单稳态触发器输出脉冲宽度和周期由什么决定？

（3）如何用示波器测定施密特触发器的电压传输特性曲线？

**三、实验原理**

555 定时器是一种多用途的数字–模拟混合型的中规模集成电路，利用它能极方便地构成单稳态触发器、多谐振荡起和施密特触发器等脉冲产生或波形变换电路。由于使用灵活、方便，所以 555 定时器在波形的产生与变换、测量与控制、仪器与仪表等许多领域中都得到了应用。

555 定时器有双极型和 CMOS 型两大类，二者的结构与工作原理类似。几乎所有的双极型产品型号最后的三位数码都是 555 或 556，所有的 CMOS 产品型号最后四位数码都是 7555 或 7556，二者的逻辑功能和引脚排列完全相同，易于互换。555 和 7555 是单定时器，556 和 7556 是双定时器。双极型的电源电压 $V_{CC} = 5 \sim 15\text{V}$，输出的最大电流可这 200mA，CMOS 型的电源电压为 $3 \sim 18\text{V}$。

1. 555 定时器

555 定时器内部结构的简化原理图如图 3.7.2 所示。它由 3 个阻值 5kΩ 的电阻组成的分压器、2 个电压比较器 $C_1$ 和 $C_2$、基本 RS 触发器、放电管 T 以及缓冲器 G 组成。

定时器的主要功能取决于比较器，尤其是比较器的输出控制 RS 触发器和放电管 T 的状态。图 3.7.2 中 $R_D$ 为复位输入端，当 $R_D$ 为低电平时，不管其他输入端的状态如何，输出 $u_O$ 为低电平。因此，在正常工作时，应将其接高电平。当控制电压端 $u_{IC}$ 悬空时，比较器 $C_1$ 和 $C_2$ 的比较电压分别为 $\frac{2}{3}V_{CC}$ 和 $\frac{1}{3}V_{CC}$；如果在控制电压端 $u_{IC}$ 加一外加电压（其值在 $0 \sim V_{CC}$ 之间），比较器的参考电压将发生变换，电路相应的阈值、触发电平也将随之变化，并进而影响电路的工作状态（当控制电压端 $u_{\mathrm{IC}}$ 不用时，一般经 $0.01\mu\mathrm{F}$ 的电容接地，以防止干扰的引入）。

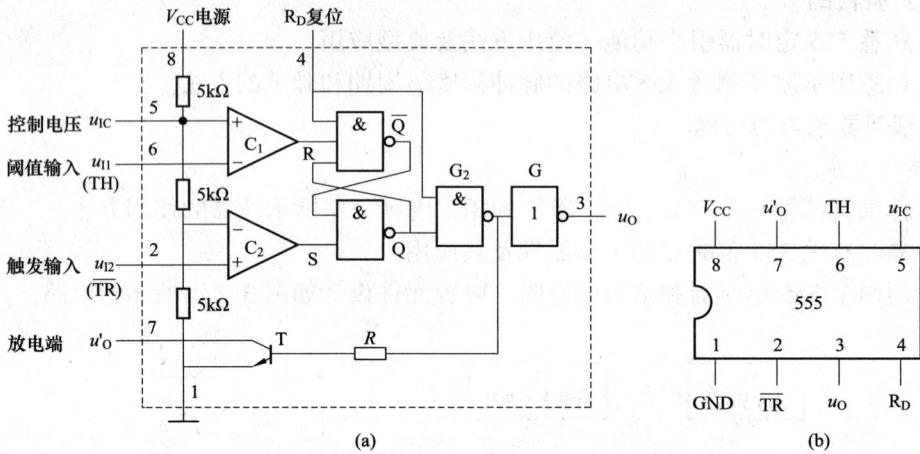

图 3.7.2　555 定时器内部结构的简化原理图及引脚排列

（a）内部结构简化原理图；（b）引脚排列

555 定时器各引脚名称分别为：1 为接地端；2 为低电平触发端；3 为输出端；4 为复位端；5 为电压控制端；6 为高电平触发端；7 为放电端；8 为电源端。

555 定时器的功能见表 3.7.1。

表 3.7.1　　　　　　　　　　　　555 定时器功能表

| 输入 | | | 输出 | |
|---|---|---|---|---|
| 阈值输入（$u_{\mathrm{I1}}$） | 触发输入（$u_{\mathrm{I2}}$） | 复位（$R_{\mathrm{D}}$） | 输出（$u_{\mathrm{o}}$） | 放电管 T |
| × | × | 0 | 0 | 导通 |
| $<\frac{2}{3}V_{\mathrm{CC}}$ | $<\frac{1}{3}V_{\mathrm{CC}}$ | 1 | 1 | 截止 |
| $>\frac{2}{3}V_{\mathrm{CC}}$ | $>\frac{1}{3}V_{\mathrm{CC}}$ | 1 | 0 | 导通 |
| $<\frac{2}{3}V_{\mathrm{CC}}$ | $>\frac{1}{3}V_{\mathrm{CC}}$ | 1 | 不变 | 不变 |

2. 555 定时器的典型应用

（1）单稳态电路。

由 555 定时器构成的单稳态触发器电路图及波形图如图 3.7.3 所示。电源接通瞬间，电路有一个稳定的过程，即电源 $V_{\mathrm{CC}}$ 通过电阻 $R$ 向电容 $C$ 充电，当 $u_{\mathrm{C}}$ 上升到 $\frac{2}{3}V_{\mathrm{CC}}$ 时，RS 触发器复位，输出 $u_{\mathrm{O}}$ 为低电平，放电管 T 导通，电容 $C$ 放电，电路进入稳定状态。若触发输入端 $u_{\mathrm{I2}}$ 施加触发信号 $u_{\mathrm{I}}<\frac{1}{3}V_{\mathrm{CC}}$，触发器发生翻转，电路进入暂稳态，$u_{\mathrm{O}}$ 输出高电平，放电管 T

截止。此后电容 $C$ 充电至 $u_C = \dfrac{2}{3}V_{CC}$ 时，电路又发生翻转，$u_O$ 为低电平，T 导通，电容 $C$ 放电，电路恢复至稳定状态。

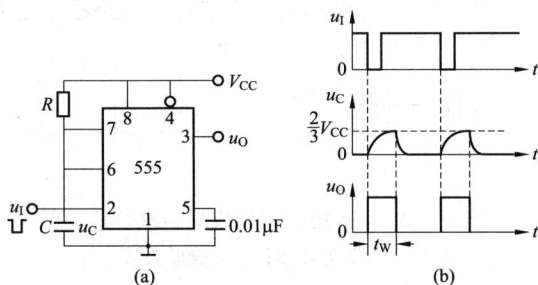

图 3.7.3　555 定时器构成的单稳态
触发器电路图及波形图

(a) 电路图；(b) 波形图

如果忽略 T 的饱和压降，则 $u_C$ 从 0 上升到 $\dfrac{2}{3}V_{CC}$ 的时间，即为输出电压 $u_O$ 的脉宽 $t_w$。

$$t_w = RC\ln3 \approx 1.1RC。$$

通常 $R$ 的取值在几百欧姆到几兆欧姆之间，电容取值为几百皮法到几百微法。电路产生的脉冲宽度可从几个微秒到数分钟，精度可达 0.1%。因此，用 555 定时器组成的单稳电路可以作为精密定时器。

(2) 构成多谐振荡器。由 555 定时器构成的多谐振荡器如图 3.7.4 所示。接通电源后，电容 $C$ 充电，$u_C$ 上升到 $\dfrac{2}{3}V_{CC}$ 时，触发器复位，同时放电管 T 导通，$u_O$ 为低电平，电容 $C$ 通过 $R_2$ 和 $T$ 放电，使 $u_C$ 下降到 $\dfrac{1}{3}V_{CC}$ 时，触发器置位，$u_O$ 翻转为高电平。电容 $C$ 放电所需时间为

$$t_{w2} = R_2 C\ln2 \approx 0.7 R_2 C。$$

当电容 $C$ 放电结束时，T 截止，将电源 $V_{CC}$ 通过 $R_1$、$R_2$ 向 $C$ 充电，$u_C$ 由 $\dfrac{1}{3}V_{CC}$ 上升到 $\dfrac{2}{3}V_{CC}$ 所需的时间为

$$t_{w1} = (R_1 + R_2) C\ln2 \approx 0.7(R_1 + R_2) C。$$

当 $u_C$ 上升到 $\dfrac{2}{3}V_{CC}$ 时，触发器又发生翻转，如此周而复始，在输出端就得到一个周期性的方波，其频率为

$$f = \frac{1}{t_{w1} + t_{w2}} = \frac{1}{(R_1 + 2R_2)C\ln2} \approx \frac{1}{0.7(R_1 + 2R_2)C}$$

通过 $R$ 和 $C$ 的参数即可改变振荡频率。由于 555 定时器内部的比较器灵敏度较高，而且采用差分电路形式，它的振荡频率受电源电压和温度变化的影响很小。

(3) 构成施密特触发器。将 555 定时器的阈值输入端和触发输入端连在一起，便构成了施密特触发器，电路图、波形图如图 3.7.5 所示。当输入三角波信号 $u_I$ 时，则从施密特触发器的输出端 $u_{O1}$ 可得到方波。如将 5 端外接控制电压 $u_{IC}$，改变 $u_{IC}$ 大小，可以调节回差电压的范围；如将 7 端外接一电阻，并与另一电源 $V_{CC1}$ 相连，则由 $u_{O2}$ 输出的信号可实现电平转换。

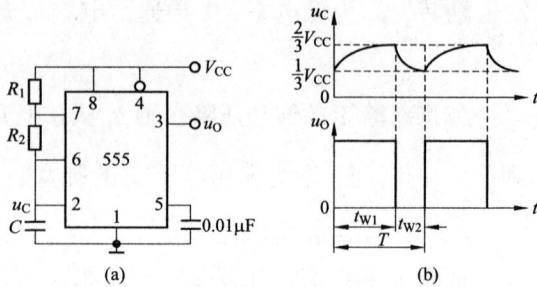

图 3.7.4   555 定时器构成的多谐振荡器电路图及波形图
（a）电路图；（b）波形图

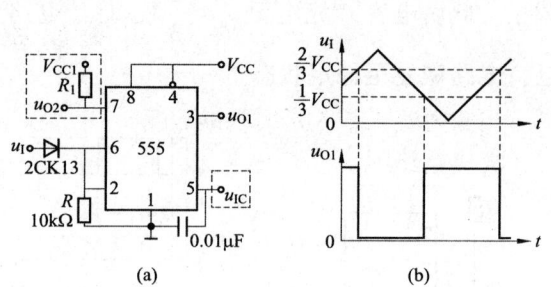

图 3.7.5   555 定时器构成的施密特触发器
（a）电路图；（b）波形图

### 四、实验设备与器件

（1）数字电路实验系统。

（2）双踪示波器。

（3）集成电路：555 定时器 2 片。

（4）其他组件：电容：$0.1\mu F$、$0.047\mu F$；

电阻：$1k\Omega$、$5.1k\Omega$、$10k\Omega$、$20k\Omega$；

电位器：$20k\Omega$、$100k\Omega$。

### 五、实验内容与要求

1. 555 定时器的应用

（1）根据实验电路进行接线，用示波器观察并记录 $u_{O1}$ 和 $u_{O2}$ 的波形，检查两者的关系是否满足图 3.7.1 所提出的要求。

（2）按照表 3.7.2 的要求，记录 $u_{O1}$、$u_{O2}$ 的波形数据，并与理论值作比较。

2. 施密特触发器

按图 3.7.5 接线（虚线部分不接），输入信号由音频信号源提供，调节其频率为 1kHz，逐渐加大信号幅度，观测输出波形，将结果记录在表 3.7.3 中，测绘电压传输特性，算出回差电压 $\Delta U$。

### 六、注意事项

本实验是两级电路，建议先连接好第一级电路，并通过示波器观察出正确波形后再连接第二级电路。

### 七、实验报告

（1）说明设计过程，按照预习要求画出实验电路图，要求标明电路中元器件的参数。

（2）记录实验数据，并与理论值进行比较。

（3）画出输出波形，要求标明幅度和时间，总结实验心得。

# 实 验 原 始 数 据 记 录

**实验内容 1. 555 定时器的应用**

逻辑电路图：

表 3.7.2          输出 $u_{O1}$ 和 $u_{O2}$ 的主要参数

| $u_{O1}$ | $t_{w1}$ | $t_{w2}$ | $T$ | $f$ | $u_{O2}$ | $t_w$ | $T$ | $f$ | $q=\dfrac{t_{w1}}{T}$ |
|---|---|---|---|---|---|---|---|---|---|
| 理论值 | | | | | 理论值 | | | | |
| 实测值 | | | | | 实测值 | | | | |

$u_{O1}$ 和 $u_{O2}$ 的波形：

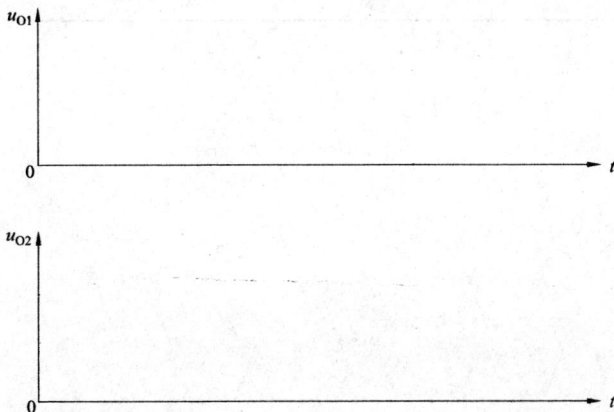

**实验内容 2. 施密特触发器**

逻辑电路图：

电压传输特性曲线：

$u_O$

0

$u_I$

表 3.7.3　　　　　　　　　　　　施密特触发器的输入、输出

| $u_I$ | | | | | | | | | |
|---|---|---|---|---|---|---|---|---|---|
| $u_O$ | | | | | | | | | |

指导教师：_____

实验日期：_____

## 实验八　D/A 转换器和 A/D 转换器

### 一、实验目的

（1）了解数/模（D/A）转换器和模/数（A/D）转换器的基本工作原理及其主要性能指标。

（2）熟悉集成 D/A 转换器和 A/D 转换器的基本使用方法。

（3）掌握 DAC0832 和 ADC0809 的功能及其典型应用。

### 二、预习要求与思考题

1. 预习要求

（1）熟悉 DAC0832 和 ADC0809 的功能和使用方法。

（2）设计阶梯波发生器，自拟实验步骤验证其功能。

（3）仔细阅读第一章"1.1 示波器"的相关内容，掌握示波器的使用方法。

2. 思考题

（1）DAC 的主要技术指标有哪些？转换精度与什么有关？为减小误差应采取什么措施？

（2）ADC 的主要技术指标有哪些？它们的意义是什么？

（3）当一个 8 位 D/A 转换器输入代码 10000000 时，输出电压为 5V，若输入代码为 00000001 时，输出模拟电压值为多少？

（4）8 位 A/D 转换器能够区分出输入信号的最小电压值为多少？

### 三、实验原理

在数字电子技术的很多应用场合往往需要把模拟量转换为数字量，称为模/数转换器（A／D 转换器，简称 ADC）；或把数字量转换成模拟量，称为数／模转换器（D／A 转换器，简称 DAC）。

单片集成 D/A 转换器按其内部电路结构可分为两类：一类是芯片内部集成了电阻网络（或恒流源网络）和电子开关；另一类则是芯片内部还集成了运算放大电路。按数字量输入方式可分为并行输入和串行输入两类。

单片集成 A/D 转换器的种类也很多，按转换方式的不同分类，主要有两大类：一类是直接转换；另一类是间接转换。直接转换是将模拟电压直接转换成数字量，这类转换器主要为主次比较型、并行比较型等。间接转换是先将输入的模拟量转换成模拟中间变量如时间、频率等，再将中间变量转换成数字量，这类转换器主要有单积分型、双积分型等。并行比较型 ADC 的速度最快，但成本也最高；双积分型 ADC 精度高。抗干扰能力强，但速度太慢，适合转换缓慢变化的信号；逐次比较型 ADC 有较高的转换精度、工作速度中等、成本低等优点，因此获得广泛的应用。

下面主要介绍 8 位双缓冲 D/A 转换器 DAC0832 和 8 位逐次比较型 A/D 转换器 ADC0809

1. D/A 转换器 DAC0832

DAC0832 是采用 CMOS 工艺制成的 8 位双缓冲 D/A 转换芯片，可以直接与 8 位微型计算机相连，片内包含 TTL 逻辑电平输入的专用电路。

（1）DAC0832 的内部组成。DAC0832 的功能框图和引脚图如图 3.8.1 所示，其主要引脚功能说明见表 3.8.1。DAC0832 由 8 位输入寄存器、8 位 D/A 寄存器和 8 位 D/A 转换器三部分组成。在电路中，各数字信号的地线均接到 DGND，模拟信号的地线接到 AGND，以减少数字信号对模拟信号的干扰。

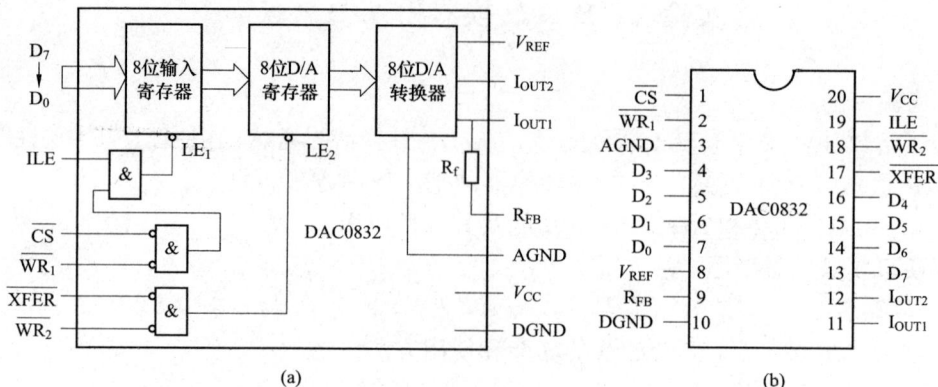

图 3.8.1 DAC0832 功能框图和引脚排列

（a）功能框图；（b）引脚图

表 3.8.1 DAC0832 引脚功能说明

| 引脚 | 功能 | 引脚 | 功能 |
|---|---|---|---|
| $\overline{CS}$ | 片选信号，低电平有效 | $V_{CC}$ | 电源电压，+5～+15V |
| $D_0 \sim D_7$ | 数字信号输入端 | ILE | 输入寄存器允许，高电平有效 |
| $V_{REF}$ | 基准电压输入端，－10～+10V | $I_{OUT1}$，$I_{OUT2}$ | D/A 电流输出端 |
| $\overline{WR_1}$ | 写信号 1，低电平有效。当 $\overline{CS}=\overline{WR_1}=0$，ILE=1 时，LE1 有效，将输入数据锁存于输入寄存器中 | $\overline{WR_2}$ | 写信号 2，低电平有效。当 $\overline{WR_2}=\overline{XFER}=0$ 时，LE2 有效，将锁存于输入寄存器中的数字传送到 8 位 D/A 寄存器中 |
| $R_{FB}$ | 集成在片内的运算放大器的反馈电阻 | $\overline{XFER}$ | 数据传送控制信号，低电平有效 |
| AGND | 模拟地 | DGND | 数字地 |

（2）DAC0832 的倒 T 形电阻网络内部组成。DAC0832 的核心部分是 8 位 D/A 转换器，如图 3.8.2 所示。它是由倒 T 形 $R-2R$ 电阻网络、模拟开关、运算放大器和参考电压 $V_{REF}$ 四部分组成。

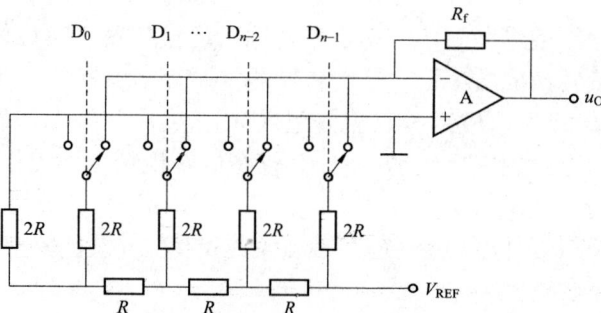

图 3.8.2 倒 T 形电阻网络 D／A 转换电路

运放的输出电压为

$$u_O = \frac{V_{REF} R_f}{2^n R} (D_{n-1} \cdot 2^{n-1} + D_{n-2} \cdot 2^{n-2} + \cdots + D_1 \cdot 2^1 + D_0 \cdot 2^0)$$

由上式可见，输出电压 $u_0$ 与输入的数字量成正比，这就实现了从数字量到模拟量的转换。

一个 8 位的 D/A 转换器，它有 8 个输入端，每个输入端是 8 位二进制数的一位，有一个模拟输出端，输入可有 $2^8 = 256$ 个不同的二进制组态，输出为 256 个电压之一，即输出电压不是整个电压范围内任意值，而只能是 256 个可能值。

DAC0832 输出的是电流，要转换为电压，还必须经过一个外接的运算放大器，实验电路如图 3.8.3 所示。

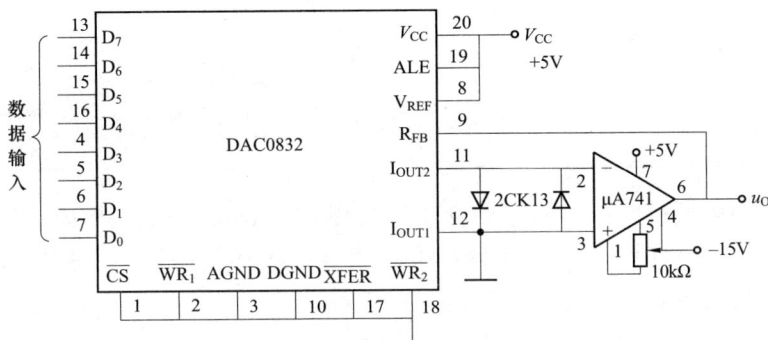

图 3.8.3　D/A 转换器实验电路

### 2. A/D 转换器 ADC0809

ADC0809 是采用 CMOS 工艺制成的 8 位逐次渐近型模/数转换器，器件的核心部分是 8 位 A/D 转换器，它由比较器、逐次渐近寄存器、D/A 转换器及控制和定时器等五部分组成。ADC0809 的功能框图和引脚排列如图 3.8.4 所示，其主要引脚功能说明见表 3.8.2。

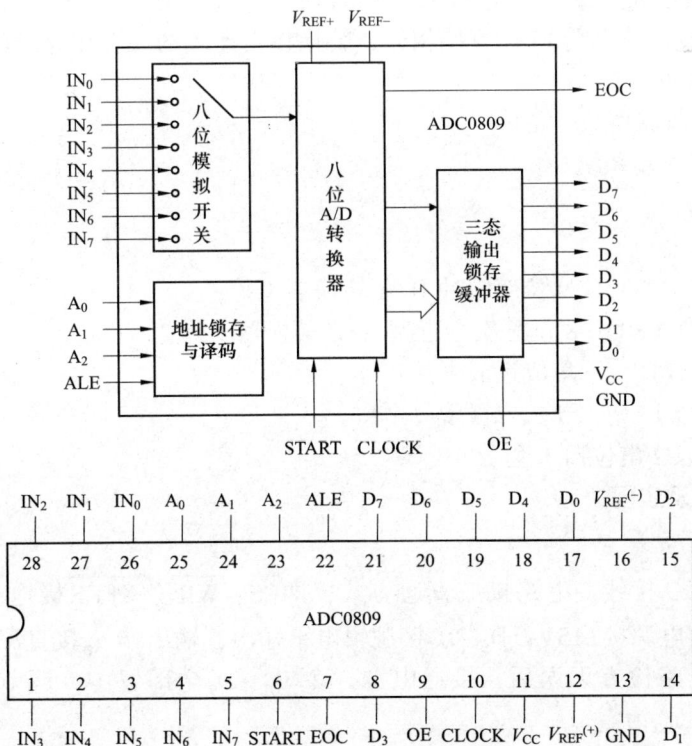

图 3.8.4　ADC0809 功能框图和引脚排列

**表 3.8.2**　　　　　　　　　　　　**ADC0809 引脚功能说明**

| 引脚 | 功能 | 引脚 | 功能 |
|---|---|---|---|
| $IN_0 \sim IN_7$ | 8 路模拟信号输入端 | $V_{CC}$ | 电源电压，+5V |
| $A_2 \sim A_0$ | 地址输入端 | $D_0 \sim D_7$ | 数字信号输出端 |
| ALE | 地址锁存允许输入信号，当上升沿达时，锁存地址码，选通相应的模拟信号通道，以便进行 A/D 转换 | START | 启动信号输入端，上升沿到，内部逐次逼近寄存器 START 复位，下降沿到达后，开始 A/D 转换过程 |
| EOC | 转换结束输出标志信号，高电平有效 | OE | 输入允许信号，高电平有效 |
| $V_{REF}^{(+)}$、$V_{REF}^{(-)}$ | 基准电压的正极和负极，一般 $V_{REF}^{(+)}$ 接+5V 电源，$V_{REF}^{(-)}$ 接地 | CLOCK | 时钟信号输入端，外接时钟脉冲，时钟频率一般为 640kHz |

（1）模拟量输入通道选择。ADC0809 通过引脚 $IN_0 \sim IN_7$ 输入 8 路模拟信号，ALE 将 3 位地址线 $A_2$、$A_1$、$A_0$ 进行锁存，然后由译码电路选通 8 路中某一路进行 A/D 转换，地址译码与输入选通关系见表 3.8.3。

**表 3.8.3**　　　　　　　　　　　　**ADC0809 地址译码与输入选通关系**

| 被选模拟通道 | | $IN_0$ | $IN_1$ | $IN_2$ | $IN_3$ | $IN_4$ | $IN_5$ | $IN_6$ | $IN_7$ |
|---|---|---|---|---|---|---|---|---|---|
| 地址 | $A_2$ | 0 | 0 | 0 | 0 | 1 | 1 | 1 | 1 |
| | $A_1$ | 0 | 0 | 1 | 1 | 0 | 0 | 1 | 1 |
| | $A_0$ | 0 | 1 | 0 | 1 | 0 | 0 | 0 | 1 |

（2）D/A 转换过程。在启动端 START 加启动脉冲（正脉冲），D/A 转换即开始。如将启动端 START 与转换结束端 EOC 直接相连，转换将是连续的。在用这种转换方式时，开始应在外部加启动脉冲。

**四、实验设备与器件**

（1）数字电路实验系统。

（2）数字万用表。

（3）双踪示波器。

（4）组件：DAC0832　　八位双缓冲 D/A 转换器 1 片；

　　　　　ADC0809　　8 位逐次渐近型 A/D 转换器 1 片；

　　　　　μA741　　　集成运放 1 片；

　　　　　2CK13　　　开关二极管 2 个；

　　　　　10kΩ 电位器 1 个。

**五、实验内容及步骤**

1. DAC0832 功能测试

（1）按图 3.8.3 接线，电路接成直通方式，即 $\overline{CS}$、$\overline{WR_1}$、$\overline{XFER}$ 接地；ALE、$V_{CC}$、$V_{REF}$ 接+5V 电源；运放电源接±15V；$D_0 \sim D_7$ 接逻辑电平输出，输出端 $u_0$ 接直流数字电压表。

（2）调零，电路检查无误后，接通电源，令 $D_0 \sim D_7$ 全部置零，调节运放的电位器使 μA741 的输出电压 $u_0$ 为零。

（3）按表 3.8.4 所列顺序依次输入数字信号，用数字电压表测量运放的输出电压 $u_0$ 并将测量结果填入表中，并与理论值进行比较。

2. ADC0809 转换器

按图 3.8.5 连接电路，模拟信号输入端 $u_1$ 接 0~+5V 直流可调电源，数字输出端 $D_0 ~ D_7$ 接电平指示。

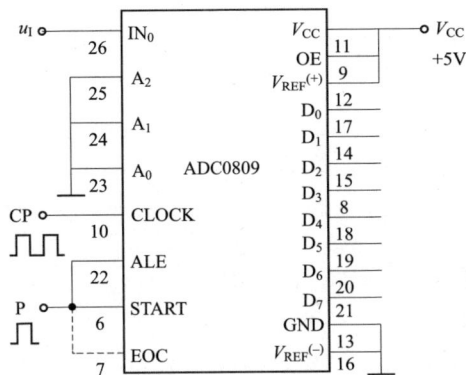

图 3.8.5  A/D 转换器的原理图

（1）按图 3.8.5 接线，即将启动转换信号 START、允许地址锁存信号 ALE 与转换结束信号 EOC 相连于 P 点；将地址输入端 $A_2$、$A_1$、$A_0$ 同时接地，因而选通模拟输入 $IN_0$ 通道进行 A/D 转换；时钟信号 CLOCK 接频率 1kHz 的连续脉冲源；参考电压 $V_{REF}^{(+)}$ 和允许信号 OE 接+5V 电源。

（2）测试启动转换信号 START、允许地址锁存信号 ALE 与转换结束信号 EOC 的功能。

P 点接单次脉冲源，调节输入模拟量为某值，按一下单脉冲源按钮，相应的输出数字量便可以从输出电平显示观察，完成一次 A/D 转换功能测试。

（3）断开 P 点与单脉冲之间的连线，将 ALE、START 与 EDC 端连接在一起，如图 3.8.5 中虚线所示，则电路处于连续转换方式，这时只要上一次转换一结束，就又重新启动，从而自动的进行连续转换。调节输入模拟量，观察 A/D 转换器的工作情况，记入表 3.8.5 中。

六、实验报告

（1）利用公式 $D = u_1 \times \dfrac{256}{V_{REF}}$，求出对应于 ADC0809 的不同 $u_1$ 的数字量 $D$。列表与实测数据相比较（测量所得的数字为十六进制，应转换为十进制）。

（2）$u_1$ 作为横轴，$D$ 作为纵轴，画出 ADC0809 的 $u_1$-$D$ 曲线。

（3）整理实验数据，分析实验结果。

# 实 验 原 始 数 据 记 录

**实验内容 1. DAC0832 功能测试**
逻辑电路图：

表 3. 8. 4 　　　　　　　　　　　　　　 **DAC0832 功能测试表**

| 输入数字量 | | | | | | | | 输出模拟量 $u_O$ （V） | |
|---|---|---|---|---|---|---|---|---|---|
| $D_7$ | $D_6$ | $D_5$ | $D_4$ | $D_3$ | $D_2$ | $D_1$ | $D_0$ | 理论值 | 实测值 |
| 0 | 0 | 0 | 0 | 0 | 0 | 0 | 0 | | |
| 0 | 0 | 0 | 0 | 0 | 0 | 0 | 1 | | |
| 0 | 0 | 0 | 0 | 0 | 0 | 1 | 0 | | |
| 0 | 0 | 0 | 0 | 0 | 1 | 0 | 0 | | |
| 0 | 0 | 0 | 0 | 1 | 0 | 0 | 0 | | |
| 0 | 0 | 0 | 1 | 0 | 0 | 0 | 0 | | |
| 0 | 0 | 1 | 0 | 0 | 0 | 0 | 0 | | |
| 0 | 1 | 0 | 0 | 0 | 0 | 0 | 0 | | |
| 1 | 0 | 0 | 0 | 0 | 0 | 0 | 0 | | |
| 1 | 1 | 1 | 1 | 1 | 1 | 1 | 1 | | |

**实验内容 2. ADC0809 功能测试**
逻辑电路图：

**表 3.8.5**                             **ADC0809 功能测试表**

| 输入模拟量 $u_1$（V） | 输出数字量 | | | | | | | |
|---|---|---|---|---|---|---|---|---|
| | $D_7$ | $D_6$ | $D_5$ | $D_4$ | $D_3$ | $D_2$ | $D_1$ | $D_0$ |
| | 0 | 0 | 0 | 0 | 0 | 0 | 0 | 0 |
| | 0 | 0 | 0 | 0 | 0 | 0 | 0 | 1 |
| | 0 | 0 | 0 | 0 | 0 | 0 | 1 | 0 |
| | 0 | 0 | 0 | 0 | 0 | 1 | 0 | 0 |
| | 0 | 0 | 0 | 0 | 1 | 0 | 0 | 0 |
| | 0 | 0 | 0 | 1 | 0 | 0 | 0 | 0 |
| | 0 | 0 | 1 | 0 | 0 | 0 | 0 | 0 |
| | 0 | 1 | 0 | 0 | 0 | 0 | 0 | 0 |
| | 1 | 0 | 0 | 0 | 0 | 0 | 0 | 0 |
| | 1 | 1 | 1 | 1 | 1 | 1 | 1 | 1 |

指导教师：_____

实验日期：_____

# 第4章　数字电路仿真实验

## 实验一　TTL 集成逻辑门电路的逻辑变换

### 一、实验目的

（1）掌握门电路逻辑功能的测试方法。

（2）熟悉用标准与非门实现逻辑变换的方法。

（3）学习基本元器件的选取、放置和电路的连接方法。

（4）学习 Multisim 中电源、单刀开关和发光探针的使用方法。

（5）学习 Multisim 中万用表和逻辑转换器等虚拟仪器的使用方法。

### 二、预习要求

（1）复习非门、与非门、异或门的逻辑功能，画出逻辑符号，写出逻辑表达式，列出真值表。

（2）复习逻辑代数以及逻辑代数的转换方法。

（3）设计出满足要求的电路图，自拟实验步骤。

（4）仔细阅读第 2 章 "2·4 仪器仪表库" 的相关内容，掌握虚拟仪器的使用方法。

### 三、实验原理

集成逻辑门电路有许多种，常用的有与门、或门、非门、与非门、或非门、与或非门、异或门和同或门等。在实际应用中，为了使设计电路简单，常常使用与非门来实现电路功能。可以利用逻辑代数的基本定律对逻辑表达式进行适当转换，再借助摩根定理，将逻辑表达式转化成与非－与非表达式，然后用多个与非门连接起来就可以达到目的。因此，或门、与或门、异或门、同或门等门电路都可以用与非门来实现。

例如，将 $Y=AB+CD$ 转换为与非－与非逻辑表达式。利用互补律和摩根定理可以实现，转换过程为 $Y=AB+CD=\overline{\overline{AB+CD}}=\overline{\overline{AB}\cdot\overline{CD}}$。

图 4.1.1（a）与图 4.1.1（b）在逻辑上完全相等。其他逻辑关系也可用这种方法实现转换。

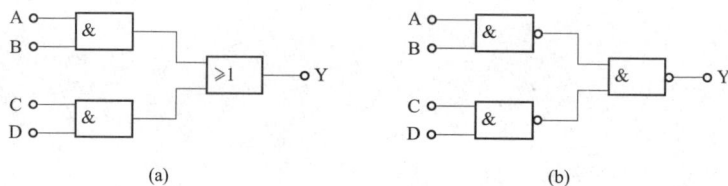

（a）　　　　　　　　　　　　　（b）

图 4.1.1　用与非门构成 $Y=AB+CD$

（a）$Y=AB+CD$；（b）$Y=\overline{\overline{AB}\cdot\overline{CD}}$

### 四、实验内容

1. 测试与非门 74LS00 的逻辑功能

（1）电路工作区设置。双击桌面 "Multisim12" 图标，启动 Multisim12 程序，在 Multisim12 基本界面上会打开一个空白的电路文件，系统自动命名为 Design1，显示在主窗口的标题栏。

点击 Options→Global Preferences，选择 Components 选项，对元器件的逻辑符号显示方式进行设置，如图 4.1.2 所示。

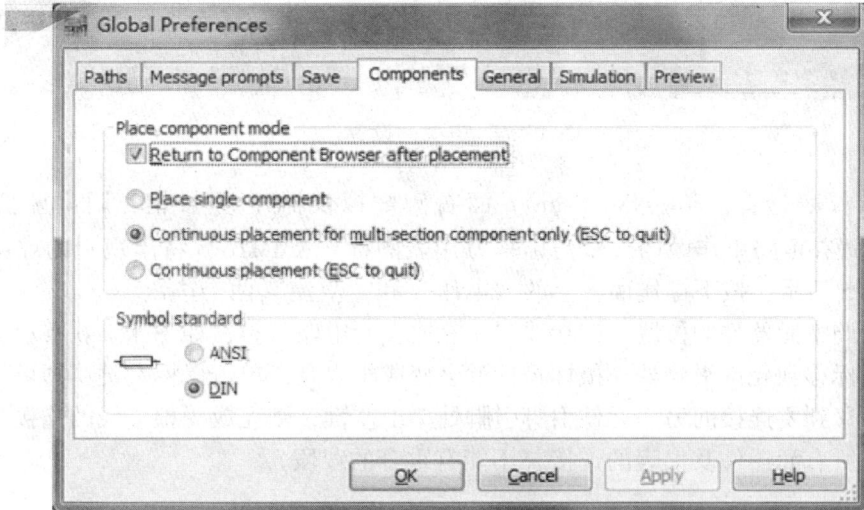

图 4.1.2　Components 选项

（2）元器件选取。单击 Multisim 界面元件工具栏的 TTL 按钮 ，从弹出对话框的"74LS"系列中选取与非门 74LS00N，将它放置在电路工作区，如图 4.1.3 所示；单击元件工具栏的电源按钮 ，从"POWER SOURCES"系列中选取电源 $V_{CC}$ 和地 GROUND，放置在电路工作区；单击元件工具栏的基本元器件库按钮 ，选取 2 个单刀双掷开关 SPDT，并分别双击 2 个开关"$S_1$"和"$S_2$"图标，将弹出的对话框的"Key for toggle"栏设置成"A"和"B"，然后通过鼠标右键将开关进行水平方向的镜像翻转，如图 4.1.4 所示；从元件工具栏的指示器件库 中调出发光探针，放置在电路工作区内。

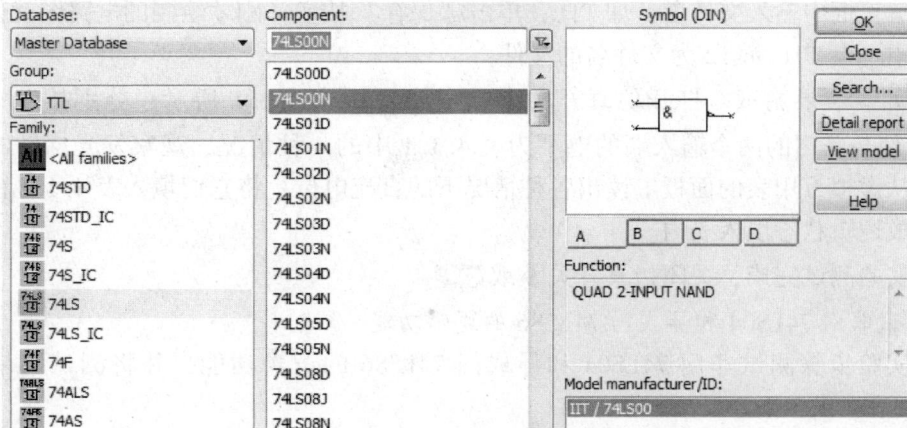

图 4.1.3　Select a Component 对话框

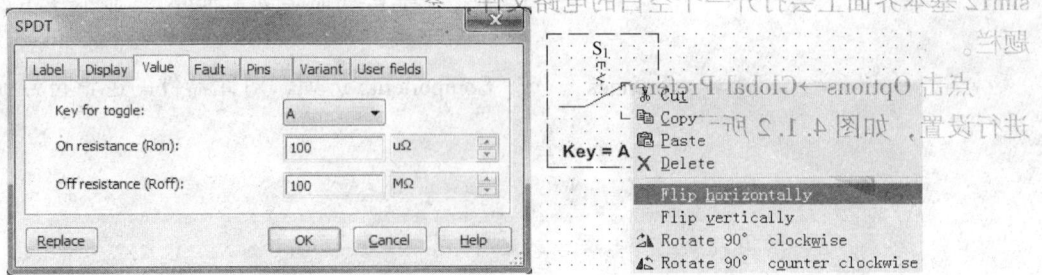

图 4.1.4　开关的设置

（3）仪器仪表选择。单击 Multisim 界面右侧虚拟仪器库 按钮，调出虚拟万用表"XMM1"，放置在电路工作区内。双击虚拟万用表图标"XMM1"，将出现它的虚拟操作面板，如图 4.1.5 所示，按下操作面板上的"电压"和"直流"两个按钮。

（4）适当调整元器件的位置，连接线路，完成实验电路编辑，如图 4.1.6 所示。线路连接方法：将鼠标移到元件引脚处，鼠标指针就会变成小黑点，单击鼠标左键，即可拉出一条虚线；将鼠标移到要连接的另一元件引脚引脚处单击左键，则完成一根连线的连接。重复以上步骤，完成所有元器件及仪表的连接（不能有重合的线段）。

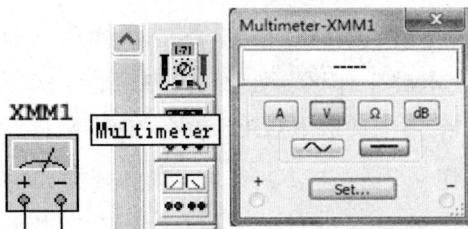

图 4.1.5　虚拟万用表的选择与设置

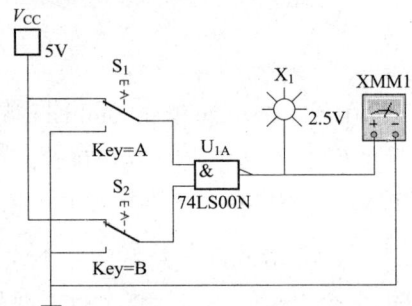

图 4.1.6　与非门逻辑功能测试电路

（5）保存文件。选择菜单项 File→Save，弹出保存文件对话框，选定保存文件的路径，在文件名编辑框中输入文件名，如 TTL；单击"保存"按钮。刚才绘制的电路图就保存在选定的路径中，以 TTL. ms12 为文件名的文件。

（6）实验结果测试。打开仿真开关 ▷ 或 ，按表 4.1.1 所示，分别按动"A"和"B"键，使与非门的两个输入端的电平为表 4.1.1 中的 4 种情况，观察发光探针的亮灭情况，同时从虚拟万用表的面板上读出各种情况下的直流电位，将它们填入表 4.1.1 内，并将电位转换成逻辑状态填入表内。

（7）实验测试完毕，关闭仿真开关 ▷ 或 。

2. 测试非门 74LS04 和异或门 74LS86 的逻辑功能

自拟实验步骤测试非门 74LS04 和异或门 74LS86 的逻辑功能，并将测试结果记录在表 4.1.2 和表 4.1.3 中。

3. 测试用与非门构成的与或门 Y＝AB+CD 的逻辑功能

（1）方法一：采用开关和发光探针测试逻辑电路。按图 4.1.1（b）所示的电路，从

Multisim 元器件库中选取所需元件，放置在原理图编辑区中，构建由与非门实现的与或逻辑电路图，电路如图 4.1.7 所示。按表 4.1.4 要求，分别按动"A""B""C"和"D"，观察并记录发光探针的亮灭情况，将结果填入表 4.1.4 中，将结果和 Y = AB+CD 的真值表进行对比。

（2）方法二：利用逻辑转换器测试逻辑电路。将图 4.1.7 中的开关和发光探针删除，点击虚拟仪器库中的 ▦ 按钮，调出逻辑转换器图标"XLC1"，将它放置在原理图编辑区中，连接仿真电路，如图 4.1.8 所示。

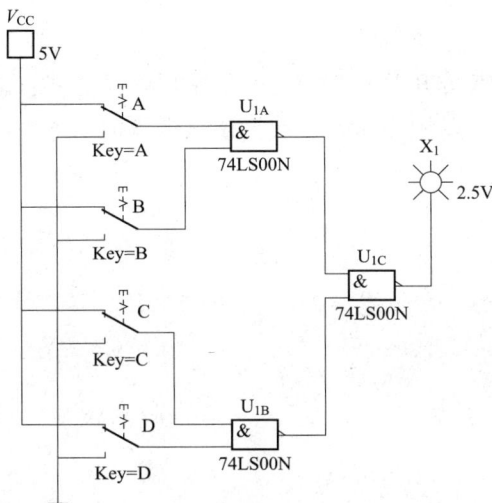

图 4.1.7　用与非门构成的与或门 Y = AB+CD 　　　 图 4.1.8　用逻辑转换器测试电路逻辑功能

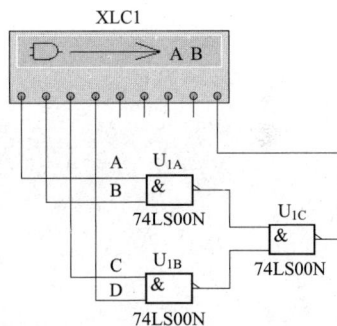

双击逻辑转换器图标"XLC1"，将打开它的功能面板，如图 4.1.9 所示。按下 ┌─── → ┌───┐ 按钮，即可在真值表区得到该电路的真值表；按下 ┌───┐ → A|B 或 ┌───┐ SIMP A|B 按钮，可得到逻辑表达式或最简逻辑表达式。

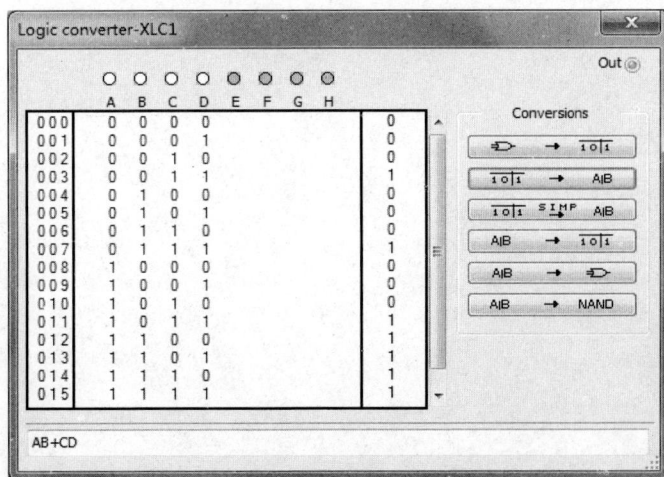

图 4.1.9　逻辑转换器操作面板

4. 用与非门组成异或门 $Y = A \oplus B$ 和同或门 $Y = A \odot B$

自拟实验步骤，用与非门实现异或门和同或门，并采用适当的方法验证其逻辑功能，将结果填入表 4.1.5 中。

**五、注意事项**

（1）注意电路连线中的交叉点是否连接正确。

（2）在使用万用表时，需注意交直流的选取。

（3）在 Multisim 中，为了使电路得到精确的仿真结果，使用的是现实模型；但如要加快电路的仿真速度，可以使用理想模型，但输出波形会发生错误，此时可以在仿真电路的窗口内放置数字电源 $V_{DD}$ 和数字接地端 即可。

（4）测试真值表时，输入代码可采用单刀双掷开关和数字信号发生器两种方式；输出显示可采用发光探针或者数码管两种方式；另外可以用逻辑转换器直接获得真值表。

# 实 验 预 习 报 告

班级：　　　　姓名：　　　　学号：　　　　实验台号：　　　　成绩：

**实验内容 1：** 测与非门 **74LS00** 的逻辑功能

实验电路：

实验结果：

表 4.1.1　　　　　　　　　　　　　与非门 74LS00 逻辑功能测试

| 输入端 | | 输出端 | | |
|---|---|---|---|---|
| A | B | 探针状态（亮/灭） | 电位（V） | 逻辑状态 |
| 0 | 0 | | | |
| 0 | 1 | | | |
| 1 | 0 | | | |
| 1 | 1 | | | |

**实验内容 2：** 测与非门 **74LS04** 和异或门 **74LS86** 的逻辑功能

实验电路：

实验结果：

表 4.1.2　　　　　　　　　　　　　非门 74LS04 逻辑功能测试

| 输入端 | 输出端 | | |
|---|---|---|---|
| A | 探针状态（亮/灭） | 电位（V） | 逻辑状态 |
| 0 | | | |
| 1 | | | |

**表 4.1.3** 异或门 74LS86 逻辑功能测试

| 输入端 | | 输出端 | | |
|---|---|---|---|---|
| A | B | 探针状态（亮/灭） | 电位（V） | 逻辑状态 |
| 0 | 0 | | | |
| 0 | 1 | | | |
| 1 | 0 | | | |
| 1 | 1 | | | |

**实验内容 3：用与非门构成与或门 Y＝AB+CD**

**表 4.1.4** 用与非门构成的与或门 Y＝AB+CD 逻辑功能测试

| 输入 | | | | 输出 | |
|---|---|---|---|---|---|
| A | B | C | D | 探针状况（亮/灭） | 逻辑状态 |
| 0 | 0 | 0 | 0 | | |
| 0 | 0 | 0 | 1 | | |
| 0 | 0 | 1 | 0 | | |
| 0 | 0 | 1 | 1 | | |
| 0 | 1 | 0 | 0 | | |
| 0 | 1 | 0 | 1 | | |
| 0 | 1 | 1 | 0 | | |
| 0 | 1 | 1 | 1 | | |
| 1 | 0 | 0 | 0 | | |
| 1 | 0 | 0 | 1 | | |
| 1 | 0 | 1 | 0 | | |
| 1 | 0 | 1 | 1 | | |
| 1 | 1 | 0 | 0 | | |
| 1 | 1 | 0 | 1 | | |
| 1 | 1 | 1 | 0 | | |
| 1 | 1 | 1 | 1 | | |

**实验内容 4：用与非门组成异或门 Y＝A⊕B 和同或门 Y＝A⊙B**

实验电路：

实验结果：

**表 4.1.5**　　　用与非门构成的异或门 $Y = A \oplus B$ 和同或门 $Y = A \odot B$ 逻辑功能测试

| 输入 | | 输出 | | | |
|---|---|---|---|---|---|
| | | $Y = A \oplus B$ | | $Y = A \odot B$ | |
| A | B | 探针状况（亮/灭） | 逻辑状态 | 探针状况（亮/灭） | 逻辑状态 |
| 0 | 0 | | | | |
| 0 | 1 | | | | |
| 1 | 0 | | | | |
| 1 | 1 | | | | |

指导教师：＿＿＿＿＿＿＿＿

实验日期：＿＿＿＿＿＿＿＿

## 实验二　血型关系检测电路的设计

**一、实验目的**

(1) 掌握组合逻辑电路的设计和测试方法。

(2) 掌握用数据选择器设计组合逻辑电路的方法。

(3) 学习 Multisim 中字信号发生器的使用方法。

(4) 学习 Multisim 中蜂鸣器和发光二极管的使用方法。

**二、预习要求**

(1) 复习组合逻辑电路的设计方法。

(2) 复习数据选择器 74LS153 的性能和使用方法。

(3) 画好实验电路的接线图,自拟实验步骤。

**三、实验原理**

组合逻辑电路的设计过程正好与组合逻辑电路分析过程相反,它是根据给出的实际逻辑问题,求出实现这一逻辑功能的最简的逻辑电路。

这里所说的"最简",是指电路所用的器件的种类最少,器件数最少,而且器件之间的连线也最少。组合逻辑电路的设计通常可按如下步骤进行:

(1) 进行逻辑抽象。首先,分析事件的因果关系,确定输入变量和输出变量;其次,定义逻辑状态的含义;最后,根据给定的因果关系列出真值表。

(2) 写出逻辑表达式。

(3) 选定器件的类型。

(4) 将逻辑函数化简或变换成适当的形式。在使用小规模集成电路 (small scale integration, SSI) 进行设计时,为获得最简的设计结果,应将表达式变换成最简形式。如果器件的种类有限制,则还应将表达式变换成与器件种类相适应的形式;在使用中规模集成电路 (medium scale integration, MSI) 的常用组合逻辑电路设计电路时,需要把表达式变换为适当的形式,以便能用最少的器件和最简单的连线构成所要求的逻辑电路。

(5) 根据化简或变换后的逻辑表达式,画出逻辑电路的连接图。

(6) 进行工艺设计,完成组装,调试。

组合逻辑电路的设计步骤可以用图 4.2.1 所示的框图表示。

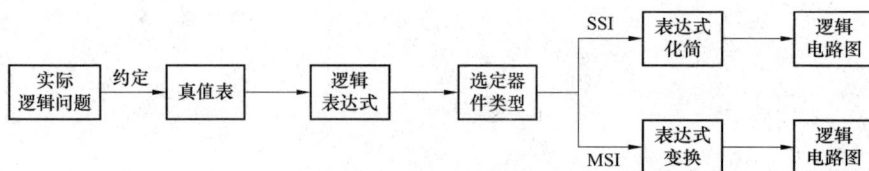

图 4.2.1　组合逻辑电路设计的一般步骤

**四、实验内容与要求**

人类的血型常有类型有 A、B、AB、O 型四种。在输血时,输血者和受血者的血型必须符合如图 4.2.2 所示的关系,即 O 型血可以输给任何血型的人,但 O 型血的人只能接受 O

型血；AB 型血的人只能输给 AB 型血的人，但 AB 型血的人可以接受所有血型的人；A 型血的人可以输血给 A 型和 AB 型血的人，而 A 型血的人能接受 A 型和 O 型血；B 型血的人可以输血给 B 型和 AB 型血的人，而 B 型血的人能接受 B 型和 O 型血。

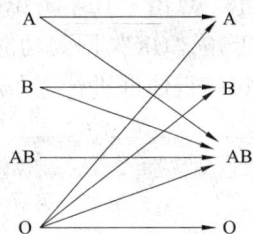

图 4.2.2　输血关系图

**1. 用最少的二输入与非门设计血型关系检测电路**

要求用二输入与非门设计一个电路，用于判断输血者和受血者的血型是否符合输血条件，如果能够输血，则绿色灯发光（实验中用绿色发光二极管实现）；如果血型不合，则红色灯发光（实验中用红色发光二极管实现），并且发出警告声（实验中用蜂鸣器代替）。要求采用开关和字信号发生器两种方法对电路进行测试。

实验提示：

（1）输血者有 4 种情况，可用两位代码区分，同样受血者血型也可以用两位代码表示，这样整个电路的输入有四个变量，输出两个变量，分别表示血型匹配或血型不匹配。

（2）可以用 4 个开关模拟 A、B、AB、O 型（输血者和受血者共需要 8 个开关），对受血者和输血者的血型通过编码电路分别进行编码，之后根据要求设计血型检测电路。

（3）单击 Multisim 界面元件工具栏的二极管按钮 ▷⊦，从弹出的对话框的 "LED" 系列中选取红色发光二极管，如图 4.2.3 所示。注意：发光二极管在使用时必须串联合适阻值的限流电阻 $R$。

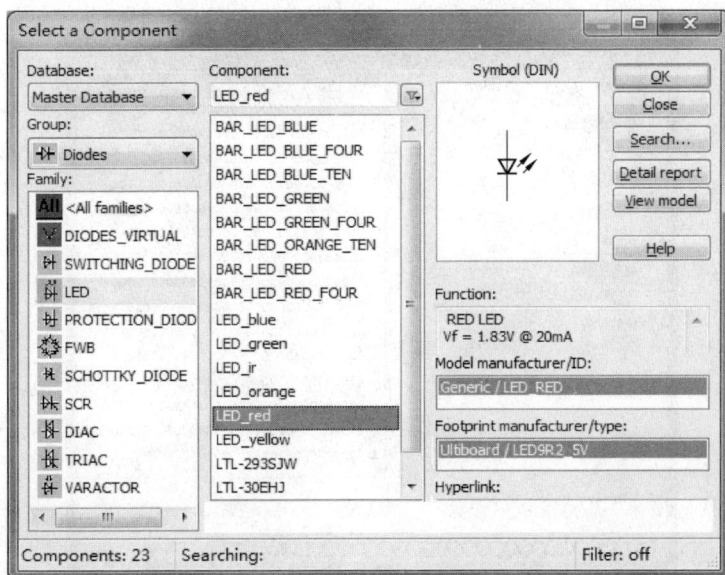

图 4.2.3　发光二极管

（4）字信号发生器的使用方法。将已构建电路中的电源及开关删除，点击 Multisim 界面右侧虚拟仪器库中的 ▦ 按钮，选择字信号发生器图标 "XWG1"，将它放置在原理图编辑区中，并根据电路输入变量高低位的位置对其进行水平翻转、垂直翻转、顺时针旋转或逆时针旋转，然后将其正确的连接到电路。

字信号发生器编辑数字信号的方法有手工编辑、自动编辑两种。

1）手工编辑方法。双击数字信号发生器图标"XWG1"，将打开它的功能面板，如图4.2.4所示。点击"Controls"栏的"Set…"按钮，将弹出 Settings 对话框，如图4.2.5所示，点击"Display type"栏的"Dec"，在"Buffer size"中输入"16"，然后点击对话框右上角"OK"回到功能面板。点击"Display"栏中"Binary"，然后对字信号地址编辑区中的每一行地址进行逐条编辑，编辑结果如图4.2.6所示。

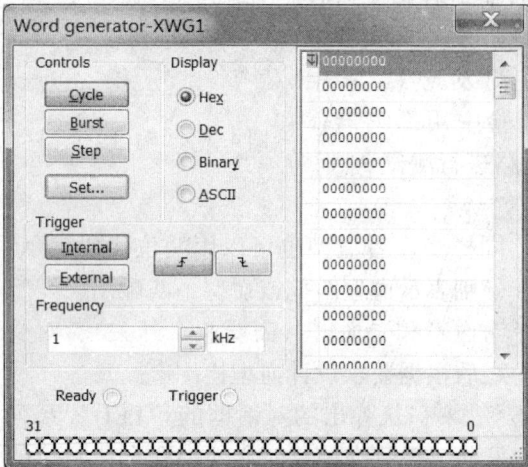

图4.2.4　字信号发生器功能面板

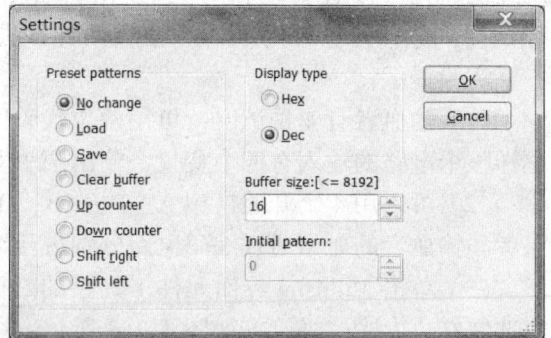

图4.2.5　Settings 对话框

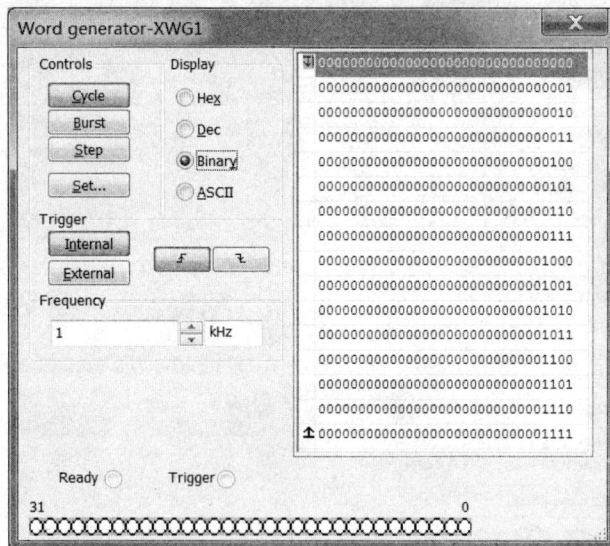

图4.2.6　手工编辑后的字信号发生器面板

点击"Step"按钮，观察并记录电路输出发光二极管的亮灭情况，并将结果与之前的测试结果进行对比。

2）自动编辑方法。双击数字信号发生器图标"XWG1"，将打开它的功能面板，如图4.2.4所示。点击"Controls"栏的"Set…"按钮，将弹出对话框 Settings，点击"Display type"栏的"Dec"，在"Buffer size"中输入"16"，选择"Present patterns"栏中

的 "Up Counter"，点击对话框右上角 "OK" 回到功能面板，然后点击 "Display" 栏中的 "Binary"，即出现如图 4.2.6 所示的结果。

2. 用四选一数据选择器 74LS153 和二输入与非门设计血型关系检测电路

要求用数据选择器 74LS153 设计一个血型关系检测电路，判断输血者与受血者是否符合图 4.2.2 所示的关系。

# 实 验 预 习 报 告

班级：       姓名：       学号：       实验台号：       成绩：

**实验内容 1**：用最少的二输入与非门设计血型关系检测电路

约定：

真值表：                                     卡诺图：

逻辑表达式：

逻辑电路：

**实验内容 2：用四选一数据选择器 74LS153 和二输入与非门设计血型关系检测电路**

逻辑表达式及转换：

逻辑电路：

## 实验三　计数、译码和显示电路

### 一、实验目的
（1）掌握常用触发器的逻辑功能、时序特性和测试方法。
（2）掌握用 JK 触发器组成的同步五进制计数器的工作原理。
（3）学会 Multisim 中时钟脉冲源、数码管的使用方法。
（4）学习 Multisim 中示波器和逻辑分析仪的使用方法。

### 二、预习要求
（1）复习 JK 触发器的性能和使用方法。
（2）复习 Multisim 中数码管的使用方法。

### 三、实验原理

1. 触发器

触发器具有两个稳定状态，用以表示逻辑状态"1"和"0"，在一定的外界信号作用下，可以从一个稳定状态翻转到另一个稳定状态，它是一个具有记忆功能的二进制信息存储器件，是构成各种时序电路的最基本逻辑单元。

在输入信号为双端的情况下，JK 触发器是功能完善、使用灵活和通用性较强的一种触发器。JK 触发器常被用作缓冲存储器，移位寄存器和计数器。本实验采用 74LS112 双 JK 触发器，是下降边沿触发的边沿触发器。JK 触发器的状态方程为 $Q^{n+1}=J\,\overline{Q^n}+\overline{K}Q^n$。

2. 计数器

计数是一种最简单、最基本的逻辑运算，计数器的种类繁多，如按计数器中触发器翻转的次序分类，可分为同步计数器和异步计数器；按计数器计数数字的增减分类，可分为加法计数器、减法计数器和可逆计数器等。

3. 译码、显示电路

LED 数码管是目前最常用的数字显示器，分为共阴和共阳两种，如图 4.3.1（a）、图 4.3.1（b）所示。另外在 Multisim 中还提供了带译码驱动的数码管，如图 4.3.1（c）所示。

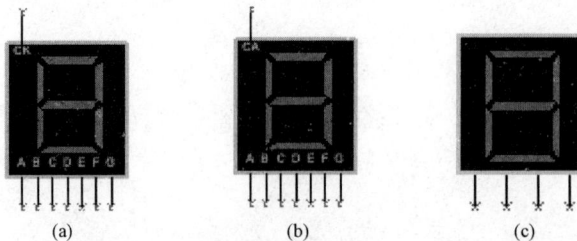

图 4.3.1　七段数码管以及带译码驱动的数码管
（a）共阴极（高电平驱动）；（b）共阳极（低电平驱动）；（c）带译码驱动的数码管

1 个 LED 数码管可用来显示一位十进制数 0~9 或一位十六进制数 0~F。LED 数码管要显示 BCD 码所表示的十进制数字就需要有一个专门的译码器，该译码器不但要完成译码功能，还要有相当的驱动能力。常用的 BCD 码七段译码驱动器有 74LS47（共阳）、74LS48

（共阴）、CD4511（共阴）等。

相对于普通的七段数码管，带译码驱动的数码管由于它电路内部已包含了译码电路，因此使用起来更加的方便。在使用时只需 4 个输入端按照高地位的顺序接入电路，便可正确的显示对应的十六进制数 0~9，A~F。

图 4.3.2（a）中的 74LS47 为集电极开路输出的译码器/驱动器，必须使用共阳极数码管，它的作用是把输入的 8421BCD 码翻译成对应于数码管的 7 个字段信号（即 7 位二进制代码），驱动数码管显示出"0~9"10 个十进制数的符号。74LS47 有 4 个输入端 D、C、B、A，有 7 个输出端，输出低电平有效。当输出为低电平时，驱动能力较强，灌电流高达40mA。数码管每个引脚上都需要串联一个限流电阻，以防止流过发光二极管的电流过大，烧毁发光二极管。

图 4.3.2（b）为 CMOS 集成电路 CD4511，输出高电平有效，用来驱动共阴极数码管。使用方法与 74LS47 类似。

#### 四、实验内容与要求

1. JK 触发器逻辑功能测试

（1）单击 Multisim 界面元件工具栏的 TTL 按钮 ，从弹出的对话框的"74LS"系列中选取双 JK 触发器 74LS112N，放置在电路工作区。

（2）按照图 4.3.3 连接实验电路，并根据表 4.3.1 的要求测试 JK 触发器的逻辑功能。

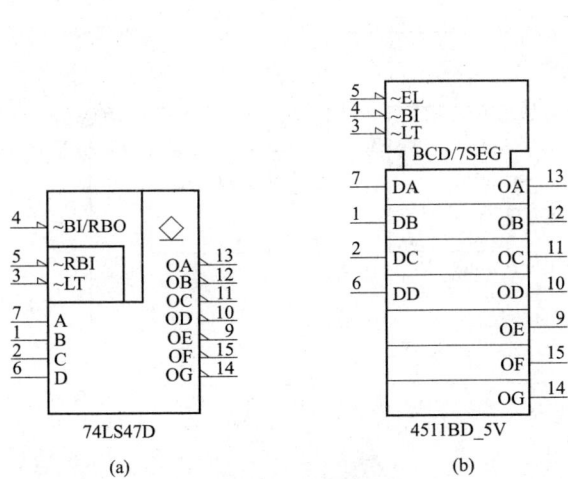

图 4.3.2　显示译码器
（a）共阳极数码管显示驱动器 74LS47；
（b）共阴极数码管显示驱动器 CD4511

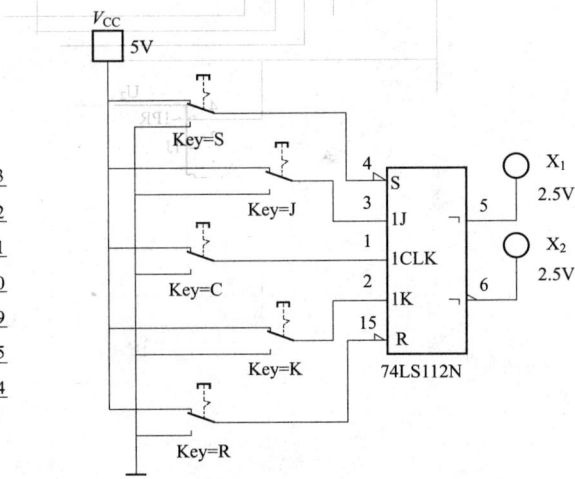

图 4.3.3　JK 触发器逻辑功能测试

2. 译码、显示电路

（1）共阳极数码管驱动电路逻辑测试。图 4.3.4 所示电路为 74LS47 驱动共阳数码管电路，74LS47 是 OC 门输出，OC 门输出高电平时必须外接上拉电阻到 $V_{CC}$。正确设置字信号发生器使数码管循环显示 0~9。

（2）共阴极数码管驱动电路的设计。利用 CD4511 驱动共阴极数码管，使其能正确显示0~9。

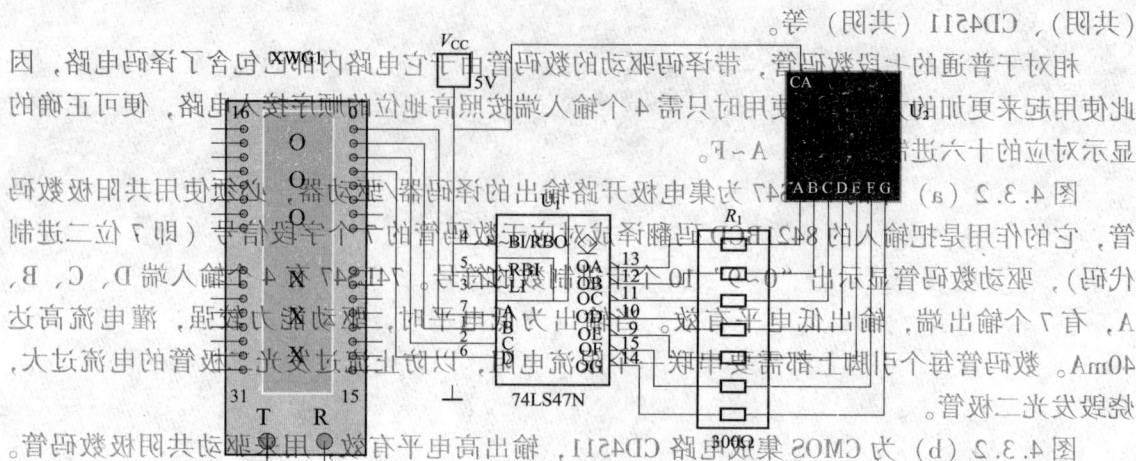

图 4.3.4　74LS47 驱动共阳数码管

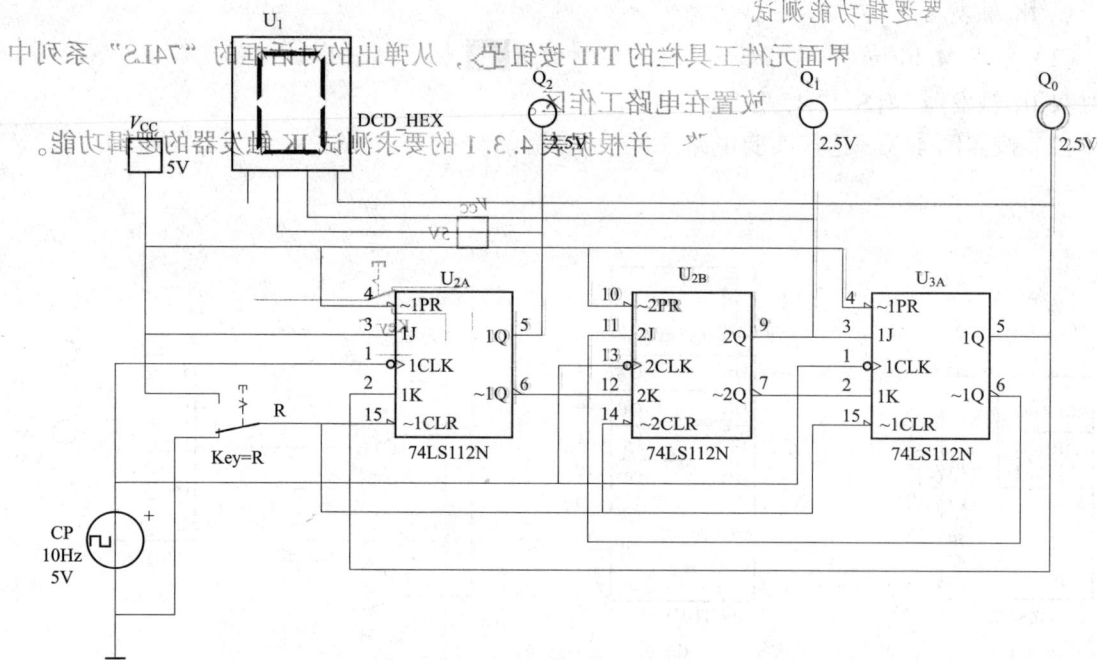

图 4.3.5　JK 触发器构成的同步五进制计数器

3. JK 触发器构成的同步五进制计数器

（1）在 Multisim 中按图 4.3.5 连接电路，仿真并观察五进制计数器的工作情况。

1）将计数器清零，使 $Q_2 = Q_1 = Q_0 = 0$。

2）将计数器的 CP 端接频率较低的时钟源（10Hz 左右），用发光探针显示各触发器 Q 端的状态，检验计数器的工作情况是否正确？

3）在 CP 端加一定频率的时钟脉冲，以 CP 为参考量，用四踪示波器观察 $Q_2$、$Q_1$、$Q_0$ 的波形，检验波形是否正常。

（2）观察译码显示电路的工作情况。将计数器的 CP 端接单脉冲输出端，计数器的 $Q_2$、

$Q_1$、$Q_0$ 分别接到有译码的七段数码管的 3、2、1 处，4 悬空。观察数码管显示的数值与发光探针显示的数值是否一致。

（3）利用逻辑分析仪分析分析时序逻辑电路。对于时序逻辑电路，也可用画波形图的方法进行分析。为了避免出错，通常是根据输入波形，逐级画出各个输出波形，最后根据逻辑电路的各个输出端与输入端波形之间的关系确定功能。

从 Multisim 虚拟仪器元器件库中选择逻辑分析仪（logic analyzer），放置在原理图编辑区，连接仿真电路，如图 4.3.6 所示。

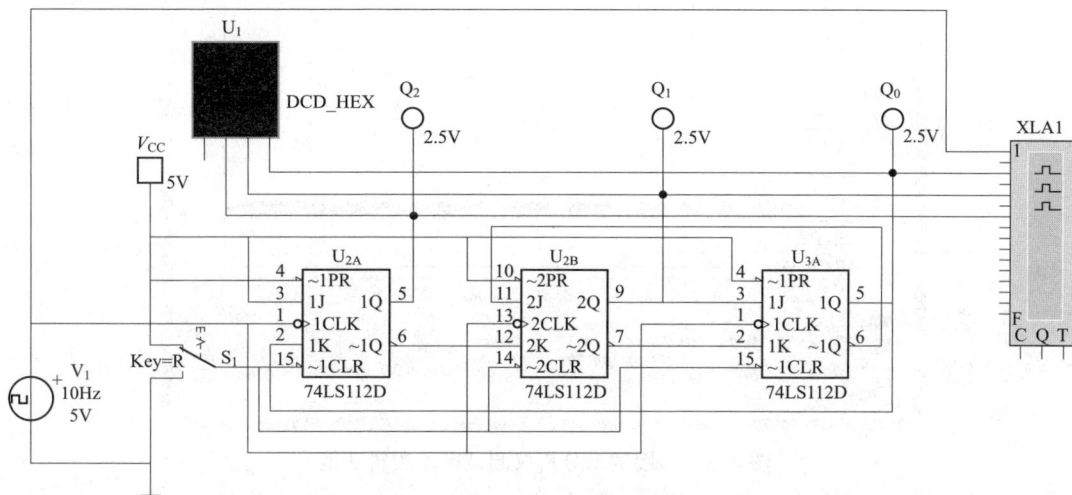

图 4.3.6　用逻辑分析仪测试电路逻辑功能

打开仿真开关，双击逻辑分析仪图标"XLA1"，将出现逻辑分析仪功能面板，点击"Set…"按钮，得到对话框 Clock Setup 对话框，如图 4.3.7 所示，修改"Clock rate"栏中的频率为 1kHz，点击"OK"回到逻辑分析仪的面板，再将面板上"Clock"框下"Clock/Div"栏输入 100，稍等扫描片刻，然后关闭仿真开关。将逻辑分析仪面板屏幕下方的滚动条拉到最左边。拖动屏幕上的游标可以观察到该时序逻辑电路的时序图，如图 4.2.8 所示。启用逻辑分析仪的游标，将游标放置在如图 4.3.8 所示的位置，可知该时序逻辑电路的逻辑功能。

（4）将测试结果记录在表 4.3.2 中，并将时序图记录在原始记录的相关位置。

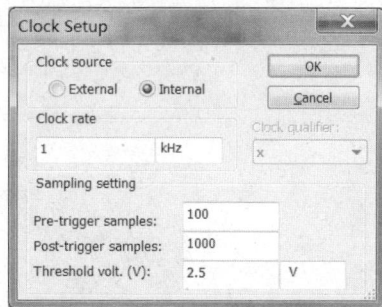

图 4.3.7　Clock Setup 对话框

4. 抢答器电路设计

利用 D 触发器和门电路设计一个三人抢答电路。要求满足下列条件：

（1）每个参赛者控制一个开关和一个发光二极管，利用拨动开关发出抢答信号。

（2）竞赛开始后，先拨动开关者抢答成功，其对应的发光二极管点亮，此后其他两人的抢答视为无效。

（3）在 Multisim 的原理图编辑区画出逻辑电路图，采用适当的方法对所设计的电路进行测试。

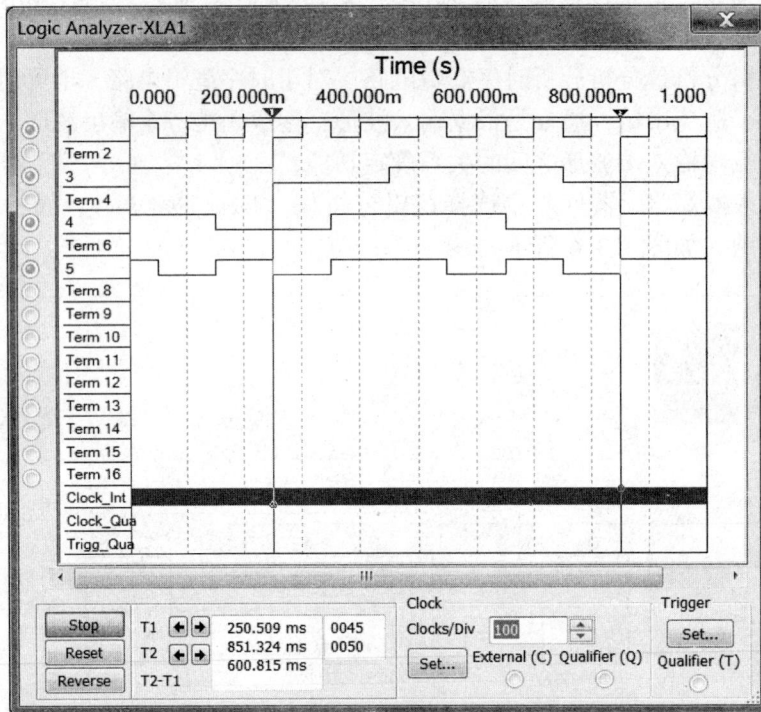

图 4.3.8　用逻辑分析仪测试电路逻辑功能

**五、注意事项**

触发器的输出端不能接+5V 或地，否则导致无法仿真，在实际电路中导致器件损坏。

**六、思考题**

如何用函数信号发生器产生 CP 脉冲信号？

# 实 验 预 习 报 告

班级：　　　　　姓名：　　　　　学号：　　　　　实验台号：　　　　　成绩：

**实验内容 1：JK 触发器逻辑功能测试**

表 4.3.1　　　　　　　　　　　　　　**JK 触发器功能表**

| J | K | CLK | Q 初始状态为 0 | |
|---|---|---|---|---|
| | | | Q | $\bar{Q}$ |
| 0 | 0 | 0→1 | | |
| | | 1→0 | | |
| 0 | 1 | 0→1 | | |
| | | 1→0 | | |
| 1 | 0 | 0→1 | | |
| | | 1→0 | | |
| 1 | 1 | 0→1 | | |
| | | 1→0 | | |

**实验内容 2：译码、显示电路**

（1）共阳极数码管驱动电路逻辑功能测试。

列出共阳极数码管的驱动表：

（2）共阴极数码管驱动电路的设计。

列出共阴极数码管的驱动表：

画出共阴极数码管驱动电路：

**实验内容 3：JK 触发器组成的同步五进制计数器**

（1）写出逻辑方程组：

（2）列出状态表：

表 4.3.2                                      同步五进制计数器

| CP | $Q_2$ | $Q_1$ | $Q_0$ | 数码管显示 |
| --- | --- | --- | --- | --- |
| 0 | | | | |
| 1 | | | | |
| 2 | | | | |
| 3 | | | | |
| 4 | | | | |
| 5 | | | | |
| 6 | | | | |
| 7 | | | | |
| 8 | | | | |
| 9 | | | | |

（3）画出状态图：

（4）画出时序图：

（5）说明电路功能：

**实验内容 4：D 触发器和门电路设计一个三人抢答电路**
（1）设计思路：

（2）设计电路图：

指导教师：＿＿＿＿＿＿＿＿＿
实验日期：＿＿＿＿＿＿＿＿＿

# 实验四　交通控制器的设计

### 一、实验目的
（1）掌握用 D 触发器设计交通控制器的方法。
（2）学会用 Multisim 对所设计电路进行测试的方法。

### 二、预习要求
复习时序逻辑电路的设计方法。

### 三、实验原理
时序逻辑电路的设计是指要求设计者从实际的逻辑问题出发，设计出满足逻辑功能要求的电路，并力求最简化。设计步骤如下：

（1）根据设计要求，建立原始状态图或状态表。这一步是关键，因为原始状态图或状态表建立的正确与否，将直接决定所设计的电路能否实现所要求的逻辑功能。

（2）状态化简，以便消去多余的状态，得到最小状态转换图或转换表。

（3）状态分配（或状态编码），画出编码后的状态转换图或转换表。由于时序逻辑电路的状态是用触发器状态的不同组合来表示的，因此这一步所做的工作是确定触发器的个数 $n$，并给每个状态分配一组二进制代码。$n$ 取满足公式 $n \geqslant \log N$（$N$ 为状态数）的最小整数。

（4）选定触发器类型，求出电路的输出方程和驱动方程。

（5）根据得到的方程画出逻辑电路图。

（6）检查设计的电路能否自启动。如果不能自启动，应设法解决，或修改设计方法，或加置初态电路。

### 四、实验内容与要求
（1）采用 D 触发器设计一个铁路道口的交通控制器。图 4.4.1 是该铁路道口的平面图。$P_1$ 和 $P_2$ 是两个传感器，它们的距离较远，至少是一列火车的长度，即火车不会同时压在两个传感器上。A 和 B 是两个闸门，当火车由东向西或由西向东通过 $P_1$—$P_2$ 段，且当火车的任意部分位于 $P_1$—$P_2$ 之间时，闸门 A 和 B 应同时关闭，否则闸门同时打开。

（2）然后在 Multisim 的原理图编辑区画出逻辑电路图，采用适当的方法对所设计的电路进行测试。

### 五、注意事项
（1）此电路包含的元器件个数比较多，连线时要多加注意，检查是否连接上。

（2）设计电路时要依据电路结构简单，且经济实惠的原则。

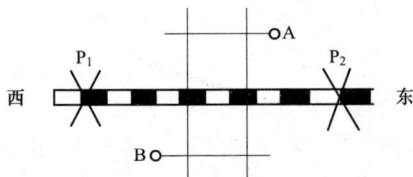

图 4.4.1　铁路道口的平面图

### 六、思考题
对于一个具有主干道和支干道的十字路口，如何设计交通灯控制器？

# 实 验 预 习 报 告

班级：　　　　　姓名：　　　　学号：　　　　　实验台号：　　　　成绩：

1. 设计步骤：

(1) 逻辑抽象，建立原始状态图：

(2) 状态化简，得到最简状态图：

(3) 带有驱动信号和输出信号的状态表：

(4) 驱动方程和输出方程：

2. 实验电路：

指导教师：＿＿＿＿＿＿＿＿

实验日期：＿＿＿＿＿＿＿＿

# 实验五　集成计数器的应用

## 一、实验目的
（1）掌握集成计数器的工作原理，掌握中规模集成计数器的逻辑功能及应用。

（2）掌握利用 Multisim 仿真软件进行任意进制计数器的设计和仿真分析的一般方法。

## 二、预习要求
（1）复习集成计数器 74LS160、74LS161 及 74LS192 的工作原理。

（2）复习时序逻辑电路的设计方法。

## 三、实验原理
计数器是数字逻辑系统中的基本部件，它是数字系统中用得最多的时序逻辑电路，其主要功能就是用计数器的不同状态来记忆输入脉冲的个数。计数器不仅能用于对时钟脉冲的计数，还可使用于定时、分频、产生节拍脉冲以及进行数字运算等。只要是稍微复杂一些的数字系统，几乎没有不包含计数器的。通常把满足 $N = 2^n$ 的计数器称为二进制规则计数器，有些数字定时、分频系统中，常需要 $N \neq 2^n$ 的任意进制计数器。在数字电路中集成计数器常应用在以下几个方面：

（1）构成任意进制计数器。用 $N$ 进制计数器构成任意进制（$M$）计数器，若 $M<N$，只需 1 片 $N$ 进制计数器，使计数器在 $N$ 进制的计数过程中，跳过 $N-M$ 个状态即可。若 $M>N$，需要多片 $N$ 进制计数器级联，同步级联或异步级联，然后再用反馈清零或反馈置数法构成 $M$ 进制计数器。

（2）构成分频器。$N$ 进制计数器进位输出端输出脉冲的频率是输入脉冲频率的 $1/N$，因此可以用 $N$ 进制计数器构成 $N$ 分频器。

（3）构成序列信号发生器。序列信号是在时钟脉冲作用下产生的按一定规律排列的一串周期性二进制信号。它通常用来作为数字系统的同步信号或地址码，也可以作为可编程逻辑电路的控制信号等。

1）计数器和门电路构成序列信号发生器。方法为：根据序列码的长度 $M$，设计 1 个 $M$ 进制计数器；根据序列信号的要求设计恰当的组合逻辑电路，计数器的状态作为组合逻辑电路的输入，组合电路的输出即为所要产生的序列信号。

2）计数器和数据选择器构成序列信号发生器。方法为：根据序列码的长度 $M$，设计 1 个 $M$ 进制计数器；选取适当的数据选择器，把序列按规定的顺序加在数据选择器的数据输入端，把地址输入端与计数器的输出端适当的连接起来。

（4）构成顺序脉冲发生器。在数字电路中，能按一定时间、一定顺序轮流输出脉冲波形的电路称为顺序脉冲发生器。顺序脉冲发生器也成为脉冲分配器，一般由计数器和译码器组成。作为时间基准的计数脉冲由计数器的输入端输入，译码器将计数器状态译成输出端上的顺序脉冲，使输出端上的状态按一定时间、一定顺序轮流为 1，或者轮流为 0。

## 四、实验内容
1. 集成计数器 74LS192 的应用

（1）用 74LS192 构成 1 个六进制加计数器，要求利用数码管观察计数过程。

（2）用 74LS192 构成 1 个六进制减计数器，要求利用数码管观察计数过程。

（3）利用 2 个 74LS192 设计 1 个具有倒计时功能的 60s 定时器，用数码管观察计数过程。数码管的初始数值为 60，当计时到 00 时，点亮红色发光探针，发出计时停止信号。

**2. 用集成计数器 74LS160 设计分频器**

要求用 74LS160 构成分频器，将时钟源输出的频率 100Hz，分频为 1Hz 的脉冲信号。

**3. 集成计数器的应用 1**

分析图 4.5.1 电路的功能，并用逻辑信号分析仪观察输出 Z 的波形（选做）。

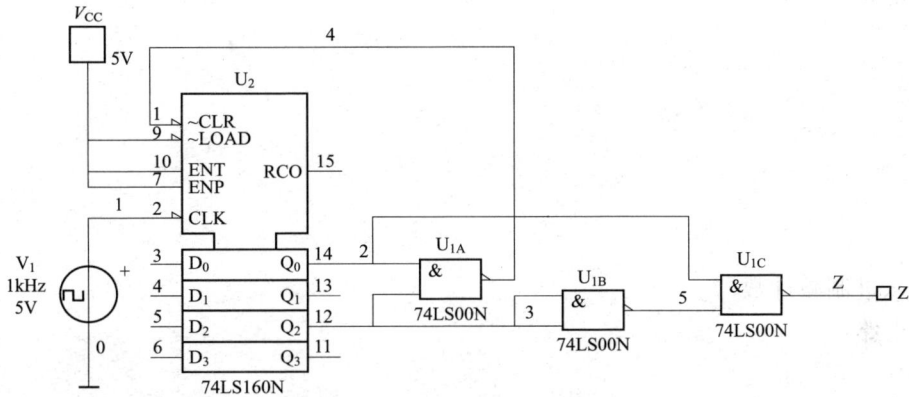

图 4.5.1　集成计数器 74LS160 的应用 1

**4. 集成计数器的应用 2**

分析图 4.5.2 电路的功能，并用逻辑分析仪观察译码器 74LS138 的输出波形（选做）。

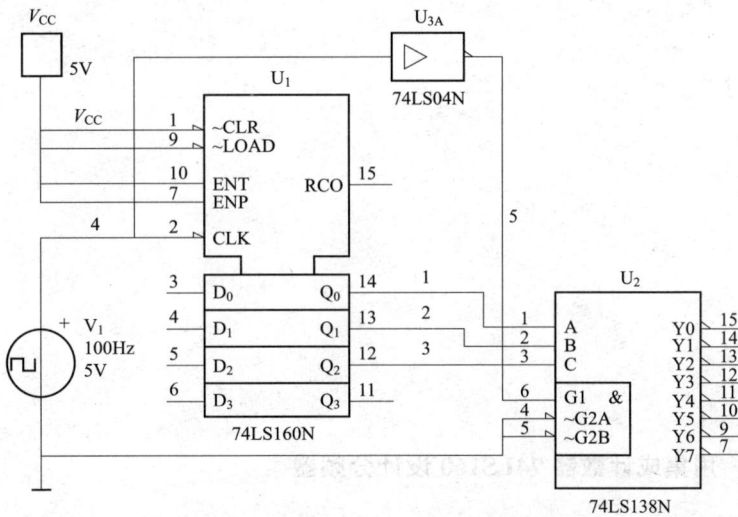

图 4.5.2　集成计数器 74LS160 的应用 2

# 实 验 预 习 报 告

班级：　　　　姓名：　　　　学号：　　　　实验台号：　　　　成绩：

**实验内容 1：集成计数器 74LS192 的逻辑功能测试**

（1）六进制加计数器。

实验电路：

（2）六进制减计数器。

实验电路：

（3）60s 定时器。

实验电路：

**实验内容 2：用集成计数器 74LS160 设计分频器**

实验电路：

**实验内容 3：集成计数器的应用 1**

实验电路：

用逻辑分析仪分析输出 Z 的波形：

**实验内容 4：集成计数器的应用 2**

实验电路：

用逻辑分析仪观察译码器 74LS138 的输出波形：

指导教师：＿＿＿＿＿＿＿＿

实验日期：＿＿＿＿＿＿＿＿

# 实验六 移位寄存器的应用

## 一、实验目的
（1）熟悉移位寄存器的工作原理及调试方法。
（2）掌握用移位寄存器组成计数器的典型应用。

## 二、实验原理
移位寄存器是一个具有移位功能的寄存器，是指寄存器中所存的代码能够在移位脉冲的作用下依次左移或右移。既能左移又能右移的称为双向移位寄存器，只需要改变左、右移的控制信号便可实现双向移位要求。根据移位寄存器存取信息的方式不同分为串入串出、串入并出、并入串出、并入并出四种形式。

## 三、实验内容
1. 74LS194 逻辑功能验证

图 4.6.1 所示为四位双向移位寄存器 74LS194 的仿真电路，图中$\overline{CLR}$为置 0 端，低电平有效，即当$\overline{CLR}=0$时，移位寄存器的输出 $Q_AQ_BQ_CQ_D=0000$，74LS194 具有以下功能。

（1）并行置数。单击 Multisim 界面元件工具栏的 TTL 按钮，选取双向移位寄存器"74LS194N"；单击 Multisim 界面元件工具栏的 Basic 按钮，从弹出的对话框"Family"栏选取"SWITCH"，从"Component"中选取拨码开关"DSWPK_10"（包含 10 个开关，KEY=1、2…9、0，开关拨向黑色圆点一侧时代表开关闭合）；其他元器件选取方法类似。按图 4.6.1 连成仿真电路。

打开仿真开关，利用开关使$\overline{CLR}=0$，实现移位寄存器输出"置 0"功能；再根据"并行数据输入"功能要求，将使能端 $S_1=S_0=1$，数据输入端 ABCD 分别设为"1011"，观察 CLK 端加单脉冲时，寄存器输出端发光探针变化情况，并将结果记入表 4.6.1。

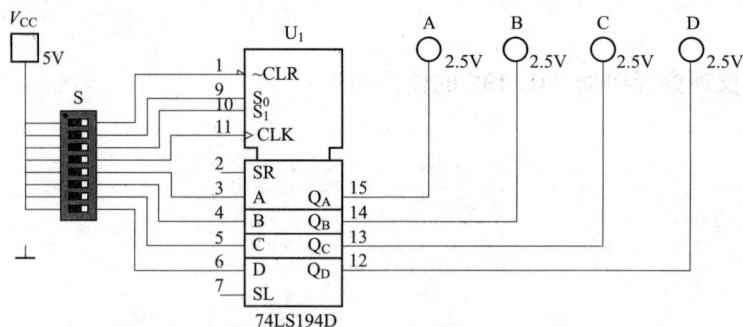

图 4.6.1 四位双向移位寄存器 74LS194 的仿真电路

（2）动态保持。当$\overline{CLR}=1$，$S_1=S_0=0$时，验证 74LS194 的"保持"功能，观察单脉冲作用时输出端变化情况，并填表 4.6.2。

（3）左移功能。打开仿真开关，先给 $Q_A \sim Q_D$ 并行置数"0011"，当$\overline{CLR}=1$，$S_1=1$，$S_0=0$，SL=0 时，验证 74LS194"左移"功能，观察当 CLK 单脉冲作用时输出端发光探针变

化情况，并填写表 4.6.3；再给 $Q_A \sim Q_D$ 并行置数"1100"，SL=1 时，观察当 CLK 脉冲作用时输出端发光探针变化情况，并填写表 4.6.3。

（4）右移功能。将 74LS194 的 $Q_D$ 端与 SR 端相连。依照左移功能步骤观察当 CLK 脉冲作用时输出端发光探针变化情况，并填写表 4.6.4。

2. 移位寄存器型计数器

用四位双向移位寄存器 74LS194 构成移位型计数器，如图 4.6.2 所示。打开仿真开关，观察发光探针的状态，画出状态转换图。调节时钟电压源 $V_1$ 的频率，双击虚拟示波器，观察 QD 和 CLK 波形；并说明计数器的工作原理。

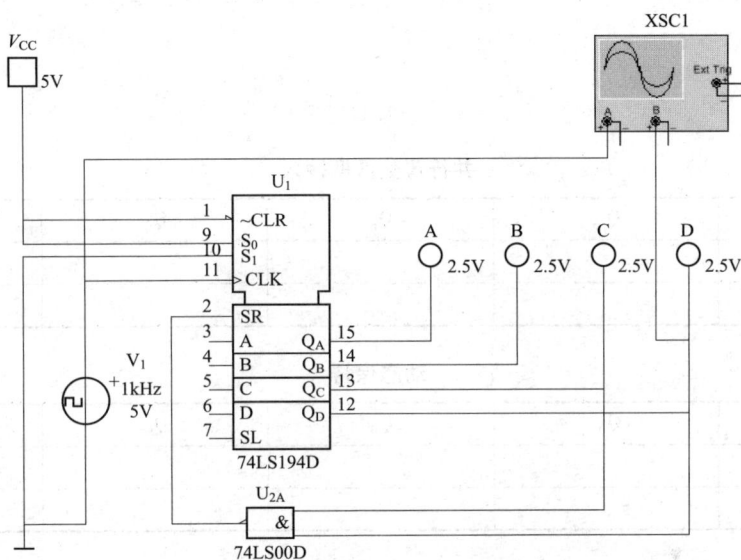

图 4.6.2　四位双向移位寄存器 74LS194 构成移位型计数器

# 实 验 预 习 报 告

班级：　　　　　姓名：　　　　　学号：　　　　　实验台号：　　　　　成绩：

**实验内容 1：74LS194 逻辑功能验证**

实验电路：

**表 4. 6. 1** 　　　　　　　　　　　　　　　　并行置数数据输入

| 脉冲 CLK | $Q_A$ | $Q_B$ | $Q_C$ | $Q_D$ |
|---|---|---|---|---|
| 未加脉冲 | | | | |
| 加单脉冲 | | | | |

**表 4. 6. 2** 　　　　　　　　　　　　　　　　动态保持

| 脉冲 CLK | $Q_A$ | $Q_B$ | $Q_C$ | $Q_D$ |
|---|---|---|---|---|
| 未加脉冲 | | | | |
| 加单脉冲 | | | | |

**表 4. 6. 3** 　　　　　　　　　　　　　　　　左移功能

| 脉冲 CLK | $Q_A Q_B Q_C Q_D = 0011$ | | | | $Q_A Q_B Q_C Q_D = 1100$ | | | |
|---|---|---|---|---|---|---|---|---|
| | $Q_A$ | $Q_B$ | $Q_C$ | $Q_D$ | $Q_A$ | $Q_B$ | $Q_C$ | $Q_D$ |
| 0 | 0 | 0 | 1 | 1 | 1 | 1 | 0 | 0 |
| 1 | | | | | | | | |
| 2 | | | | | | | | |
| 3 | | | | | | | | |
| 4 | | | | | | | | |

**表 4. 6. 4** 　　　　　　　　　　　　　　　　右移功能

| 脉冲 CLK | $Q_A Q_B Q_C Q_D = 0011$ | | | | $Q_A Q_B Q_C Q_D = 1100$ | | | |
|---|---|---|---|---|---|---|---|---|
| | $Q_A$ | $Q_B$ | $Q_C$ | $Q_D$ | $Q_A$ | $Q_B$ | $Q_C$ | $Q_D$ |
| 0 | 0 | 0 | 1 | 1 | 1 | 1 | 0 | 0 |
| 1 | | | | | | | | |
| 2 | | | | | | | | |
| 3 | | | | | | | | |
| 4 | | | | | | | | |

**实验内容 2：74LS194 构成的移位型计数器**
实验电路：

实验结果：
（1）74LS194 构成的计数器的状态图：

（2）波形图：

（3）计数器的工作原理：

指导教师：＿＿＿＿＿＿＿＿
实验日期：＿＿＿＿＿＿＿＿

## 实验七 脉冲信号的产生与整形

### 一、实验目的
（1）掌握 555 定时器的工作原理。
（2）掌握 555 电路所构成的典型电路的工作原理。
（3）掌握 Multisim 中电位器、发光二极管、电压表等的使用方法。

### 二、预习要求
（1）复习 555 定时器的工作原理及其应用。
（2）了解多谐振荡器、单稳态触发器以及施密特触发器的工作原理。

### 三、实验原理
555 电路是一种常见的集模拟与数字功能于一体的集成电路。555 定时器主要是与电阻、电容构成充放电电路，并由 2 个比较器来检测电容器上的电压，以确定输出电平的高低和放电开关管的通断。利用它可以构成从微秒到数十分钟的延时电路、单稳态触发器、多谐振荡器、施密特触发器等脉冲产生或波形变换电路。

### 四、实验内容
1. 555 定时器逻辑功能的测试

（1）单击 Multisim 界面元件工具栏的 Mixed 按钮，从弹出的对话框"Family"栏选取"TIMER"，再在"Component"栏中选"LM555CM"，如图 4.7.1 所示。

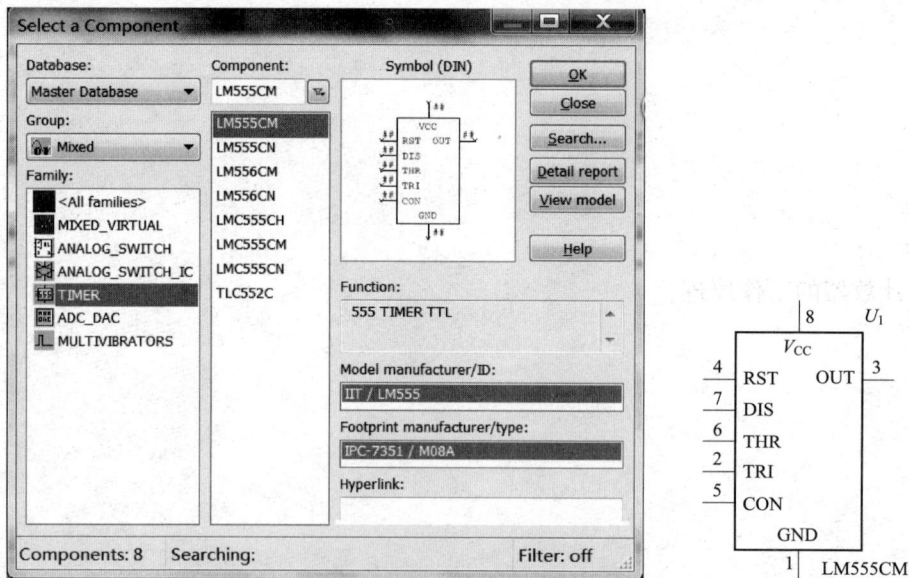

图 4.7.1　555 定时器的选取

（2）单击 Multisim 界面元件工具栏的 Basic 按钮，从弹出的对话框"Family"栏选取"POTENTIOMETER"，再在"Component"栏中选"10kΩ"电位器。双击电位器的图标，弹出 Potentiometer 对话框，如图 4.7.2 所示，其中参数 Value 选项卡中有 3 个可选项：Resistance（R）（电位器的总阻值）、Key（控制电位器滑动臂的按键名，可以从下拉菜单中选取其他的按键）、Increament（增量，调节电位器阻值时，每按一次按键时，电位器阻值的增加量或减少量，增量以百分比的形式显示，最小为 1%）。

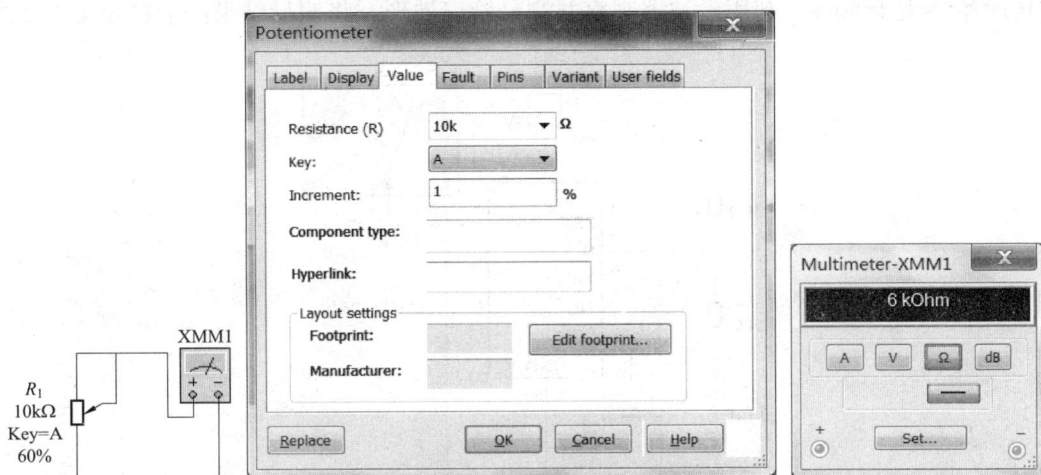

图 4.7.2　10kΩ 电位器的选取及参数设置

当电位器的 3 个接线端和电路连接好后，就可以调节它的阻值。在图 4.7.2 中元件符号旁边的百分比表示滑动臂下方电阻值与整个电位器阻值的百分比，按下 "A" 键，可以看见显示的百分比变大，每按一次，增加 1%，相当于滑动臂向上移动，电位器接入电路中的阻值增大；如果要减小阻值，则需同时按下 "shift" 和 "A"，每次减小 1%，相当于电位器的滑动臂向下移动，电位器接入电路的阻值减小。

（3）连接仿真电路如图 4.7.3 所示，打开仿真开关，按照表 4.7.1 的要求测试 555 定时器的逻辑功能。

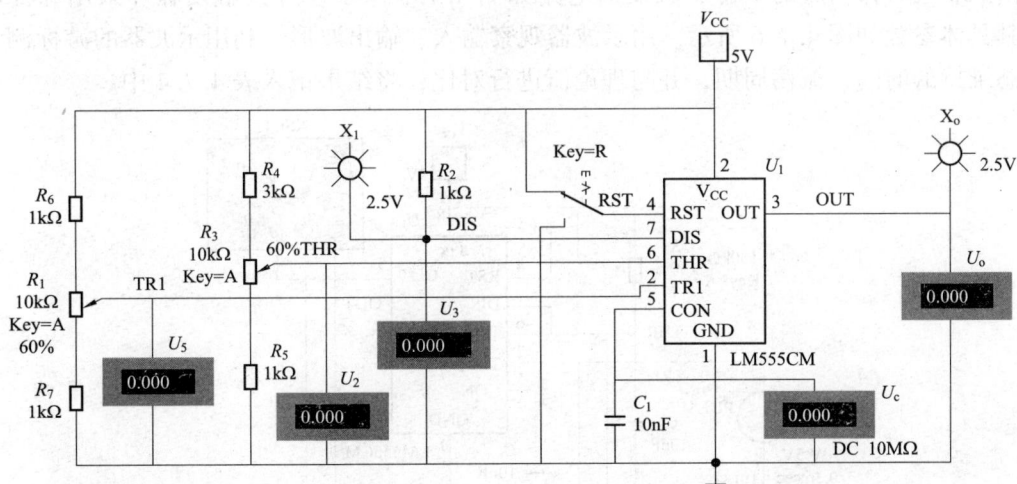

图 4.7.3　555 定时器逻辑功能测试

## 2. 555 定时器的应用——多谐振荡器

（1）图 4.7.4 为 555 定时器构成的多谐振荡器。该电路充电时经过 $R_1$、$R_2$ 2 个电阻，而

放电时只经过 $R_2$ 一个电阻，两个暂稳态时间不相等，分别为 $t_{W1}=0.7（R_1+R_2）C$，$t_{W1}=0.7R_2C$，振荡周期 $T=0.7（R_1+2R_2）C$，占空比 $q=\dfrac{R_1+R_2}{R_1+2R_2}$，采用这种电路产生的矩形波的占空比时始终大于50%。利用示波器观察并测量输出波形，将测量结果记录在表4.7.2中。

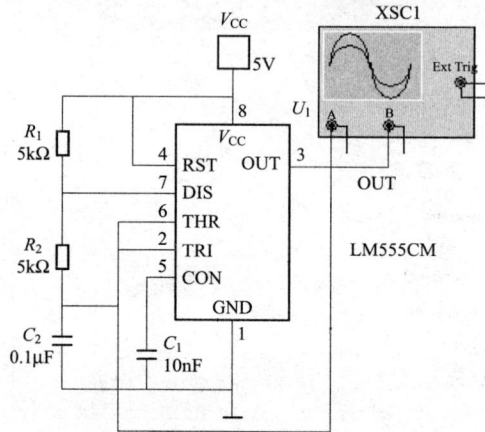

图4.7.4　555定时器构成的多谐振荡器

（2）秒脉冲信号发生器：用555定时器构成多谐振荡器产生周期 $T=1s$ 的矩形波信号。要求：写出主要参数计算过程，并用虚拟示波器观察输出波形，将结果记入表4.7.3中。

### 3. 555定时器的应用——单稳态触发器

单稳态触发器具有三个特点：①有一个稳态和一个暂稳态；②在外接触发源的作用下，能够从稳态翻转为暂稳态；③暂稳态维持一定时间后将自动返回稳态，暂稳态维持的时间长短由电路中的 $R$、$C$ 决定。

由555定时器构成的单稳态触发器电路如图4.7.5所示。外接触发脉冲采用脉冲电压源，其具体参数如图4.7.6所示。用示波器观察输入、输出波形，利用示波器的游标测量出暂稳态维持的时间、振荡周期，并与理论值进行对比，将结果记入表4.7.4中。

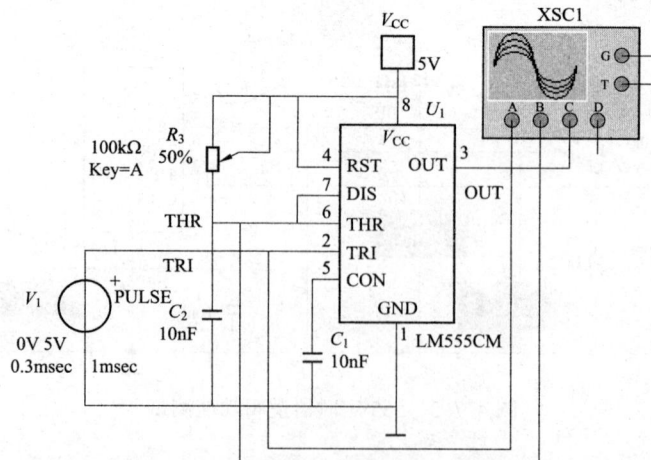

图4.7.5　555定时器构成的单稳态触发器

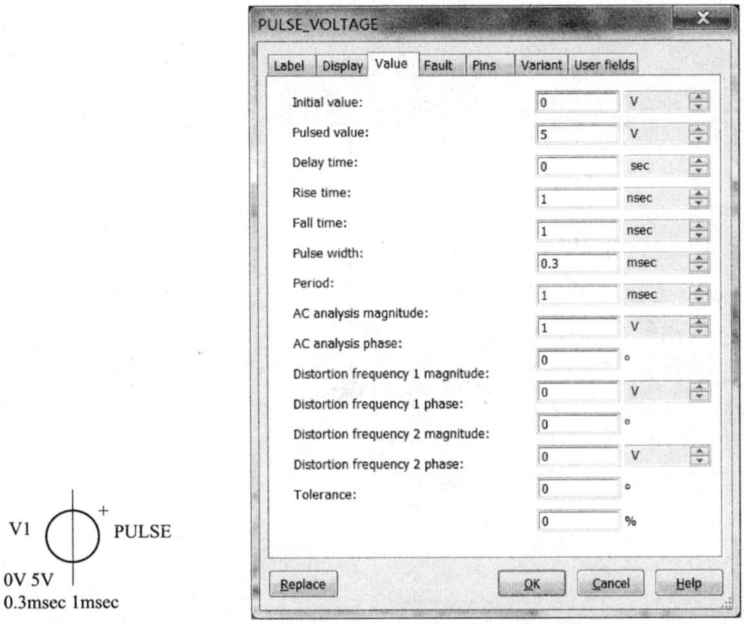


图 4.7.6　脉冲电压源参数设置

4. 555 定时器的应用——施密特触发器（选作）

（1）将 555 定时器的阈值输入端 THR 和触发输入端 TRI 连接在一起，作为触发信号的输入端，放电端 DIS 开路，构成施密特触发器，如图 4.7.7 所示。

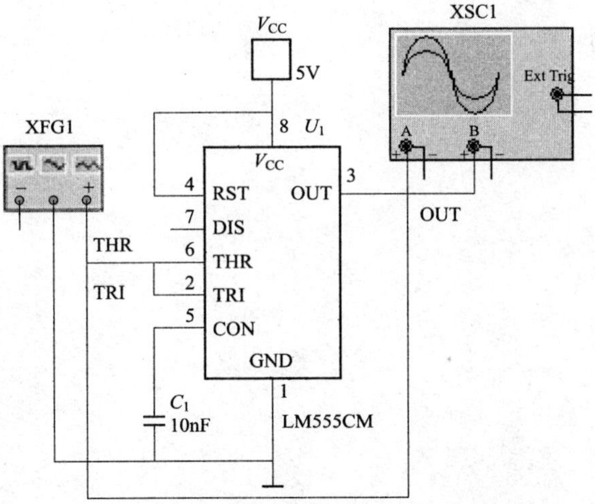


图 4.7.7　555 定时器构成的施密特触发器

施密特触发器有两个稳定状态，而这两个稳定状态的维持和转换取决于输入电压的大小。观察并记录输入、输出波形及电压传输特性曲线。

（2）数字逻辑笔电路。图 4.7.8 所示适用于对数字电路进行测试的仪器，俗称逻辑笔。它是利用 555 定时器的 TRI 端和 THR 端的置位和复位特性，可以构成一个对数字电路的逻辑状态进行测试的逻辑笔。试分析电路的工作过程。

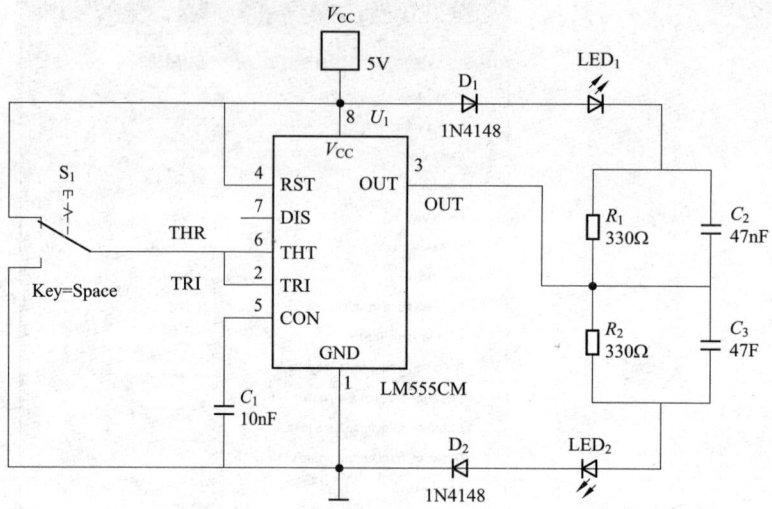

图 4.7.8　555 定时器构成逻辑笔电路

# 实 验 预 习 报 告

班级：　　　　　　姓名：　　　　　　学号：　　　　　　实验台号：　　　　　　成绩：

**实验内容 1：555 定时器逻辑功能的测试**

实验电路分析：

表 4.7.1　　　　　　　　　　　　　　　555 定时器逻辑功能测试

| 输入端 | | | 输出端的状态 (OUT) | 放电管 T 的状态 |
|---|---|---|---|---|
| 阈值输入 (THR) | 触发输入 (TRI) | 复位 (RST) | | |
| × | × | 0 | | |
| <3.4V | <1.7V | 1 | | |
| >3.4V | >1.7V | 1 | | |
| <3.4V | >1.7V | 1 | | |

**实验内容 2：555 定时器的应用——多谐振荡器**

（1）多谐振荡器。

实验电路分析：

表 4.7.2　　　　　　　　　　　　　　　555 定时器构成的多谐振荡器

| 多谐振荡器 | 振荡周期 $T$ | 高电平宽度 $t_{W1}$ | 低电平宽度 $t_{W2}$ | 占空比 $q$ |
|---|---|---|---|---|
| 理论计算值 | | | | |
| 实验测量值 | | | | |

波形图：

（2）秒脉冲信号发生器。

实验电路：

表 4.7.3                                秒脉冲信号发生器

| 多谐振荡器 | 振荡周期 $T$ | 高电平宽度 $t_{W1}$ | 低电平宽度 $t_{W2}$ | 占空比 $q$ |
|---|---|---|---|---|
| 理论计算值 | 1s | | | |
| 实验测量值 | | | | |

波形图：

**实验内容 3：555 定时器的应用——单稳态触发器**

实验电路分析：

表 4.7.4                           555 定时器构成的单稳态触发器

| 单稳态触发器 | 振荡周期 $T$ | 暂态时间 $t_W$ | 占空比 $q$ |
|---|---|---|---|
| 理论计算值 | | | |
| 实验测量值 | | | |

波形图：

**实验内容 4：555 定时器的应用——施密特触发器（选作）**

（1）施密特触发器。

实验电路分析：

波形图：

（2）数字逻辑笔电路。

实验电路分析：

指导教师：_____

实验日期：_____

## 实验八　D/A 转换器与 A/D 转换器转换电路

### 一、实验目的
（1）熟悉 D/A 转换器、A/D 转换器的原理及使用方法。
（2）掌握 D/A 转换器和 A/D 转换器应用电路的结构特点和设计分析方法。
（3）掌握 D/A 转换器的输出电压以及 A/D 转换器的输入电压范围的设置方法。
（4）掌握 D/A 转换器的输出偏移电压的测量方法。

### 二、预习要求
（1）复习 D/A 转换器和 A/D 转换器的数模及模数转换过程。
（2）理解 D/A 转换器和 A/D 转换器分辨率和精度的概念。
（3）了解 Multisim 中 D/A 转换器和 A/D 转换器的使用方法。

### 三、实验原理
在数字电子技术的很多应用场合往往需要把数字量转换为模拟量，或者将模拟量转为数字量。把数字信号转换为模拟信号称为数/模转换（D/A 转换），能够实现 D/A 转换的电路称为 D/A 转换器，简称为 DAC。反之，把模拟信号转化为数字信号称为数/模转换（A/D 转换），能够实现 A/D 转换的电路称为 A/D 转换器，简称 ADC。

1. D/A 转换器

D/A 转换器是一种将二进制数字量形式的离散信号转换成以标准量（或参考量）为基准的模拟量的转换器。D/A 转换器的主要特性指标包括分辨率、线性度以及转换精度等。

DAC 的满度输出电压是指在 DAC 的全部输入端全部为"1"时 DAC 的输出模拟电压值。满度输出电压决定了 DAC 的电压输出范围，输出电压 $V_0$ 的变化范围为 $0\sim\frac{V_{ref}}{2^n}(2^n-1)$，其中 $V_{ref}$ 为输出参考电压。例如，$V_{ref}=5V$，$n=8$，输出电压的变化范围为 $0\sim4.98V$。

分辨率是指最小输出电压（对应的输入数字量只有最低有效位为"1"）与满度输出电压之比。如 $n$ 位 DAC，其分辨率为 $\frac{1}{2^n-1}$。在实际使用中，也用输入数字量的位数来表示分辨率的大小。

用非线性误差的大小表示 DAC 的线性度，并且把理想的输入输出特性的偏差与满刻度输出之比的百分数定义为非线性误差。

DAC 的转换精度与 D/A 转换器的集成芯片的结构和接口电路配置有关。如果不考虑其他 D/A 转换误差时，D/A 的转换精度就是分辨率的大小，因此要获得高精度的 D/A 转换结果，首先要保证选择有足够分辨率的 D/A 转换器。同时 D/A 转换精度还与外接电路的配置有关，当外部电路器件或电源误差较大时，会造成较大的 D/A 转换误差，当这些误差超过一定程度时，D/A 转换就产生错误。

2. A/D 转换器

A/D 转换器是用来将模拟电压信号转成一组相应的二进制数码。由于 ADC 的输入是随时间连续变化的模拟信号，而输出是随时间断续变化的离散数字信号。因此，在转换过程，首先要对模拟信号进行采样、保持，再进行量化、编码。

采样就是在一个微小时间段内对模拟信号进行取样，把一个随时间连续变化的信号变换为对时间离散的信号。采样结束后，再将采样的模拟信号保持一段时间，使 ADC 有充分时间进行 A/D 转换，这就是采样、保持电路的基本原理。

任何一个数字量的大小都是以某个最小数量单位的整数倍来表示。因此，在用数字量表示采样的电压时，也把它化成这个最小数量的整数倍，这个转化过程就叫作量化。所规定的最小数量单位叫作量化单位，用 Δ 表示。显然，数字量的最低有效位为 1，通常用 LSB 表示，它对应于输入模拟量的最小单位，即量化单位。一般转化的模拟电压不可能被 Δ 整除，这种因素引起的误差称为量化误差（分辨率）。ADC 输出的二进制数位数越多，则分辨率越高，转换精度也越高。

例如，输入模拟量的变化范围为 0~5V，若采用八位的 A/D 转换器转换，则可以分辨的最小模拟电压为 $5V/2^8 \approx 19.53mV$；若采用 12 位的 A/D 转换器转换，则可以分辨的最小电压为 $5V/2^8 \approx 1.22mV$。显然 12 为 ADC 的分辨率比八位 ADC 高很多。

把量化的数值用一组相应的二进制代码表示，称为编码。输出数字量与模拟量之间的关系为 $(D_n)_2 = \dfrac{V_{in} \times 2^n}{V_{ref}}$，$(D_n)$ 为 ADC 输出的二进制数字代码，$V_{in}$ 为输入的模拟电压，$n$ 为 ADC 的位数，本实验 $n = 8$。

Multisim12 的混合集成电路库 提供了 30 种 D/A 转换器、A/D 转换器。D/A 转换器包含 DAC 电路模型和 DAC 集成电路。Multisim12 中提供了两种 D/A 转换电路模型：电流型 DAC，如 IDAC（八位/十六位）；电压型 DAC，如 VDAC（八位/十六位）。此外还有 DACA7642-FP32 等常用 DAC 集成电路，可以将输入的八位/十六位的数字的信号转换成模拟信号输出。A/D 转换器有八位 ADC 和十六位 ADC 模型，以及 ADS6320、MAX1182FP48 等 A/D 转换电路芯片，可以将输入的模拟信号转换成八位/十六位的数字信号输出。

**四、实验内容**

1. 八位 D/A 转换器的应用——数字信号转换成模拟信号

（1）八位电压型 DAC 的选取。单击 Multisim 界面元件工具栏的 Mixed 按钮 ，从弹出的对话框 "Family" 栏选取 "ADC_DAC"，从 "Component" 栏选取 "VDAC"，点击 "OK" 按钮，将 D/A 转换器放置在电路工作区，如图 4.8.1 所示。

（2）八位二进制数字信号设置。VDAC 的 $D_0 \sim D_7$ 是八位二进制数据输入端，通过单刀双掷开关控制信号的输入，只要改变输入的数字信号，即可将数字量转换为模拟量。为了控制方便，将开关的 Key 分别设置为 0~7。

（3）D/A 转换器满度输出电压设置。$V_{ref+}$ 和 $V_{ref-}$ 两端间的电压表示要转换的模拟电压范围，也就是 DAC 的满度输出电压。$V_{ref+}$ 通常和基准电压源相连，$V_{ref-}$ 接地。DAC 的满度输出电压的设置方法如下：

单击 Multisim 界面元件工具栏的 Source 按钮 ，从弹出的元件列表框中选取直流电压源 "DC_POWER"，放置在电路工作区中，双击电压源 $V_1$ 图标，将弹出的对话框 "Voltage" 栏改成 "10V"，如图 4.8.2 所示；单击 Multisim 界面元件工具栏的 Basic 按钮 ，从弹出的元件列表框中选取 1kΩ 电位器 "POTENTIOMETER"，并双击电位器图标，将弹出的对话框中 "Increment" 栏改成 "1%"，如图 4.8.3 所示。

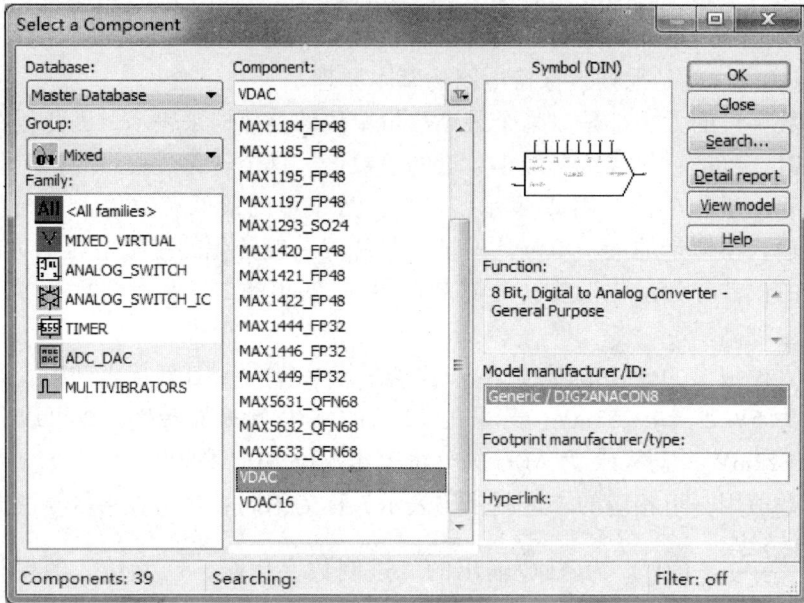

图 4.8.1　DAC 元器件的选取

图 4.8.2　直流电源 $V_1$ 参数设置

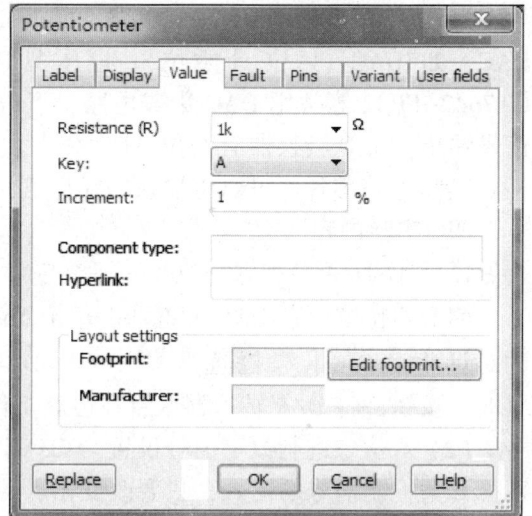

图 4.8.3　1kΩ 电位器参数设置

　　按图 4.8.4 完成实验电路连接，打开仿真开关，将所有的逻辑开关置高电平 1，发光探针 $X_0 \sim X_7$ 都亮。调整电位器至 50%，使 DAC 输出电压尽量接近 5V（约 4.979V），这时 DAC 的满度输出电压设置成为 5V。

　　(4) 实验结果测试。根据键盘上的 0~7 键，将 DAC 得数码输入逐渐改为 00000000 ~ 00000111 和 11111111，在表 4.8.1 中记录 D/A 转换器相应的输出电压。

　　根据 DAC 的满度输出电压以及表 4.8.1 的数据，计算图 4.8.1 所示 DAC 电路的分辨率。

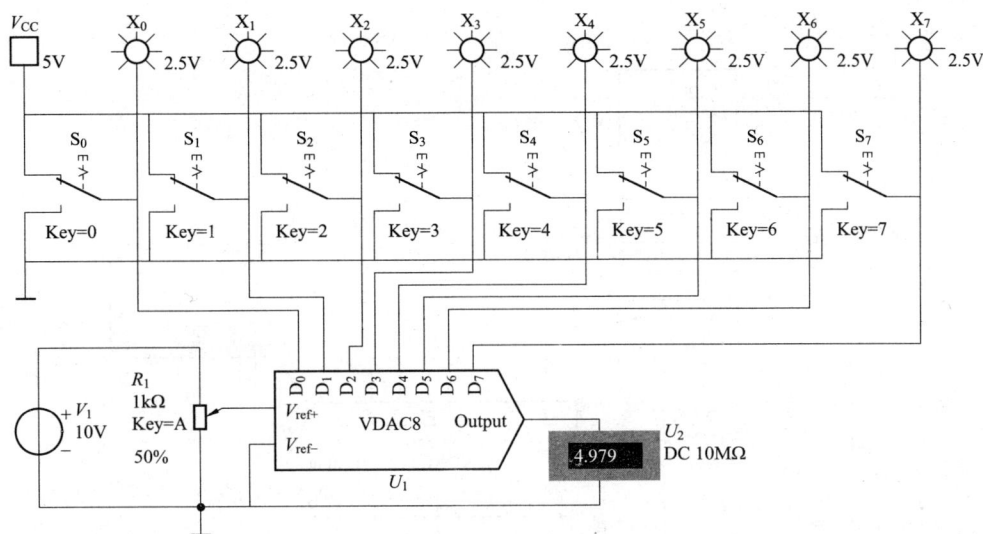

图 4.8.4　八位 D/A 转换器仿真电路

## 2. 八位 D/A 转换器的应用——可编程任意波形发生器

对于电阻网络 DAC，如倒 T 形电阻网络 DAC，有

$$V_o = \frac{V_{ref}R_F}{2^n R}\sum_{i=0}^{n-1}D_i \times 2^i$$

式中　$R_F$——参考电阻；

$R$——输入电阻。

改变数字控制信号 $D_0 \sim D_7$ 的权值，可以改变输出电压 $V_o$。如果利用微控制器等器件，通过编程使数字控制信号 $D_0 \sim D_7$ 按照一定的规律变化，则 DAC 的输出电压是与数字控制信号相对应的波形。DAC 构成的可编程任意波形发生器如图 4.8.5 所示，图中利用集成计数器代替微控制器，改变计数器的输出即可改变 DAC 的输出波形。

（1）保留图 4.8.4 中的 VDAC、10V 电压源和 1kΩ 电位器，删除其他元件。单击 Multisim 界面元件工具栏的 TTL 按钮，选取 4 位二进制计数器"74LS161N"。

（2）从 Multisim 界面右侧的虚拟元器件库中选取双踪示波器，将其放置在电路工作区，连成仿真电路如图 4.8.5 所示。

（3）打开仿真，通过双踪示波器观察 DAC 模拟输出阶梯波，测量并记录 DAC 的分辨率和满度输出电压 $V_{OFS}$。

## 3. 八位 A/D 转换器的应用——模拟信号转换成数字信号

（1）元器件选取与电路连接。单击 Multisim 界面元件工具栏的 Mixed 按钮，从弹出的对话框"Family"栏选取"ADC_ DAC"，从"Component"栏选取"ADC"，点击"OK"按钮，将 A/D 转换器放置在电路工作区。

单击 Multisim 界面元件工具栏的 Source 按钮，从弹出的元件列表框中选取直流电压源"$V_{CC}$"和时钟电压源"CLOCK_ VOLTAGE"，放置在电路工作区；单击 Multisim 界面元

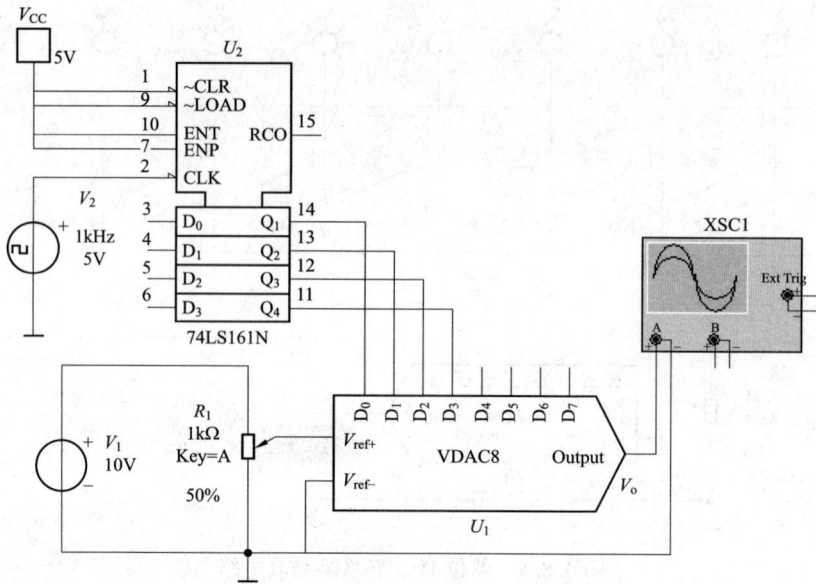

图 4.8.5　八位集成 D/A 转换器的应用——任意波形发生器

件工具栏的 Basic 按钮 ~~~~，从弹出的元件列表框中选取 1kΩ 电位器"POTENTIOMETER"；其他元器件选取方法类似，将所有元件选取完毕后，连成仿真电路如图 4.8.6 所示。

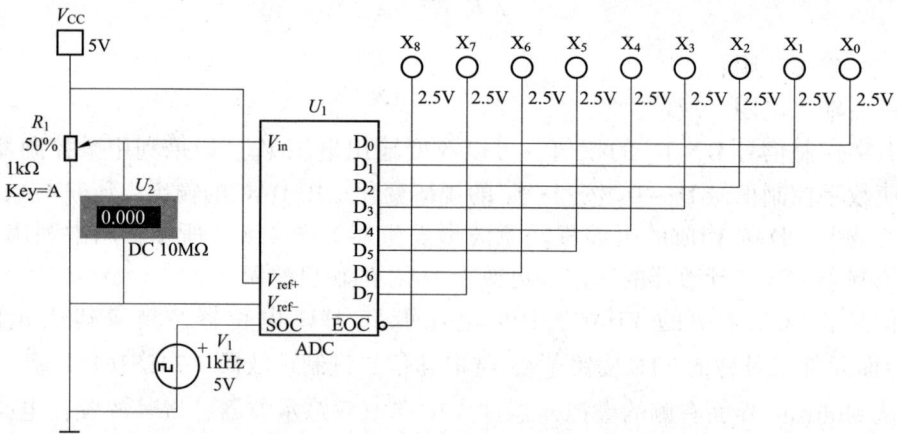

图 4.8.6　八位集成 A/D 转换器

图 4.8.6 所示为八位 ADC 电路，用来研究 ADC 输入模拟电源与输出的二进制数字量之间的关系。$V_{ref+}$ 和 $V_{ref-}$ 两端间的电压为 ADC 的满度电压，$V_{ref+}$ 通常接基准电压 $V_{ref}$，$V_{ref-}$ 则接地。$V_{in}$ 为模拟电源输入端，SOC 是时钟脉冲，ADC 工作时外部都要输入一个时钟信号，$\overline{EOC}$ 是转换结束标志位，高电平表示转换结束。

（2）实验结果测试。打开仿真开关进行仿真分析。连续按键盘的"A"键，使电位器范围的百分比为 100%，这时可以看见电压表 $U_2$ 显示 5.000V，也就是输入电压 $V_{in}$ 等于 ADC 的满度输入电压设；再按住"Shift"键同时连续按"A"键，使电位器 Input 的百分比为

0，这时可以看见电压表 $U_1$ 显示 0.500μV（即 0V），然后放开"Shift"键，每按一次"A"键，电位器 Input 的百分比均以"1"递增（双击电位器图标，将弹出的对话框"Value"页内的"Incremet"栏改成"1"即可），同时电压表 $U_1$ 显示也在增加，即使模拟输入电压 $V_{in}$ 增加。

根据表 4.8.2 的中模拟输入电压 $V_{in}$ 的要求进行仿真实验，并将指示灯表示的模拟输入电压 $V_{in}$ 二进制数及等效十进制数填入表中。并根据表 4.8.2 中的数据，计算图 4.8.6 中 ADC 的量化误差。

# 实 验 预 习 报 告

班级：　　　　姓名：　　　　学号：　　　　实验台号：　　　　成绩：

**实验内容 1：八位 D/A 转换器的应用——数字信号转换成模拟信号**

实验电路分析：

表 4.8.1　　　　　　　　　　　　数字信号转换成模拟信号

| 输入数字量 | | 输出模拟量 | |
|---|---|---|---|
| $D_7 \sim D_0$ | 发光探针 $X_0 \sim X_7$ 状态 | 电压表读数 | 输出电压理论值 |
| 00000000 | | | |
| 00000001 | | | |
| 00000010 | | | |
| 00000100 | | | |
| 00001000 | | | |
| 00010000 | | | |
| 00100000 | | | |
| 01000000 | | | |
| 10000000 | | | |
| 11111111 | | | |

DAC 电路的分辨率：

**实验内容 2：八位 D/A 转换器的应用——可编程任意波形发生器**

实验电路分析：

输出波形：

**实验内容 3：八位 A/D 转换器的应用——模拟信号转换成数字信号**

实验电路分析：

表 4.8.2                          模拟信号转化成数字信号

| 输入模拟量 | | 输出数字量 |
| --- | --- | --- |
| 电位器 A 百分比（%） | 电压表读数 | 输出二进制数 |
| 1 | | |
| 2 | | |
| 3 | | |
| 4 | | |
| 5 | | |
| 6 | | |
| 7 | | |
| 8 | | |
| 9 | | |

续表

| 输入模拟量 | | 输出数字量 |
|---|---|---|
| 电位器 A 百分比（%） | 电压表读数 | 输出二进制数 |
| 10 | | |
| 20 | | |
| 30 | | |
| 40 | | |
| 50 | | |
| 60 | | |
| 70 | | |
| 80 | | |
| 90 | | |
| 100 | | |

ADC 的量化误差：

指导教师：＿＿＿＿＿＿＿＿

实验日期：＿＿＿＿＿＿＿＿

# 附录 A　数字电路实验的操作规范和常见故障检测方法

在进行数字电路实验时，充分掌握和正确利用集成器件及其构成的数字电路独有的特点和规律，按照操作规范进行实验，可以收到事半功倍的效果。

## 一、实验中操作规范

实验中操作的正确与否对实验结果影响甚大。因此，实验者需要注意按以下规程进行：

（1）搭接实验电路前，应对仪器设备进行必要的检查和校准，对所用集成电路进行功能测试。

（2）搭接电路时，应遵循正确的布线原则和操作步骤（即要按照先接线后通电，做完后，先断电再拆线的步骤）。

在数字电路实验中，由错误布线引起的故障，常占很大比例。布线错误不仅会引起电路故障，严重时甚至会损坏器件，因此注意布线的合理性和科学性是十分必要的，正确的布线原则大致有以下几点：

1）接插集成电路芯片时，先校准两排引脚，使之与实验底板上的插孔对应，轻轻用力将芯片插上，然后在确定引脚与插孔完全吻合后，再稍用力将其插紧，以免集成电路的引脚弯曲，折断或者接触不良。

2）不允许将集成电路芯片方向插反，一般 IC 的方向是缺口（或标记）朝左，引脚序号从左下方的第一个引脚开始，按逆时钟方向依次递增至左上方的第一个引脚。

3）导线应长短适当，最好采用各种颜色线以区别不同用途，如电源线用红色，地线用黑色等。

4）布线应有秩序地进行，随意乱接容易造成漏接、错接，较好的方法是接好固定电平点，如电源线、地线、门电路闲置输入端、触发器异步置位复位端等，其次再按信号流通的顺序从输入到输出依次布线。

5）连线应避免过长，避免从集成器件上方跨接，避免过多的重叠交错，以利于布线、更换元器件以及故障检查和排除。

6）当实验电路的规模较大时，应注意集成元器件的合理布局，以便得到最佳布线，布线时，顺便对单个集成器件进行功能测试。这是一种良好的习惯，实际上这样做不会增加布线工作量。

7）应当指出，布线和调试工作是不能截然分开的，往往需要交替进行，对实验元器件很多的复杂电路，可将总电路按其功能划分为若干相对独立的部分，逐个布线、调试，然后再将各部分连接起来。

（3）掌握科学的调试方法，有效地分析并检查故障，以确保电路工作稳定可靠。

（4）仔细观察实验现象，完整准确地记录实验数据并与理论值进行比较分析。

（5）实验完毕，经指导教师同意后，可关断电源，拆除连线，整理好放在开发板内，并将实验台清理干净、摆放整洁。

## 二、常见故障检查方法

实验中，如果电路不能完成预定的逻辑功能时，则称电路有故障，产生故障的原因大致可以归纳以下四个方面：

（1）操作不当（如布线错误等）。

（2）设计不当。

（3）元器件使用不当或功能不正常。

（4）仪器和集成器件本身出现故障。

因此，上述四点应作为检查故障的主要线索，以下介绍几种常见的故障检查方法。

1. 查线法

由于在实验中大部分故障都是由于布线错误引起的，因此在故障发生时，复查电路连线为排除故障的有效方法。应着重注意：有无漏线、错线，导线与插孔接触是否可靠，集成电路是否插牢，集成电路是否插反等。

2. 观察法

用万用表直接测量各集成块的 $Vcc$ 端是否加上电源电压；输入信号、时钟脉冲等是否加到实验电路上，观察输出端有无反应。重复测试观察故障现象，然后对某一故障状态，用万用表测试各输入/输出端的直流电平，从而判断出是否是插座板、集成块引脚连接线等原因造成的故障。

3. 信号注入法

在电路的每一级输入端加上特定信号，观察该级输出响应，从而确定该级是否有故障，必要时可以切断周围连线，避免相互影响。

4. 信号寻迹法

在电路的输入端加上特定信号，按照信号流向逐级检查是否有响应和是否正确，必要时可多次输入不同信号。

5. 替换法

对于多输入端器件，如有多余端则可调换另一输入端试用。必要时可更换器件，以检查器件功能不正常所引起的故障。

6. 动态逐线跟踪检查法

对于时序逻辑电路，可输入时钟脉冲信号，然后按信号流向依次检查各级波形，直到找出故障点为止。

7. 断开反馈线检查法

对于含有反馈线的闭合电路，应该设法断开反馈线进行检查，或进行状态预置后再进行检查。

以上检查故障的方法，是指在仪器工作正常的前提下进行的，如果实验时电路功能测不出来，则应首先检查供电情况，若电源电压已加上，便可把有关输出端直接接到 0-1 显示器上检查，若逻辑开关无输出，或单次脉冲无输出，则是开关接触不好或是内部电路坏了，如果在电源、逻辑开关或单次脉冲正常加载、连线正确的情况下仍然没有输出，一般就是集成器件坏了。

需要强调指出，实验经验对于故障检查是大有帮助的，但只要充分预习，掌握基本理论和实验原理，就不难用逻辑思维的方法较好地判断和排除故障。

# 附录 B 集成电路简介

## 一、集成电路介绍

集成电路（integrated circuit，IC）是一种微型电子器件或部件。采用一定的工艺，把一个电路中所需的晶体管、二极管、电阻、电容和电感等元件及布线互连一起，制作在一小块或几小块半导体晶片或介质基片上，然后封装在一个管壳内，成为具有所需电路功能的微型结构。其中所有元件在结构上已组成一个整体，使电子元件向着微小型化、低功耗和高可靠性方面迈进了一大步。

集成电路按其功能、结构的不同，可以分为模拟集成电路、数字集成电路和数/模混合集成电路三大类。集成电路按集成度可分为小规模、中规模、大规模和超大规模等。小规模集成电路（small scale integration，SSI）是在一块硅片上制成 1~10 个门，通常为逻辑单元电路，如逻辑门、触发器等。中规模集成电路（medium scale integration，MSI）的集成度为 10~100 门/片，通常是逻辑功能电路，如译码器、数据选择器、计数器、寄存器等。大规模集成电路（large scale integration，LSI）的集成度为 100 门/片以上，超大规模（very large scale integration cricuit，VLSI）约为 1000 门/片以上，通常是一个小的数字逻辑系统。

数字集成电路还可分为双极型电路和单极型电路。双极型电路中有代表性的是 TTL 电路；单极型电路中有代表性的是 CMOS 电路。国产 TTL 集成电路的标准系列为 CT54/74 系列，其功能和外引线排列与国际 54/74 系列相同。国产 CMOS 集成电路主要为 CC（CH）4000 系列，其功能和外引线排列与国际 CD4000 系列相对应。

必须正确了解集成电路参数的意义和数值，并按规定使用。特别是必须严格遵守极限参数的限定，因为即使瞬间超出，也会使器件遭受损坏。

集成电路都有两个或三个电源接线端：用 $V_{CC}$、$V_{DD}$、$V_{SS}$、+V、−V 或 GND 来表示。

## 二、数字集成电路封装

中、小规模数字 IC 中最常用的是 TTL 电路和 CMOS 电路。TTL 器件型号以 74（或 54）作前缀，称为 74/54 系列，如 74LS10、74LS181、54S86 等。中、小规模 CMOS 数字集成电路主要是 4XXX/45XX（X 代表 0~9 的数字）系列，高速 CMOS 电路 HC（74HC 系列），与 TTL 兼容的高速 CMOS 电路 HCT（74HCT 系列）。TTL 电路与 CMOS 电路各有优缺点，TTL 速度高，CMOS 电路功耗小、电源范围大、抗干扰能力强。由于 TTL 在世界范围内应用很广，因此在数字电路教学实验中，主要使用 TTL74 系列电路作为实验用器件，采用单一+5V 作为供电电源。

数字 IC 器件有多种封装形式。为了教学实验方便，实验中所用的 74 系列器件封装选用双列直插式。附图 B.1 是 DIP 双列直插封装的正面示意图。双列直插封装有以下特点：

（1）从正面（上面）看，器件一端有一个半圆的缺口，这是正方向的标志。缺口下边的引脚号为 1，引脚号按逆时针方向增加（图 1 中的数字表示引脚号）。双列直插封装 IC 引脚数有 14、16、20、24、28 等若干种。

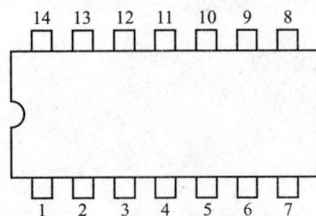

附图 B.1　DIP 双列直插式封装的正面示意图

（2）双列直插器件有两列引脚。引脚之间的间距是 2.54mm。两列引脚之间的距离有宽（15.24mm）、窄（7.62mm）两种。两列引脚之间的距离能够少做改变，引脚间距不能改变。将器件插入实验板上的插座中去，从插座中拔出时要小心，不要将器件引脚弯曲或折断。

（3）74 系列器件一般左下角的最后一个引脚是 GND，右上角的引脚是 $V_{CC}$。例如，14 引脚器件引脚 7 是 GND，引脚 14 是 $V_{CC}$；20 引脚器件引脚 10 是 GND，引脚 20 是 $V_{CC}$。但也有一些例外，例如 16 引脚的双 JK 触发器 74LS76，引脚 13（不是引脚 8）是 GND，引脚 5（不是引脚 16）是 $V_{CC}$。所以，使用集成电路器件时要先看清其引脚图，找对电源和地，避免因接线错误造成器件损坏。同时还必须注意，不能带电插、拔器件。插、拔器件只能在关断电源的情况下进行。

### 三、集成电路的命名方法

国产半导体集成电路型号命名方法见附表 B.1。

附表 B.1　　　　　　　　　　国产半导体集成电路型号命名方法

| 第零部分 | | 第一部分 | | 第二部分 | 第三部分 | | 第四部分 | |
|---|---|---|---|---|---|---|---|---|
| 表示器件符合国家标准 | | 表示器件的类型 | | 表示器件的系列和品种代号 | 表示器件的工作温度范围 | | 表示器件的封装形式 | |
| 符号 | 意义 | 符号 | 意义 | | 符号 | 意义 | 符号 | 意义 |
| C | 中国制造 | T | TTL | | C | 0~70℃ | W | 陶瓷封装 |
| | | H | HTL | | E | -48~75℃ | B | 塑料扁平 |
| | | E | ECL | | R | -55~85℃ | F | 全密封扁平 |
| | | C | CMOS | | M | 55~125℃ | D | 陶瓷直插 |
| | | F | 线性放大器 | | | | P | 塑料直插 |
| | | D | 音响、电视电路 | | | | J | 黑陶瓷扁平 |
| | | W | 稳压器 | | | | K | 金属菱形 |
| | | J | 接口电路 | | | | T | 金属圆形 |
| | | B | 非线性电路 | | | | | |
| | | M | 存储器 | | | | | |
| | | μ | 微型电路 | | | | | |

## 附录 C  集成逻辑电路的连接和驱动

1. TTL 集成逻辑门电路输入输出电路性质

当输入端为高电平时，输入电流是反向二极管的漏电流，电流极小。其方向是从外部流入输入端。

当输入端处于低电平时，电流由电源 $V_{CC}$ 经内部电路流出输入端，电流较大，当与上一级电路衔接时，将决定上级电路应具的负载能力。高电平输出电压在负载不大时为 3.5V 左右。低电平输出时，允许后级电路灌入电流，随着灌入电流的增加，输出低电平将升高，一般 LS 系列 TTL 集成逻辑门电路允许灌入 8mA 电流，即可吸收后级 20 个 LS 系列标准门的灌入电流。最大允许低电平输出电压为 0.4V。

2. CMOS 数字集成电路输入输出电路性质

一般 CC 系列的输入阻抗可高达 $10^{10}\Omega$，输入电容在 5pF 以下，输入高电平通常要求在 3.5V 以上，输入低电平通常为 1.5V 以下。因 CMOS 数字集成电路的输出结构具有对称性，故对高低电平具有相同的输出能力，负载能力较小，仅可驱动少量的 CMOS 数字集成电路。当输出端负载很轻时，输出高电平将十分接近电源电压；输出低电平时将十分接近地电位。

在高速 CMOS 数字集成电路 54/74HC 系列中的一个子系列 54/74HCT，其输入电平与 TTL 电路完全相同，因此在相互取代时，不需考虑电平的匹配问题。

3. 集成逻辑电路的连接

在实际的数字电路系统中总是将一定数量的集成逻辑电路按需要前后连接起来。这时，前级电路的输出将与后级电路的输入相连并驱动后级电路工作。这就存在电平的配合和负载能力需要妥善解决的问题。

可用下列几个表达式来说明连接时所要满足的条件：

$V_{OH}$（前级）$\geq V_{iH}$（后级）；

$V_{OL}$（前级）$\leq V_{iL}$（后级）；

$I_{OH}$（前级）$\geq n \times I_{iH}$（后级）；

$I_{OL}$（前级）$\geq n \times I_{ll}$（后级）；其中 $n$ 为后级门的数目。

（1）TTL 与 TTL 的连接。TTL 集成逻辑门电路的所有系列，由于电路结构形式相同，电平配合比较方便，不需要外接元件可直接连接，不足之处是受低电平时负载能力的限制。附表 C.1 列出了 74 系列 TTL 集成逻辑门电路的扇出系数。

附表 C.1　　　　　　　　74 系列 TTL 集成逻辑门电路的扇出系数

| 型号 | 74LS00 | 74ALS00 | 7400 | 74L00 | 74S00 |
| --- | --- | --- | --- | --- | --- |
| 74LS00 | 20 | 40 | 5 | 40 | 5 |
| 74ALS00 | 20 | 40 | 5 | 40 | 5 |
| 7400 | 40 | 80 | 10 | 40 | 10 |
| 74L00 | 10 | 20 | 2 | 20 | 1 |
| 74S00 | 50 | 100 | 12 | 100 | 12 |

（2）TTL 驱动 CMOS 数字集成电路。TTL 集成逻辑门电路驱动 CMOS 数字集成电路时，由于 CMOS 数字集成电路的输入阻抗高，故此驱动电流一般不会受到限制，但在电平配合问题上，低电平是可以的，高电平时有困难，因为 TTL 集成逻辑门电路在满载时，输出高电平通常低于 CMOS 数字集成电路对输入高电平的要求，因此为保证 TTL 集成逻辑门电路输出高电平时，后级的 CMOS 数字集成电路能可靠工作，通常要外接一个提拉电阻 $R$，如附图 C.1 所示，使输出高电平达到 3.5V 以上，$R$ 的取值为 $2\sim6.2\mathrm{k\Omega}$ 较合适，这时 TTL 后级的 CMOS 数字集成电路的数目实际上是没有什么限制的。

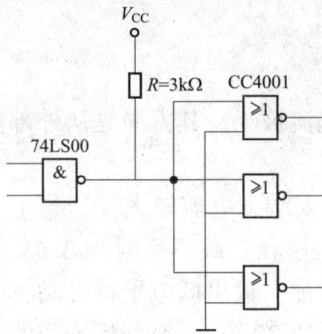

附图 C.1　TTL 电路驱动 CMOS 电路

（3）CMOS 驱动 TTL 集成逻辑门电路。CMOS 数字集成电路的输出电平能满足 TTL 集成逻辑门电路对输入电平的要求，而驱动电流将受限制，主要是低电平时的负载能力。附表 C.2 列出了一般 CMOS 数字集成电路驱动 TTL 集成逻辑门电路时的扇出系数，从附表 C.2 中可见，除了 74HC 系列外的其他 CMOS 电路驱动 TTL 的能力都较低。

附表 C.2　　　　　　　　一般 CMOS 电路驱动 TTL 电路时的扇出系数

| 型号 | LS-TTL | L-TTL | TTL | ASL-TTL |
|---|---|---|---|---|
| CC4001B 系列 | 1 | 2 | 0 | 2 |
| MC14001B 系列 | 1 | 2 | 0 | 2 |
| MM74HC 及 74HCT 系列 | 10 | 20 | 2 | 20 |

既要使用此系列又要提高其驱动能力时，可采用以下两种方法：

1）采用 CMOS 驱动器，如 CC4049、CC4050 是专为给出较大驱动能力而设计的 CMOS 电路。

2）几个同功能的 CMOS 电路并联使用，即将其输入端并联，输出端并联（TTL 集成逻辑门电路是不允许并联的）。

（4）CMOS 与 CMOS 的连接。CMOS 电路之间的连接十分方便，不需另加外接元件。对直流参数来讲，一个 CMOS 数字集成电路可带动的 CMOS 数字集成电路数量是不受限制，但在实际使用时，应当考虑后级门输入电容对前级门的传输速度的影响，电容太大时，传输速度要下降，因此在高速使用时要从负载电容来考虑，例如 CC4000T 系列。CMOS 数字集成电路在 10MHz 以上速度运用时应限制在 20 个门以下。

# 附录 D  集成逻辑门电路新、旧图形符号对照

集成逻辑门电路新、旧图形符号对照见附表 D.1。

附表 D.1    集成逻辑门电路新、旧图形符号对照

| 名称 | 新国标图形符号 | 旧图形符号 | 逻辑表达式 |
|------|------|------|------|
| 与门 | | | $Y = ABC$ |
| 或门 | | | $Y = A + B + C$ |
| 非门（反向器） | | | $Y = \overline{A}$ |
| 与非门 | | | $Y = \overline{ABC}$ |
| 或非门 | | | $Y = \overline{A + B + C}$ |
| 与或非门 | | | $Y = \overline{AB + CD}$ |
| 异或门 | | | $Y = A\overline{B} + \overline{A}B$ |
| 同或门（逻辑恒等） | | | $Y = AB + \overline{A}\,\overline{B}$ |

# 附录 E 集成触发器新、旧图形符号对照

集成触发器新、旧图形符号对照见附表 E.1。

**附表 E.1** 集成触发器新、旧图形符号对照

| 名称 | 新国标图形符号 | 旧图形符号 | 触发方式 |
|------|----------------|------------|----------|
| 由与非门构成的基本 RS 触发器 | | | 无时钟输入，触发器状态直接由 R、S 的电平控制 |
| 由或非门构成的基本 RS 触发器 | | | |
| TTL 边沿型 JK 触发器 | | | CP 脉冲下降沿 |
| TTL 边沿型 D 触发器 | | | CP 脉冲上升沿 |
| CMOS 边沿型 JK 触发器 | | | CP 脉冲上升沿 |
| CMOS 边沿型 D 触发器 | | | CP 脉冲上升沿 |

# 附录 F　常用数字集成电路型号及引脚图

常用数字集成电路型号及引脚图见附表 F.1。

附表 F.1　　　　　　　　　　　常用数字集成电路型号及引脚图

| 电路名称及符号 | 引脚图 | 注释 |
|---|---|---|
| 四二输入与非门<br>74LS00 | $V_{CC}$ 4B 4A 4Y 3B 3A 3Y<br>14 13 12 11 10 9 8<br>74LS00<br>1 2 3 4 5 6 7<br>1A 1B 1Y 2A 2B 2Y GND | A、B：输入<br>Y：输出 |
| 四二输入与非门<br>（OC 门）<br>74LS01 | $V_{CC}$ 4Y 4B 4A 3Y 3B 3A<br>14 13 12 11 10 9 8<br>74LS01<br>1 2 3 4 5 6 7<br>1Y 1A 1B 2Y 2A 2B GND | A、B：输入<br>Y：输出 |
| 四二输入或非门<br>74LS02 | $V_{CC}$ 4Y 4B 4A 3Y 3B 3A<br>14 13 12 11 10 9 8<br>74LS02<br>1 2 3 4 5 6 7<br>1Y 1A 1B 2Y 2A 2B GND | A、B：输入<br>Y：输出 |
| 六反相器<br>74LS04 | $V_{CC}$ 6A 6Y 5A 5Y 4A 4Y<br>14 13 12 11 10 9 8<br>74LS04<br>1 2 3 4 5 6 7<br>1A 1Y 2A 2Y 3A 3Y GND | A：输入<br>Y：输出 |
| 双四输入与非门<br>74LS20 | $V_{CC}$ 2D 2C NC 2B 2A 2Y<br>14 13 12 11 10 9 8<br>74LS20<br>1 2 3 4 5 6 7<br>1A 1B NC 1C 1D 1Y GND | NC：空脚<br>A、B、C、D：输入<br>Y：输出 |

| 电路名称及符号 | 引脚图 | 注释 |
|---|---|---|
| 四线-十线译码器<br>74LS42 | $V_{CC}$ $A_0$ $A_1$ $A_2$ $A_3$ $\overline{Y}_9$ $\overline{Y}_8$ $\overline{Y}_7$<br>16 15 14 13 12 11 10 9<br>74LS42<br>1 2 3 4 5 6 7 8<br>$\overline{Y}_0$ $\overline{Y}_1$ $\overline{Y}_2$ $\overline{Y}_3$ $\overline{Y}_4$ $\overline{Y}_5$ $\overline{Y}_6$ GND | A：输入<br>$\overline{Y}$：输出（低电平有效） |
| 双 JK 触发器<br>74LS73 | 1J $1\overline{Q}$ 1Q GND 2K 2Q $2\overline{Q}$<br>14 13 12 11 10 9 8<br>74LS73<br>1 2 3 4 5 6 7<br>1CP $1\overline{R}_D$ 1K $V_{CC}$ 2CP $2\overline{R}_D$ 2J | 下降沿触发 |
| 双 D 型触发器<br>74LS74 | $V_{CC}$ $2\overline{R}_D$ 2D 2CP $2\overline{S}_D$ 2Q $2\overline{Q}$<br>14 13 12 11 10 9 8<br>74LS74<br>1 2 3 4 5 6 7<br>$1\overline{R}_D$ 1D 1CP $1\overline{S}_D$ 1Q $1\overline{Q}$ GND | 上升沿触发 |
| 四二输入异或门<br>74LS86 | $V_{CC}$ 4B 4A 4Y 3B 3A 3Y<br>14 13 12 11 10 9 8<br>74LS86<br>1 2 3 4 5 6 7<br>1A 1B 1Y 2A 2B 2Y GND | A、B：输入<br>Y：输出 |
| 双 JK 触发器<br>74LS112 | $V_{CC}$ $1\overline{R}_D$ $2\overline{R}_D$ 2CP 2K 2J $2\overline{S}_D$ 2Q<br>16 15 14 13 12 11 10 9<br>74LS112<br>1 2 3 4 5 6 7 8<br>1CP 1K 1J $1\overline{S}_D$ 1Q $1\overline{Q}$ $2\overline{Q}$ GND | 下降沿触发 |
| 四三态输出门<br>74LS125 | $V_{CC}$ $4\overline{EN}$ 4A 4Y $3\overline{EN}$ 3A 3Y<br>14 13 12 11 10 9 8<br>74LS125<br>1 2 3 4 5 6 7<br>$1\overline{EN}$ 1A 1Y $2\overline{EN}$ 2A 2Y GND | A：输入<br>Y：输出<br>$\overline{EN}$：使能端 |

续表

| 电路名称及符号 | 引脚图 | 注释 |
|---|---|---|
| 三线–八线译码器<br>74LS138 | $V_{CC}$ $\overline{Y}_0$ $\overline{Y}_1$ $\overline{Y}_2$ $\overline{Y}_3$ $\overline{Y}_4$ $\overline{Y}_5$ $\overline{Y}_6$<br>16 15 14 13 12 11 10 9<br>74LS138<br>1 2 3 4 5 6 7 8<br>$A_0$ $A_1$ $A_2$ $\overline{G}_{2A}$ $\overline{G}_{2B}$ $G_1$ $\overline{Y}_7$ GND | $\overline{G}_{2A}$、$\overline{G}_{2B}$、$G_1$：控制端 |
| 十线–四线<br>优先编码器<br>74LS147 | $V_{CC}$ NC $\overline{Y}_3$ $\overline{I}_3$ $\overline{I}_2$ $\overline{I}_1$ $\overline{I}_9$ $\overline{Y}_0$<br>16 15 14 13 12 11 10 9<br>74LS147<br>1 2 3 4 5 6 7 8<br>$\overline{I}_4$ $\overline{I}_5$ $\overline{I}_6$ $\overline{I}_7$ $\overline{I}_8$ $\overline{Y}_2$ $\overline{Y}_1$ GND | $\overline{I}$：输入<br>$\overline{Y}$：输出<br>（低电平有效）<br>NC：空脚 |
| 双四选一数据选择器<br>74LS153 | $V_{CC}$ $2\overline{S}$ $A_0$ $2D_3$ $2D_2$ $2D_1$ $2D_0$ $2Y$<br>16 15 14 13 12 11 10 9<br>74LS153<br>1 2 3 4 5 6 7 8<br>$1\overline{S}$ $A_1$ $1D_3$ $1D_2$ $1D_1$ $1D_0$ $1Y$ GND | $\overline{S}$：控制输入端<br>D：数据输入端<br>Y：输出端 |
| 四位二进制<br>加计数器 74LS161 | $V_{CC}$ RCO $Q_A$ $Q_B$ $Q_C$ $Q_D$ ET $\overline{LD}$<br>16 15 14 13 12 11 10 9<br>74LS161<br>1 2 3 4 5 6 7 8<br>$\overline{R}_D$ CP A B C D EP GND | EP、ET：计数控制端<br>$\overline{LD}$：同步置数端<br>$\overline{R}_D$：异步清零端<br>RCO：进位输出端 |
| 同步可逆十进制<br>计数器<br>74LS192 | $V_{CC}$ A CR $\overline{Q_{CB}}$ $\overline{Q_{CC}}$ $\overline{L}_D$ C D<br>16 15 14 13 12 11 10 9<br>74LS192<br>1 2 3 4 5 6 7 8<br>B $Q_B$ $Q_A$ $CP^-$ $CP^+$ $Q_C$ $Q_D$ GND | $CP_+ = 1 CP_- = \uparrow$ 减法<br>$CP_+ = \downarrow CP_- = 1$ 加法 |
| 四位超前进位加法器<br>74LS283 | $V_{CC}$ $B_3$ $A_3$ $F_3$ $A_4$ $B_4$ $F_4$ $C_4$<br>16 15 14 13 12 11 10 9<br>74LS283<br>1 2 3 4 5 6 7 8<br>$F_2$ $B_2$ $A_2$ $F_1$ $A_1$ $B_1$ $C_0$ GND | A、B：被加数、加数<br>C：进位端<br>F：和 |

| 电路名称及符号 | 引脚图 | 注释 |
|---|---|---|
| 二-五-十进制<br>异步计数器<br>74LS290 | | $R_{0(1)}$、$R_{0(2)}$：清零端<br>$S_{9(1)}$、$S_{9(2)}$：置9端<br>NC：使能端 |
| 555 定时器 | | $\overline{TR}$：触发输入端<br>$U_O$：输出端<br>$R_D$：复位段<br>$U_{IC}$：控制电压端<br>TH：阈值输入端<br>$U'_O$：放电端 |
| 556 定时器 | | $\overline{TR}$：触发输入端<br>$U_O$：输出端<br>$R_D$：复位段<br>$U_{IC}$：控制电压端<br>TH：阈值输入端<br>$U'_O$：放电端 |
| ADC0809 | | $IN_{0\sim7}$：模拟信号输入端<br>$ADD_{A\sim C}$：地址输入端<br>ALE：地址锁存允许输入端<br>SRART：启动信号输入端<br>EOC：转换结束输出端<br>OE：输入允许信号 |
| DAC0832 | | $\overline{CS}$：片选信号<br>$\overline{WR}_{1-2}$：写信号<br>$D_{0\sim7}$：数字信号输入端<br>VREF：基准电压<br>$R_{fB}$：反馈电阻<br>ILE：输入寄存器允许<br>$\overline{XFER}$：传送控制信号<br>$I_{out1\sim2}$：电流输出端 |

# 附录 G  面包板和万用板

面包板和万用板是电子制作中必不可少的实验工具，用适当的办法连接元器件，看看这些元器件的有机连接能否实现特定功能。

**一、面包板**

面包板是专为电子电路的无焊接实验设计制造的实验工具。由于各种电子元器件可根据需要随意插入或拔出，免去了焊接，节省了电路的组装时间，而且元件可以重复使用，因此非常适合电子电路的组装、调试和训练。

1. 常用面包板的结构

SYB-130 型面包板如附图 G.1 所示。面包板中央有一凹槽，凹槽两边各由 65 列小孔，每一列的 5 个小孔在电气上相互连通，任意两列间的小孔在电气上是绝缘的。集成电路的引脚就分别插在凹槽两边的小孔上。面包板上、下边各有一排（即 X、Y 排）在电气上是分段相连的 50 个小孔，分别作为电源与地线插孔用。对于 SYB-130 面包板，X 排和 Y 排的 1～15、16～35、36～50 孔在电气上是连通的（其他型号的面包板使用时应看使用说明）。

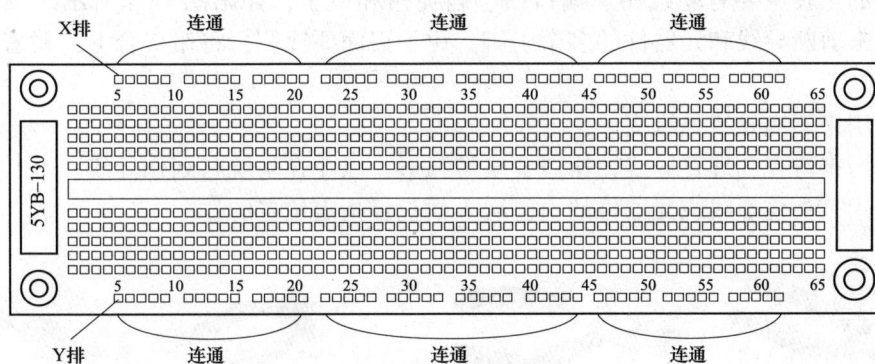

附图 G.1  SYB-130 型面包板结构

面包板上的插孔可以夹住元器件的金属管脚，插孔所在的行列分别以数码和文字标注，以便查对。

2. 面包板的导线

插面包板的导线可以使用附图 G.2（a）所示的面包板专用线，专用线有不同长度和不

(a)                                    (b)

附图 G.2  面包板专用线和单股硬芯导线

（a）面包板专用线；（b）单股硬芯导线

同颜色，线的两头是类似元器件管脚的金属针，具有一定的硬度，可以很容易地插到面包板的插孔中。如果没有这种专用线，也可以使用一定粗细的单股硬芯导线，如附图 G.2（b）所示，只不过要用剥线钳去掉导线的绝缘皮，把露出的导线芯插到插孔中。

**3. 面包板的种类**

面包板有大、中、小之分，如附图 G.3 所示，构建电路时要根据电子电路的复杂程度选用不同大小的面包板。

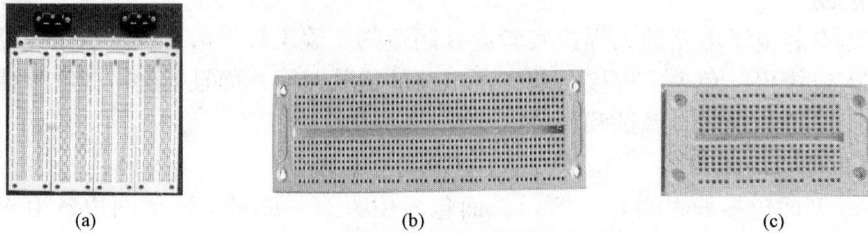

附图 G.3　面包板
（a）大号；（b）中号；（c）小号

**4. 布线用的工具**

布线用的工具主要有剥线钳、偏口钳、扁嘴钳和镊子，如附图 G.4 所示。偏口钳与扁嘴钳配合用来剪断导线和元器件的多余引脚。钳子刃面要锋利，将钳口合上，对着光检查时应合缝不漏光。

剥线钳用来剥离导线绝缘皮。

扁嘴钳用来弯直和理直导线，钳口要略带弧形，以免在勾绕时划伤导线。

镊子是用来夹住导线或元器件的引脚送入面包板指定位置的。

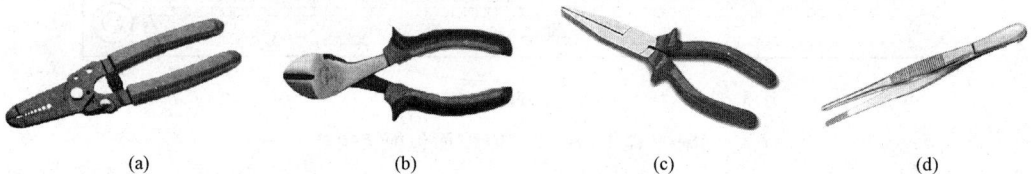

附图 G.4　布线用工具
（a）剥线钳；（b）偏口钳；（c）扁嘴钳；（d）镊子

**5. 面包板的使用方法及注意事项**

（1）安装分立元件时，应便于看到其极性和标志，将元件引脚理直后，在需要的地方折弯。为了防止裸露的引线短路，必须使用带套管的导线，一般不剪断元件引脚，以便重复使用。一般不要插入引脚直径大于 0.8mm 的元器件，以免破坏面包板插孔内部接触片的弹性。

（2）对多次使用过的集成电路的引脚，必须修理整齐，引脚不能弯曲，所有的引脚应稍向外偏，这样能使引脚与插孔可靠接触。要根据电路图确定元器件在面包板上的排列方式，目的是走线方便。为了能够正确布线并便于查线，所有集成电路的插入方向要保持一致，不能为了临时走线方便或缩短导线长度而把集成电路倒插。

（3）根据信号流程的顺序，采用边安装边调试的方法。元器件安装之后，先连接电源线和地线。为了查线方便,连线尽量采用不同颜色。例如正电源一般采用红色绝缘皮导线,负电源用蓝色,地线用黑线,信号线用黄色,也可根据条件选用其他颜色。

(4)面包板宜使用直径为 0.6mm 左右的单股导线,如附图 G.2 所示。根据导线的距离以及插孔的长度剪断导线,要求线头剪成 45°斜口,线头剥离长度约为 6mm,要求全部插入底板以保证接触良好。裸线不宜露在外面,防止与其他导线断路。

(5)连线要求紧贴在面包板上,以免碰撞弹出面包板,造成接触不良。必须使连线在集成电路周围通过,不允许跨接在集成电路上,也不得使导线互相重叠在一起,尽量做到横平竖直,这样有利于查线,更换元器件及连线。

(6)最好在各电源的输入端和地之间并联一个容量为几十微法的电容,这样可以减少瞬变过程中电流的影响。为了更好地抑制电源中的高频分量,应该在该电容两端再并联一个高频去耦电容,一般取 $0.01 \sim 0.047 \mu F$ 的独石电容。

(7)在步线过程中,要求把各元器件在面包板上的相应位置以及所用的引脚号标在电路图上,以保证调试和查找故障的顺利进行。

(8)所有的地线必须连接在一起,形成一个公共参考点。

附图 G.5(a)和附图 G.5(b)所示分别为采用面包板正确的接线方式和错误的接线方式。

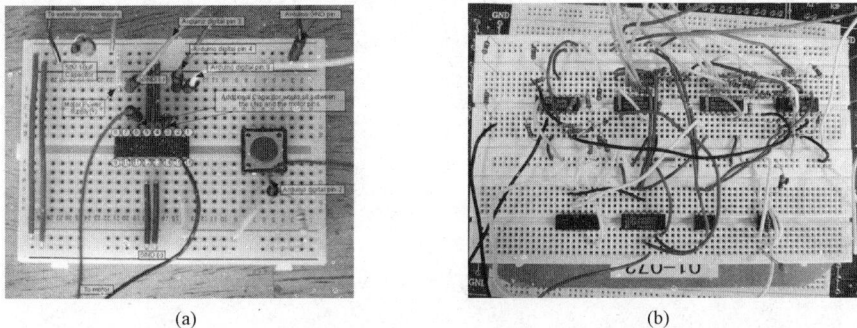

(a)        (b)

附图 G.5 面包板搭接的电路

(a)正确接法;(b)错误接法

## 二、万用板

万用板是另一种接插元器件的实验工具,如附图 G.6(a)所示,它与面包板完全不同。

(a)        (b)        (c)

附图 G.6 万用板

(a)万用板;(b)万用板和元器件;(c)导线连接器件

使用时，元器件插在万用板的一面，管脚穿过万用板的过孔，如附图 G.6（b）所示，在万用板的另一面用电烙铁将管脚焊接在万用板的焊盘上，然后焊接导线并通过导线实现元器件之间的电气连接。元器件一般都安装在万用板的同一面，导线可以焊接在万用板的任意一面，如附图 G.6（c）所示。

　　万用板上的元器件与导线都是通过焊接固定的，比面包板牢固，但是如果要更换元器件或修改导线就不如面包板那样方便。所以，视电路的制作需要选择使用万用板还是面包板。一般来说，如果只是暂时连接电路验证设计的正确性或对电路参数进行调试，使用面包板方便一些；如果电路没什么缺陷，就可以使用万用板焊接电路以便在样机中使用。

# 参 考 文 献

[1] 赵保经. 中国集成电路大全. 北京：国防工业出版社，1985.

[2] 阎石. 数字电子技术基础. 4 版. 北京：高等教育出版社，2001.

[3] 康华光. 电子技术基础. 北京：高等教育出版社，2002.

[4] 朱力恒. 电子技术仿真实验教程. 北京：电子工业出版社，2003.

[5] 周常森. 电子电路计算机仿真技术. 山东：山东科学技术出版社，2001.

[6] 廖先芸，郝军. 电子技术实践与训练. 北京：高等教育出版社，2000.

[7] 郑步生，吴渭. Multisim 2001 电路设计及仿真入门与应用. 北京：电子工业出版社，2002.

[8] 臧春华. 电子线路设计与应用. 北京：高等教育出版社，2004.

[9] 孙淑艳，张青. 电子技术实践教学指导书. 北京：中国电力出版社，2005.

[10] 罗杰，谢自美. 电子线路设计·实验·测试. 4 版. 北京：电子工业出版社，2008.

[11] 李月乔. 数字电子技术基础. 北京：中国电力出版社，2008.

[12] 董宏伟. 数字电子技术实验指导书. 北京：中国电力出版社，2010.

[13] 黄智伟. 基于 NI Multisim 的电子电路计算机仿真设计与分析. 北京：电子工业出版社，2011.

[14] 党宏社. 电路、电子技术实验与电子实训. 2 版. 北京：电子工业出版社，2012.

[15] 李学明. 数字电子技术仿真实验教程. 北京：清华大学出版社，2012.